GASTON DEFFERRE

Georges Marion

GASTON DEFFERRE

Albin Michel

22, rue Huyghens, 75014 Paris.

ISBN 2-226-03542-7

Des funérailles de lumière

Une bien mauvaise journée ! Maussade et angoissante, comme à chaque élection, lorsqu'il ne reste plus qu'à attendre les résultats. Tout a été fait, tout a été tenté pour convaincre les électeurs, mais n'était-il pas possible de faire plus ? A-t-on utilisé au mieux les militants, les meetings ont-ils touché leurs cibles, les affiches étaient-elles les meilleures et, surtout, la télévision, cette arme nouvelle qui joue un rôle essentiel depuis que le général l'utilise de si brillante manière, la télévision, donc, a-t-elle été bénéfique ? Ces questions, et dix autres encore, tout candidat se les pose en attendant que la journée fatidique se termine et Gaston Defferre n'est pas différent des autres candidats. Cela fait plus de trente-cinq ans qu'il est entré en politique ; il a mené des dizaines de combats, affronté les électeurs plus souvent qu'à son tour, sortant vainqueur ou vaincu, et pourtant il a gardé cette angoisse de l'incertitude qui étreint les hommes politiques les plus chevronnés.

Ce 1er juin 1969, jour du premier tour de l'élection présidentielle qui doit pourvoir au fauteuil laissé vide par le départ du général de Gaulle, le scrutin s'annonce particulièrement mauvais. Certes Gaston Defferre ne se fait pas trop d'illusions. Du moins lorsqu'il raisonne froidement. Mais au fond de tout homme politique il y a une part de rêve, une croyance immaîtrisée au miracle. Comment expliquer autrement ces candidatures inutiles, vouées à l'échec aussi sûrement qu'après l'hiver survient le printemps ?

En présentant la sienne à la magistrature suprême, Gaston Defferre est conscient d'avoir pris un risque. Physiquement, la campagne a été rude. Il a fallu se frotter, et parfois violemment, aux hommes de Georges Pompidou qui couvrent le pays d'affiches. Il a fallu aussi ne pas se laisser intimider, tenir tête à ceux qui promettaient de lui faire un sort et qui, dans la nuit du vendredi au samedi précédant le scrutin, ont déposé une bombe devant son domicile parisien, avenue du Président-Wilson, près du Trocadéro. Mais de tout cela, Gaston Defferre a l'habitude. Les risques physiques, c'est encore ce qu'il assume le mieux, ce qui le stimule le plus, comme en ces temps pas si lointains où l'OAS lui avait envoyé un tueur pour lui faire la peau. La police, qui avait bénéficié d'un tuyau, l'avait averti que l'assassin était surnommé Fanfan. Defferre s'était contenté d'aller faire quelques séances de tir chez un célèbre armurier, avait passé un revolver dans sa ceinture et s'était occupé d'autre chose.

Non, ce qui l'inquiète cette fois, ce sont les conséquences politiques de son probable échec. Sa marge de manœuvre est étroite. Pris en tenaille entre un Jacques Duclos, candidat communiste plus rubicond que nature qui laboure avec talent les couches populaires dont Defferre guigne les voix, et Alain Poher, président du Sénat qui chasse sur ces terres modérées où, à Marseille, le maire-candidat a planté sa tente, Gaston Defferre, dès le premier jour, était en droit de s'inquiéter. Maintenant que sa campagne est achevée, il sait que les résultats seront encore plus mauvais qu'il le craignait. Cela fait trop longtemps qu'il se collette à la politique pour ne pas deviner les grandes tendances d'un moment. Il n'a guère besoin des sondages qui, depuis quelque temps, font des ravages parmi les commentateurs politiques, pour apprécier les mille signes qui précèdent un résultat, qui l'annoncent brillant ou, au contraire, mauvais. Et cette fois, Gaston Defferre pressent le pire.

Il a raison. Le soir, lorsque les résultats du premier tour sont proclamés, c'est la consternation. 5,06 % des voix : à peine plus que Michel Rocard — candidat du PSU qui le devance dans plusieurs départements — et le trotskiste Alain Krivine réunis, alors que Jacques Duclos, candidat du parti communiste, rafle, lui, 21,43 % de la mise. Dans les Bouches-du-Rhône, les résultats du candidat socialiste sont certes meilleurs, 10,90 % des suffrages, mais même là, les communistes lui font la nique et réunissent sur le nom de leur poulain 30,78 % des voix. Quatre points à peine derrière le gaulliste Pompidou qui devance tout le monde de plusieurs longueurs !

Qui, ce soir-là, oserait encore parier sur l'avenir politique du maire de Marseille ? Lorsque, quelques semaines plus tôt, il a annoncé qu'il se portait candidat, ses camarades socialistes ont fait la moue, sceptiques. D'autres, plus ou moins ouvertement — Guy Mollet, patron en titre de la SFIO, est de ceux-là —, ont tout fait pour qu'il échoue. Quant à François Mitterrand, il lui a certes assuré, au terme d'une réunion dans son appartement de la rue Guynemer, qu'il le soutiendrait mais le fait même que, soucieux de préserver son aura de « candidat unique de la gauche », il ne se soit pas lui-même engagé dans la bataille montre assez son scepticisme. À postériori les piteux résultats de ce 1er juin justifient sa prudence.

Quel sera le prix de cette bataille perdue ? Il a fallu la campagne qui vient de s'achever pour que les dizaines de milliers de jeunes qui, quelques mois auparavant, en de gigantesques manifestations de rue, faisaient vaciller de Gaulle, apprennent le nom de Gaston Defferre, dinosaure rescapé de la Quatrième République. Encore nombre d'entre eux ne l'ont-ils retenu qu'à cause de son colistier, Pierre Mendès France, dont il a promis, s'il est élu, de faire son premier ministre. En revanche personne ou presque n'a retenu ce que Gaston Defferre, de cette voix nasillarde si caractéristique, a raconté à la télévision. Pour les héritiers de Mai 68, le maire de Marseille et sa calamiteuse candidature ne sont qu'une péripétie vite oubliée.

Non sans férocité, la classe politique dont Defferre est l'un des honorables représentants, ne lésine pas sur le sarcasme. Une défaite aussi franche n'est-elle pas un magnifique sujet de conversation ? Dès le lendemain, Claude Estier, fidèle lieutenant de François Mitterrand, décoche les premières flèches et qualifie de « dérisoire » la stratégie de ceux qui, comme Gaston Defferre, dans la foulée de la Grande Fédération avortée quelques années auparavant, espéraient faire l'économie de l'union de la gauche. « M. Defferre et M. Mendès France se sont proprement ridiculisés par la faiblesse de leurs résultats », écrit pour sa part *La Tribune de Lausanne* qui résume bien la question que posent tous les commentaires : « Est-ce le glas qui sonne pour le parti socialiste dont cette consultation a fait éclater les divisions internes ? » Sommé de donner son sentiment, Pierre Mauroy se contentera d'un pudique : « Le courant socialiste est partagé », idée qui est aussi celle, précautions de langage en moins, de Pierre Viansson-Ponté qui écrit dans *Le Monde*: « La balkanisation de la gauche est déjà fort avancée et ses contradictions internes expliquent, mieux que toutes les analyses doctrinales, son échec du premier tour et son impuissance présente. »

Ce soir du 1er juin 1969, l'affaire semble donc réglée, et bien réglée : aux yeux de tous, Gaston Defferre, que l'on rend responsable d'un échec stratégique majeur, est tout juste bon à aller se faire oublier dans sa mairie de Marseille. Bien heureux, même, s'il la conserve. La cuisante défaite qu'il vient de subir aiguise en effet les appétits des dauphins potentiels. Et dans l'opposition comme dans son propre camp, ces derniers ne manquent pas...

12 mai 1986. Dix-sept ans plus tard, en un retournement dont la vie publique réserve seule la surprise, la classe politique, massée toutes tendances confondues le long du Vieux Port, assiste émue aux obsèques de Gaston Defferre. Ministre de l'Intérieur, cacique du parti socialiste, intime du président de la République et maire de la deuxième ville de France, l'homme qu'on enterre ce jour-là a été durant les cinq années précédentes l'un des plus controversés du pays, celui contre lequel responsables politiques, journalistes, chansonniers et caricaturistes s'en sont donné à cœur joie.

De son vivant, les coups sont partis de tous côtés. On a attaqué tour à tour ses tentatives de réforme de la police et sa promesse — déclaration spontanée faite dans les premiers jours de son installation au ministère de l'Intérieur, après un voyage outre-Pyrénées — de ne livrer à la justice espagnole qui les réclame aucun des

Basques réfugiés en France ; puis, attaques venues du bord opposé, on a stigmatisé les bavures policières sur lesquelles il lui arrive de fermer trop facilement les yeux ; ou encore son souci de faire contrôler par la police les identités, origine d'un âpre conflit avec Robert Badinter, le Garde des sceaux. Avec l'affaire des fausses factures, c'est sa gestion municipale et l'honnêteté de son entourage — sans même parler de la sienne — qui ont été mises sur le gril.

Effet de la notoriété qu'amplifient les attaques politiques qui le visent, il est entré en bonne place dans la galerie des marionnettes d'une célèbre émission de télévision. Comme il se doit, la poupée bafouille en un langage incompréhensible et sénile. Gaston Defferre, en vieux politicien qui en a vu d'autres, a fait mine de s'en amuser, mais sans doute a-t-il douloureusement ressenti ce que le trait avait de cruel et, surtout, de ravageur dans l'opinion publique.

Étrange revanche posthume. Ce jour où on l'enterre, chacun sent confusément qu'il était l'un des derniers à pouvoir bénéficier de telles funérailles. À l'exception du *Méridional*, quotidien marseillais qui se refuse à conclure la trêve des morts, la presse, unanime, retrace avec sympathie la carrière du défunt. Si la ville ne s'est pas arrêtée de battre pour conduire en terre M. le maire — les barrières disposées autour du catafalque tiennent à courte distance une foule finalement plus clairsemée que ses partisans ne le disent —, toute la classe politique a néanmoins fait le voyage. Sur les gradins dressés face à l'hôtel de ville et au cercueil, se serrent, costume gris anthracite et cravate sombre, les députés et les dirigeants du parti socialiste venus le matin même par Airbus spécial. Un peu plus loin, les représentants des autres familles politiques assistent, eux aussi, à la cérémonie. Il ne manque personne : ni le parti communiste contre lequel le défunt a si souvent bataillé, s'alliant pendant des années avec la droite pour lui faire barrage ; ni ses anciens alliés d'avant le Programme commun devenus depuis 1981 ses adversaires les plus résolus. Même le Front national a envoyé une délégation conduite par Pascal Arrighi, conseiller régional de Corse, qui commence à nourrir quelques ambitions à l'égard de ce fauteuil de maire de Marseille encore tout chaud.

Flanqué de son épouse Danielle et de la famille du défunt, assis sur un large fauteuil de velours rouge, François Mitterrand fait face à tout ce monde. Les traits tirés et le teint encore plus cireux qu'à l'ordinaire, il dissimule mal son chagrin, le menton tendu vers le haut, ce qui lui donne ce profil dédaigneux de médaille qu'il affecte parfois. Derrière lui sont assis François Léotard et Charles Pasqua. Nouveaux ministres de la Culture et de l'Intérieur ils représentent Jacques Chirac que, six semaines plus tôt, élections obligent, le président de la République a dû se résigner à nommer Premier ministre. Sans doute en ce moment Charles Pasqua se souvient-il de sa dernière joute avec Gaston Defferre. C'était en 1983, en pleine campagne des élections municipales. Le maire de Marseille qui n'oubliait pas qu'il était aussi ministre de l'Intérieur, avait brandi à la tribune d'un meeting une lettre d'intervention que Charles Pasqua avait adressée à ses services pour demander la réouverture du cercle de feu Marcel Francisci, « l'empereur des jeux », abattu le 15 janvier 1982 dans un parking parisien. Emporté par l'ambiance, Gaston Defferre s'était laissé aller à un trop facile amalgame, assimilant Pasqua, Pons et Chirac à des chefs de gang. Procès : le ministre de l'Intérieur avait perdu et la droite, triomphante, avait pu brocarder une fois de plus sa tête de Turc favorite.

Pour l'heure, Charles Pasqua, successeur place Beauvau du défunt, donne une bien peu flatteuse image de lui-même. Affalé sur son fauteuil, la veste ouverte et les jambes croisées, le nouveau ministre de l'Intérieur paraît effondré sous la chaleur déjà forte de ce mois de juin provençal. Costume sombre et chemise blanche, la moitié du visage dissimulé sous des lunettes noires, il ressemble à la caricature d'un mafioso dans un film italien. Le ministre, qui a de la religion, est l'un des rares à se signer lorsque le cercueil passe devant lui.

Huit jeunes gens d'origines européenne, africaine et asiatique ont été choisis pour symboliser les diverses communautés ethniques et religieuses de Marseille. Chemise blanche, pantalon ou jupe sombre, immobiles sous un soleil pleurant sa lumière, ils montent côte à côte, chrétien, juif et musulman mêlés, une dernière garde autour du catafalque revêtu du drapeau tricolore pendant que les orateurs se succèdent pour prononcer leur discours. Lionel Jospin, premier secrétaire du parti socialiste, dresse un portrait sensible du défunt :

> « Une vie d'homme, s'écrie-t-il, pleine d'aventures, de travail, de foucades, de maîtrise, de combats, d'amitiés, de passions, de plaisir, mais aussi de règles, de rectitude et surtout de fidélité. Une vie dans l'histoire : le fascisme, l'occupation, la résistance, les séquelles de la guerre froide, la décolonisation sont les grands faits historiques au milieu desquels cet homme s'est choisi, a lancé son destin et établi ses valeurs. »

Jacques Chaban-Delmas, prend le relais et raconte la Résistance. Depuis que Jacques Chirac l'a subtilement ligoté dans un rôle à l'influence limitée, le président de l'Assemblée nationale cultive le discours unificateur, au-dessus des partis et de leurs querelles dont il a été, en son temps, la victime. L'évocation de la Résistance est pour lui, chaque fois, l'occasion de faire passer son message d'unanimité et il n'y manque évidemment pas.

Vient enfin le tour de Jean-Victor Cordonnier, premier adjoint du maire de Marseille qui termine son discours d'une tartarinade poignante : « Monsieur le maire, tu as décidé de faire une croisière en solitaire. En partant tu as oublié ton chapeau. Tes amis te le gardent », s'écrie-t-il avant de quitter l'estrade en pleurant. Le chapeau en question, feutre noir à large bord posé sur le cercueil, à côté des décorations, est destiné à être pieusement conservé à la mairie. La formule du chapeau fait mouche : les « bons amis » socialistes de Jean-Victor Cordonnier qui redoutent de le voir succéder à Gaston Defferre à la mairie le bombardent aussitôt du titre parfaitement fantaisiste de président de l'Association des gardiens du chapeau.

Quelles pensées agitent François Mitterrand alors que la première partie de la cérémonie, qui se tient sur le Vieux Port, se termine ? Déroule-t-il les années durant lesquelles, accompagné ou non de Gaston Defferre, il a franchi, une à une, les étapes qui l'ont mené jusqu'au palais de l'Élysée ? Soupèse-t-il ce qu'il lui doit ? Évoque-t-il simplement le souvenir de ce compagnon parfois incommode, souvent entêté, toujours susceptible ? Ou bien pense-t-il à l'héritage que laisse derrière lui le défunt — la mairie de Marseille et la fédération des Bouches-du-Rhône du parti socialiste ravagées par des luttes intestines si féroces qu'auprès d'elles les conflits des Atrides paraissent devoir n'être que superficielles querelles.

Pensent-ils d'ailleurs à autre chose ceux qui, au pas lent de la musique de la Légion étrangère, font le cortège qui se dirige maintenant vers la cathédrale de la Major, édifice aux dômes byzantins où doit se tenir un ultime service funèbre ? C'est pour avoir accueilli la Légion dans son département, à Aubagne, alors qu'au lendemain des événements d'Algérie les municipalités répugnaient à héberger les képis blancs, que la dépouille de Gaston Defferre a droit à cet exceptionnel hommage musical. Souvenirs déjà anciens, bien éloignés des préoccupations d'aujourd'hui. Car même en ces circonstances la politique ne perd pas ses droits. Au rythme austère d'une *Marche* de Frédéric Chopin, la procession ne vibrionne que d'un seul propos : la succession. Il en va d'ailleurs ainsi depuis près d'une semaine. Malgré l'émotion, ou à cause d'elle, dans les coulisses du parti, à Paris ou à Marseille, dans les bureaux de la mairie, dans les cafés qui l'entourent ou dans des appartements discrets prêtés pour quelque négociation secrète, lors de conciliabules ou en prélude à de profonds commentaires, tous ne discutent que de cela. En accompagnant Defferre au tombeau, ils continuent, encouragés encore par la présence dans le cortège de Michel Pezet ceint de son écharpe de conseiller municipal.

Celui que les amis de Gaston Defferre rendent responsable de sa mort, celui que tout Marseille n'appelle plus que Brutus, est depuis ce jour funeste l'objet de menaces plus ou moins anonymes ; dans les bars, à l'heure de l'anisette, quelques « grandes gueules » ont parlé de lui clore définitivement le bec. Au point que le préfet de police l'a fait avertir des menaces qui pesaient sur lui. Un matin, des inspecteurs de la Sûreté urbaine sont même allés cueillir à son domicile l'un de ces fiers-à-bras qui parlait de régler définitivement le problème. Plus officieusement, on a aussi fait comprendre à Michel Pezet qu'il serait décent qu'il n'assiste pas aux obsèques. Ce dernier a fait mine de ne pas comprendre : il est venu, soulevant la curiosité des uns ou les ricanements peu amènes des autres.

Entouré de quelques solides partisans, au cas où..., il est donc là qui se remémore durant les quelques centaines de mètres qui séparent la mairie de la cathédrale cette semaine folle, ces tractations, ces accusations, ce sentiment que tout se joue maintenant, qu'il s'agit de ne faire aucun faux pas. Faute de quoi, adieu la mairie, ce centre d'où Gaston Defferre tenait tout son pouvoir. Qui sera en mesure de reprendre le sceptre qu'il n'a pas eu le temps de transmettre ? Qui sera assez habile, déterminé, avide aussi, pour coiffer tout le monde sur le poteau, devancer les concurrents qui déjà s'agitent ? Qui arrivera à rallier les chefs du parti, qui, de Paris, suivent chaque moment, supputent les alliances et essaient de dénouer le nœud de vipères marseillais ?

En une semaine ils ont tous fait le voyage, venus sonder la profondeur des différends entre factions rivales. La préparation des obsèques et les brèves cérémonies qui les ont précédées en ont fourni le prétexte. Laurent Fabius, arrivé à Marseille alors que Defferre était encore agonisant, a été le plus rapide. Puis se sont succédé Pierre Joxe, Lionel Jospin, Jean-Pierre Chevènement, Marcel Debarge, d'autres encore, venus prêcher la modération ou proposer leurs bons offices.

Paul Quilès a également fait le déplacement. Proche

de Michel Pezet, l'ancien ministre de la Défense a retrouvé son ami dans un restaurant des environs de Marseille, quelques heures à peine avant les funérailles. Une autre rencontre est prévue immédiatement après la cérémonie, pour faire le point et envisager l'avenir. Quant à Françoise Seligmann, membre moins connue de la direction du parti, elle est à Marseille depuis plusieurs jours. Officiellement il ne s'agit que d'une coïncidence puisqu'elle était en vacances non loin de là. Dès le drame connu, elle est accourue, s'efforçant d'apaiser la tornade qui secoue les différents clans. En pure perte.

Ce climat délétère, François Mitterrand lui-même a pu l'apprécier lorsque, à peine débarqué de Tokyo où se tenait le sommet des pays industrialisés, il est venu s'incliner devant le corps de son compagnon qui reposait encore à l'hôpital de la Timone. Comme il se doit, Edmonde Charles-Roux-Defferre l'a accueilli sur le perron de l'établissement. À la sortie, alors que le président s'apprêtait à monter dans sa voiture, elle s'est penchée vers l'auguste oreille, a murmuré quelques mots que les journalistes présents n'ont pu saisir. On a alors vu le président faire signe à l'un de ses proches de prendre la voiture suivante et de laisser la place à Mme Charles-Roux. Tout le monde s'est engouffré dans les voitures sombres et le cortège est parti en trombe. On a ensuite appris que la veuve du maire de Marseille avait profité du voyage pour faire part au président, en termes résolus, de son désir de vengeance à l'égard de Michel Pezet. L'énergie et les moyens de cette femme qui contrôle désormais *Le Provençal*, journal de Gaston Defferre, ont donné à penser qu'il ne s'agissait pas là de vains propos.

Telle est l'ambiance qui enveloppe la cérémonie tout

entière. Sous les dômes de la cathédrale, les sermons des ministres du culte de toutes obédiences qui, tour à tour, prennent la parole, semblent rejeter au loin ces terrestres préoccupations ; ce ne sera qu'un bref répit : une heure plus tard, alors que le corbillard emporte le cercueil qu'accompagnent les seuls proches vers le carré des Protestants du petit cimetière Saint-Pierre où Gaston Defferre, en secret, avait acheté une concession, tous reprennent leurs propos un instant interrompus.

Qui sera désormais M. le maire ? Qui saura gagner et, surtout, garder le fauteuil de celui qui, réélu cinq fois de 1953 à 1986, l'a occupé trente-trois ans durant laissant presque croire qu'il était, selon la formule de Jean-Victor Cordonnier, « maire à vie de Marseille » ? En ce 12 mai 1986, nul ne peut répondre à ces questions. Dans une interview au *Monde* parue le jour de ses obsèques, Edmonde Charles-Roux expliquera sereinement que Gaston comptait se retirer bientôt, après avoir remis de l'ordre dans une mairie qui, profitant de l'absence du patron retenu à Paris par ses responsabilités ministérielles, s'était, depuis cinq ans, laissée vivre : « Une fois la situation redressée, il aurait mis quelqu'un en place. Cela ne fait pas l'ombre d'un doute. » Les circonstances ne lui en ont pas laissé le temps. Comment s'étonner alors que l'avenir soit illisible ?

Une enfance protestante

> Et il reste l'image du protestant : un dur, un coriace, peu maniable, un Alceste doublé d'un abbé Bethléem. Assez intraitable sur l'argent. D'un moralisme insupportable à « l'esprit gaulois ». Un peu de Stendhal pour les lettrés (l'esprit genevois) ; un peu de Bossuet pour les bacheliers (le style triste de Calvin), et voilà le protestant français.
>
> LUCIEN FEBVRE [1].

Des trois taches qui, sur la carte de France, dessinent les territoires protestants, celle du Sud-Est est la plus sombre. Là, entre Cévennes et Méditerranée, l'on parle huguenot depuis l'origine. Là, dès le XVIe siècle, le protestantisme s'est développé avec vigueur. Au point qu'en 1553 déjà aucun catholique n'habitait plus Saint-Jean-du-Gard. Quatre ans plus tard et quelques lieues plus loin, les habitants d'Anduze tiendront les Cévennes armes à la main, s'opposant avec succès aux troupes royales qui tentent de réduire les partisans de la « Prétendue Religion Réformée ». Matérialisation d'un rapport de forces, c'est encore dans ce cœur de la Réforme que les places de sûreté protestantes, villes fortifiées tenues par une garnison huguenote aux frais

1. Cité par Émile G. Léonard *in Le Protestant français*, PUF, 1955.

du roi, sont à la fois les plus nombreuses et les mieux organisées.

Autant d'insupportables défis au roi de France, catholique, apostolique et romain. Aussi, avant même la révocation de l'édit de Nantes, le monarque et ses successeurs vont-ils s'employer à réduire les hérétiques. Mais rien n'y fait : ni les dragonnades, ni les conversions forcées et, parfois, généreusement stipendiées, ni l'exemption d'impôt pour celui qui, selon le terme de l'époque, accepte de se « réunir » à la religion catholique, ni l'exclusion de toutes charges publiques et l'interdiction de pratiquer une profession libérale, ni l'exil, ni, le 18 octobre 1685, la révocation de l'édit de Nantes, ni, surtout, l'usure du temps dans un environnement hostile, n'arracheront totalement la mauvaise herbe. En 1760, lorsque les pasteurs recensent leurs ouailles, ils évaluent à près de 600 000 âmes la population protestante du royaume ; 43 000 d'entre eux sont établis dans les Cévennes ; 100 000 autres — la concentration la plus forte — vivent dans les diocèses de Nîmes, Uzès et Montpellier [1].

Résister : plus qu'un mot d'ordre, une obsession. En 1702, les protestants cévenols, armés de leur foi et de quelques vieux fusils, se soulèvent contre Louis XIV. Emmenés par Cavalier, un mitron auquel se sont joints un châtreur de bêtes et un palefrenier, les Camisards tiennent en échec 25 000 hommes des armées royales. Les soldats vivent sur le pays, brûlent tout ce qui s'y prête, soumettent au blocus des régions entières, lancent des expéditions de représailles contre les villages qui abritent les insurgés. Mais au bout du compte il leur faut négocier : c'est la diplomatie et non la force

1. Émile G. Léonard, *op. cit.*

brutale de la victoire qui mettra fin à un conflit qui a laissé dans la conscience du protestantisme français une trace de feu et de sang.

Deux cents ans plus tard, le Gard et sa capitale, Nîmes, abritent toujours ces protestants un temps si pourchassés. Certes, avec les années, les révoltés se sont assagis, intégrés. La noblesse huguenote a perdu sa prépondérance au profit de la bourgeoisie industrielle ou d'affaires ; les protestants du Midi ont gravi les échelons de la réussite sociale, se sont haussés jusqu'aux premières places. Les anciens réprouvés sont devenus patrons dynamiques, employant une main-d'œuvre sous-payée et, surtout, catholique. Après le Premier Empire, la Terreur blanche se nourrira aussi des frustrations sociales engendrées par cette évolution : catholiques intégristes contre protestants libéraux, prolétaires catholiques contre patrons protestants.

À l'aube du XXe siècle les deux communautés vivent en voisines mais ne se mélangent pas. Et c'est conformément à la tradition qu'en 1905 Pierre Causse, bon protestant, marie sa fille Suzanne à Paul Defferre, brillant rejeton d'une non moins brillante lignée huguenote.

Pierre Causse est un propriétaire terrien, comme l'était avant lui son père duquel il a reçu ces hectares couverts de vignes, entre Lunel et Nîmes. Les Causse sont gens sérieux, rigoristes même. Pierre ne s'est pas contenté de son statut de fils de famille, il a investi dans le savoir, a fréquenté l'école d'agriculture de Grignan et est revenu au pays plus riche de connaissances. Celles-ci sont réelles et reconnues : lorsque éclate la guerre de 1914, Pierre Causse, qui est trop vieux pour le front, recevra de ses coreligionnaires et voisins partis se battre la mission de gérer leurs domaines. Il s'en acquittera avec conscience et minutie, comme tout ce qu'il fait.

Curieux mélange de conformisme et d'audace : le même goût ordonné des choses bien faites mêlé au respect du savoir pousse Pierre Causse à envoyer sa fille Suzanne au lycée, démarche à l'époque peu commune. Nantie d'un diplôme de première — l'équivalent du premier bac —, Suzanne tâte aussi de la peinture à l'Académie Jullian où elle reste trois ans. Toute sa vie, elle gardera le goût des livres, s'enorgueillira de connaître Proust, manifestera un goût sûr et modeste pour choisir un meuble ou admirer un tableau.

Chez les Causse, il faut tenir son rang, mais ne point paraître ; on vit bien mais on évite l'ostentation, même si la famille dispose à Nîmes, quai de la Fontaine, dans le quartier élégant de la ville, d'un hôtel particulier avec cuisinière, valet de chambre et maître d'hôtel. Paul Defferre, le jeune époux, est à l'opposé de ces préceptes surannés. Descendant d'une dynastie de robins — magistrats, avoués, notaires — bien implantée à Alès, le jeune homme, en 1905, année de son mariage, est déjà un brillant avoué. Trop brillant même pour son beau-père qui n'apprécie guère ce gendre si beau dont la raisonnable Suzanne est tombée amoureuse. Pressent-il que l'époux est trop doué pour se contenter de la calme vie bourgeoise à laquelle il aspire pour sa fille ? Craint-il que son charme ne le conduise à quelques aventures galantes si peu conformes à l'idée qu'il se fait du mariage ? Pense-t-il que ses réelles compétences professionnelles ne seront pas un frein suffisant pour brider les profanes appétits que le jeune époux manifeste déjà avec vigueur ? Il a certes fallu consentir au mariage, mais, c'est évident, le gendre n'est pas du goût de la famille Causse.

Le premier enfant issu de cette union, Maryse, naît en 1908. Les autres viendront ensuite, tous les deux ans. Dans l'ordre, Gaston, en 1910, Monique, en 1912, et Jacques, le dernier, en 1914.

Gaston, Paul, Charles Defferre, comme le précise son acte de naissance, naît à Marsillargues, Hérault, le 14 septembre 1910, à 8 heures du matin. Il doit à une erreur de diagnostic du médecin accoucheur maternel de naître au village plutôt qu'à Nîmes. À entendre l'homme de la Faculté consulté quelques jours auparavant, la future mère en avait encore pour près d'un mois avant d'être délivrée. Confiante, elle est allée se reposer à Marsillargues, où son père possède une propriété. Lorsque sont survenues les premières douleurs, il était trop tard pour rentrer à Nîmes où vit la famille Defferre, dans une maison aux parquets somptueux et à l'escalier imposant du boulevard Alphonse-Daudet, à un jet de pierre de la Maison carrée. L'avoué Defferre y a son étude, en dessous de l'appartement. C'est là qu'il reçoit, qu'il tient table ouverte. Pour les Defferre, la vie est aisée, sans trop de faste cependant, comme il convient à un notable protestant.

Marsillargues où naît Gaston Defferre est un gros bourg planté entre Montpellier et Nîmes. Le village possède un château du XVIIe siècle, une église blanche et un temple. Il abrite aussi quelques notables, dont le père de Suzanne Defferre, Pierre Causse, qui y a une ferme. Les Causse sont importants producteurs de vin. Dans leurs caves s'alignent les hautes cuves de ciment où, chaque année, passent quelque vingt mille hectolitres. Derrière les bâtiments de la ferme qui date de

Louis XIV on a ajouté, en 1902, une belle maison bourgeoise élevée dans un jardin tracé au milieu des vignes. La maison de trois étages est crépie en rose et possède l'eau courante apportée par une éolienne. Symbole de statut social, le tennis jouxte la maison, les écuries abritent les chevaux de selle qu'affectionne le grand-père Causse, ancien de Saumur, et sur lesquels le jeune Gaston apprendra à monter. Plusieurs années plus tard, il sera même moniteur d'équitation, à Nîmes.

Mobilisé durant la première guerre mondiale, Paul Defferre laisse sa famille à la garde de son beau-père. Six mois par an, Marsillargues devient le domicile de Suzanne Defferre et de ses enfants ; les six autres mois, lorsque les vendanges sont terminées et le vin tiré, Marsillargues est fermée et les Defferre s'installent au Grau-du-Roi, à une quinzaine de kilomètres de là, dans une modeste maison louée au bord du canal, derrière l'église.

Au Grau-du-Roi, la vie est simple ; à Marsillargues, elle est rythmée par le son de la cloche qui appelle aux repas. Au premier tintement, il faut impérativement aller faire un brin de toilette ; au second, quelques instants plus tard, tout le monde doit être dans la salle à manger, debout. Le grand-père entre alors dans la pièce et invite sa maisonnée à s'asseoir. Peu commode, le grand-père. Sa conception de la vie est carrée : il y a les choses qui se font, et celles qui ne se font pas. Une malencontreuse surdité ajoute encore à son aspect austère. Son épouse partage sa vision de la vie tout en se montrant un peu plus sévère encore. Dès l'enfance, les enfants comprendront qu'il vaut mieux ne pas plaisanter avec ces deux-là.

Les conceptions de Paul Defferre se situent, elles, aux antipodes. Comme pour justifier la défiance que lui ont toujours manifestée ses beaux-parents, l'avoué, sitôt expédié la cérémonie du mariage, n'a pas tardé à se livrer à quelques frasques. Certes son étude tourne bien et sa compétence professionnelle est reconnue mais le droit ne l'habite pas tout entier, loin s'en faut. Au vrai, Paul Defferre n'a qu'une seule véritable passion : le jeu. Il joue à tout ce qui se joue, cartes, roulette, chevaux, et perd gros. En 1914, à la veille d'être mobilisé, il est acculé à vendre son étude pour rembourser ses dettes. Puis il part pour le front, laissant une famille honteuse, aux revenus amputés, obligée de quitter l'appartement nîmois que ses moyens ne lui permettent plus d'entretenir. Le père sera blessé, rapatrié sur Cannes pour s'y reposer, puis renvoyé au front. Quatre ans de boue, de tranchées et de sang, dont il sort vivant mais ruiné. En 1918, l'avoué Paul Defferre s'embarque pour l'Afrique noire où il espère se refaire. Sa famille, c'est convenu, viendra le rejoindre lorsqu'il se sera installé.

L'Europe est exsangue mais l'Afrique est encore terre d'aventure. Paul débarque à Conakry, y reste quelques mois et décide de se fixer enfin à Dakar. Depuis qu'en 1899, le Conseil des colonies a décidé d'y améliorer les jetées et les quais, la ville qui était alors à peine plus grosse qu'un village vit une expansion rapide. En 1902, distançant définitivement Saint-Louis, sa rivale, Dakar est devenue la capitale de l'Afrique occidentale française, attirant à elle fonctionnaires, hommes d'affaires, travailleurs et commerçants de toutes sortes. 8 737 habitants y sont recensés en 1902 ; en 1921 ils sont 32 440 dont 1 661 Européens.

Témoins du coup de fouet que connaît la ville, quatre cents immeubles y sont construits de 1903 à 1908. En 1925, venant de Marseille et de Toulouse, les avions de la compagnie Latécoère atterrissent régulièrement sur la première base aérienne de l'AOF construite à Dakar trois ans auparavant. Soucieux de favoriser le dynamisme de la ville, le gouvernement a consenti de substantiels avantages fiscaux qui attirent les investisseurs et, dans leur sillage, les hommes de loi chargés de veiller à leurs intérêts [1].

Paul Defferre arrive donc en Afrique dans un contexte on ne peut plus favorable. Rapidement les affaires reprennent. Excellent avocat, il a su capter la confiance des quelques grosses compagnies commerciales qui se partagent l'exclusivité du commerce avec la métropole. Bientôt il décide qu'il est temps d'appeler auprès de lui sa femme et ses enfants. En décembre 1919, munis de billets payés par les grands-parents Causse, ceux-ci embarquent à Marseille sur un vieux cargo, le *Turenne,* tout juste équipé de quelques cabines. La traversée est faite d'escales et de merveilleuses découvertes. On visite Casablanca, Tanger où l'on passe la nuit de Noël. Les enfants sont enthousiastes : aller vivre dans un pays léché par la mer, où les bananes poussent en abondance...

Le 1er janvier 1920, les Defferre débarquent à Dakar. Le père est venu accueillir sa famille à quai, mais dès les jours suivants ses prospères affaires le reprennent tout entier. En quelques années, l'avoué refait sa pelote, achète du bien dans le centre de Dakar, fonde un journal, s'essaie, sans grande obstination, à la politi-

---

1. Jean Delcourt, *Naissance et Croissance de Dakar,* Éditions Clairafrique, Dakar, 1983.

que. Des cinq avocats qui exercent à Dakar, il est certainement le plus talentueux. Il vit tel un seigneur munificent, entouré de boys, d'administrateurs coloniaux, d'hommes d'affaires métropolitains venus comme lui faire fortune.

Les enfants, eux, côtoient ce père qu'ils ne connaissent qu'à peine, voire, pour les deux plus jeunes, pas du tout. La première installation, sorte de campement provisoire, s'est faite dans un appartement de l'avenue Roume, mais plus tard l'on aménage dans une confortable maison. La vie est idyllique : plage — une jeune bonne amenée de France y rencontre aussi souvent qu'elle peut son galant, ce qui fait bien l'affaire des gamins —, jeux dans des endroits mystérieux, tennis, bals de la colonie française chez le gouverneur. Les contraintes scolaires sont des plus réduites. À cette époque Dakar n'est qu'un gros bourg et ne possède pas encore d'école publique. Ce sont les parents Defferre qui la fondent, pour une dizaine d'élèves, dont leurs quatre enfants. Suzanne Defferre y enseigne le français et le dessin, son mari y donne parfois des cours de latin. Ce sera la première école que fréquentera Gaston qui, avant d'arriver en Afrique, à l'âge de dix ans, sait lire mais n'a jamais mis les pieds dans un établissement scolaire. Tout ce qu'il connaît, il le tient de sa mère. Le père, sorte d'intrus qui s'interpose mollement entre le jeune garçon et cette femme merveilleuse, sera une référence négative dans sa formation psychologique.

Lorsque revient l'été, les Defferre, comme tous les coloniaux, rembarquent pour la terre natale. Aussitôt à terre, Paul Defferre laisse sa famille à Marsillargues et, semblable au Brésilien d'Offenbach, se rue sur les tables de jeux où il perd en quelques semaines ce qu'il a mis onze mois à amasser. L'on vend alors quelques avoirs pour payer les dettes et, avec le mois de septembre, l'avocat prodigue et à nouveau ruiné repart vers l'Afrique pour se refaire.

Durant vingt ans le scénario sera pour lui immuable. À une variante près, cependant : en septembre 1922, Suzanne refuse de repartir vers l'Afrique avec ses enfants. Plusieurs événements l'ont décidée à se séparer de son époux. Gaston d'abord, certainement le plus gâté de ses quatre enfants, va vers ses douze ans et il est temps de songer pour lui à une scolarité sérieuse. Et puis le ménage ne va pas fort. Paul Defferre est profondément neurasthénique ; à la moindre contrariété le voilà affligé d'un puissant mal de tête. Il se bourre alors de cachets, s'allonge sur son lit, protégé par la pénombre et la moustiquaire, et interdit à quiconque de produire le plus petit bruit. À l'inverse, il est capable des réactions les plus inattendues, sans s'embarrasser de scrupules lorsqu'il s'agit de faire ce qu'il a décidé. Ainsi, en juillet 1922, pressé d'aller « flamber », il s'est embarqué tout seul pour la France, laissant là femme et enfants qui ont appris au petit déjeuner son départ. Après quelques jours de perplexité, Suzanne s'est dit que cette fantaisie-là serait la dernière. Elle a bouclé ses malles, a embarqué à son tour et, après un été à Marsillargues, a pris sa décision : elle restera à Nîmes avec ses enfants. À charge pour l'époux fantasque de pourvoir aux besoins de sa famille.

Voilà donc les Defferre, amputés de leur théorique chef de tribu, de nouveau à Nîmes. Les voisins de la bonne société protestante dont les Defferre sont issus font la moue. « Cette pauvre Suzanne », disent-ils, pour désigner cette maîtresse femme qui a laissé volontairement son mari en terre lointaine. La « pauvre Suzanne » fait face et élève ses enfants sans se plaindre.

Elle est en réalité restée amoureuse de son extravagant mari et ne divorcera que bien plus tard sur l'insistance de Gaston qui tient à préserver le patrimoine maternel menacé par les dettes de jeu de son père.

À Nîmes, lorsqu'on est protestant, on vit entre protestants. Ainsi font les Defferre. Certes les enfants vont au lycée où ils côtoient des condisciples catholiques ou juifs ; mais s'il est toléré de fréquenter ces derniers, il est quasiment interdit d'avoir des relations avec les autres. L'oublie-t-on que l'évocation des ancêtres victimes des exactions papistes vient aussitôt rappeler où est le devoir. Le jeune Gaston, un jour, en fera l'expérience alors qu'ayant eu la légèreté de se rendre à un après-midi dansant où l'a invité un condisciple catholique il se fait, au retour, vertement recevoir par sa mère. Apprenant l'incartade, le grand-père Causse entre à son tour dans une violente colère, réprimande la mère laxiste et parle de mettre le galopin en pension pour lui apprendre à se conduire. Au même moment, en Charente, un autre jeune garçon nommé François Mitterrand vit dans un milieu aussi catholique que le jeune Gaston Defferre grandit dans son environnement protestant. Comme le protestant, le catholique connaît ceux d'à côté, les estime parfois mais ne les fréquente guère. Chacun dans son monde, c'est la règle [1].

Nîmes ou les charmes de la vie de province. Pour les Defferre, après les bouleversements de la guerre et de l'aventure africaine, la vie y est tranquille, à peine troublée par de menues difficultés d'argent. La famille ne roule pas sur l'or, les filles sont habillées par leur mère qui, par souci d'économie, confectionne leurs robes,

1. Catherine Nay, *Le Noir et le Rouge, ou l'Histoire d'une ambition*, Grasset, 1984.

mais Paul Defferre envoie régulièrement sa participation. Et ni le grand-père Causse, ni la famille ne sont loin. Au cas où...

Gaston fréquente le lycée où rien ne le distingue de ses condisciples. Lui qui jusqu'à son retour d'Afrique n'a jamais connu d'école traditionnelle suit. Sans difficulté mais sans génie. Il se contente de faire son année et de passer dans la classe supérieure. Aucun exercice intellectuel ne semble, à cette époque, l'avoir particulièrement marqué et il n'est pas de ceux qui passent un temps exagéré dans les livres. Il montre en revanche plus de dispositions pour la vie mondaine et les ronds de jambes devant les jeunes filles. À quinze ans, le jeune Defferre a un charme fou et il en use auprès des dames nettement plus âgées que lui, manifestant déjà cette séduction qu'il gardera jusqu'à la fin de sa vie et ce goût prononcé pour les femmes. Des années plus tard, tous ses collaborateurs se souviendront de la facilité avec laquelle M. le maire ou M. le ministre aimait parler des choses du sexe. Bien des journalistes en feront eux-mêmes l'expérience : dès qu'il se sent en confiance Gaston Defferre aborde sans chichis la question, crûment s'il s'agit d'un homme, avec de subtiles et provocantes allusions s'il s'agit d'une femme.

Pour l'heure le jeune homme se contente de savourer la vie. En réalité, il brûle la chandelle par les deux bouts. Il passe ses nuits dehors, rentre à l'aube, se change pour monter à cheval — « les plus belles bottes de Nîmes », dit-on de celui qui arbore avec fierté une luxueuse paire de bottes faites sur mesure et offertes par son grand-père — ou aller entraîner une équipe de jeunes cavaliers, fait un crochet par la salle d'armes de maître Tessier, passe quelques heures au lycée et repart danser de plus belle. Il est passionné, amoureux souvent, casse-cou toujours. Bientôt il achète une moto avec laquelle il aura plusieurs accidents. Sa mère ferme les yeux : ce fils gâté à qui elle permet ce qu'elle n'autorise à aucun de ses autres enfants est finalement le véritable homme de la famille. Ne manifeste-t-il pas déjà une nette tendance à l'autorité, surtout à l'égard de ses sœurs, comme s'il devait remplacer un père absent ?

Le père, le voilà qui justement se manifeste à nouveau. À vrai dire il n'a jamais totalement oublié les siens. Chaque été, il revient d'outre-mer, les poches pleines de l'or qu'il vient déverser sur les tapis verts des casinos. Au pied de la passerelle du bateau l'attend une grosse conduite intérieure américaine achetée spécialement pour la circonstance. Un crochet pour embarquer sa famille, et c'est parti, comme la boule qui tourne dans le cylindre de la roulette. On roule de palace en palace, dans toutes les villes d'eaux du pays, pour visiter les casinos où, avec constance, Paul Defferre perd sa chemise. Malgré le luxe qui entoure ces équipées, les enfants n'aiment guère ces périodes, parenthèses incommodes dans la vie tranquille qu'ils se sont organisée sans père. Lorsque ce dernier arrive, il leur faut interrompre les vacances qu'ils passent au bord de la mer, à Saint-Raphaël, s'arracher au groupe des amis de leur âge, suivre un quasi-inconnu aux pratiques bizarres et s'astreindre à la visite de tous les monuments touristiques rencontrés. Sans compter la peur : bon avocat mais piètre conducteur, Paul Defferre a la fâcheuse habitude de laisser dans les fossés qui bordent la route ses voitures toutes neuves.

Immuable, le rite se renouvellera durant des années, chaque été. Prisonnier du jeu, Paul Defferre impose aux siens sa passion, exhibe sa famille dans les lieux de villégiature les plus huppés et traîne derrière lui, discrètement, une maîtresse qui a la délicatesse de ne pas descendre dans les mêmes hôtels que l'épouse légitime. Trois semaines après le début du voyage, tout aussi rituellement, l'avocat est à sec, n'ayant pour seule solution que de rembarquer précipitamment pour l'Afrique. Une année, c'est un Gaston à peine âgé de quinze ans qui devra récupérer son père échoué dans une chambre d'hôtel de Monaco et que des sbires empêchent de sortir tant qu'il n'a pas réglé ses dettes. C'est chez sa grand-mère paternelle qui vend en catastrophe quelques titres que l'enfant ira chercher secours. Puis il raccompagnera son père au bateau.

Gaston Defferre a gardé de cette expérience une trace indélébile. Adulte, il n'en parle que rarement, à quelques intimes seulement, mais il ne manque aucune occasion de manifester le mépris qu'il a pour les joueurs et leur passion. Devenu ministre de l'Intérieur de François Mitterrand, il ferme avec allégresse quelques cercles, refuse obstinément la réouverture de casinos en détresse, même, et encore plus, si ce sont ses amis politiques qui le lui demandent. Christian Goux, maire socialiste de Bandol et président de la commission des finances à l'Assemblée nationale, l'apprendra à ses dépens. Pour soulager les finances locales et s'assurer, croit-il, une réélection facile, il envisage en 1981 la réouverture d'un casino fermé depuis quelque temps. Deux hommes d'affaires spécialisés, les frères Tomi, acceptent d'investir dans l'opération. Le maire n'est-il pas l'un des plus hauts personnages du régime ? Ne passe-t-il pas pour un proche du nouveau président de la République ? La réouverture et les profits paraissent assurés. Las, l'autorisation tarde, le ministre de l'Intérieur se fait tirer l'oreille, prend prétexte des mauvais renseignements que lui fournissent ses services sur les futurs gérants pour tergiverser. Christian Goux insiste, poussé par des financiers pour qui les affaires ne sont pas des jeux de hasard. Des menaces sont même proférées. Elles sont à la hauteur des sommes investies, c'est-à-dire sérieuses. Il faudra que l'Élysée s'entremette pour que Gaston Defferre consente à donner, enfin, l'autorisation attendue.

Quelques mois plus tard, Gaston récidive. Marcel Francisci, « empereur des jeux » abattu dans un parking le 15 janvier 1982, est mort sans avoir pu obtenir la réouverture de son établissement parisien, le cercle Haussmann, fermé depuis un an par Christian Bonnet, prédécesseur place Beauvau de Gaston Defferre. Or à Zicavo, en Corse du Sud, le défunt a laissé vacant un siège de conseiller général que les socialistes aimeraient bien enlever à l'occasion d'une élection partielle. Tout l'équilibre politique du département s'en trouverait modifié et la gauche pourrait enlever la présidence du conseil général. Avertis du désir socialiste, les proches de Marcel Francisci y voient l'occasion d'obtenir la réouverture du cercle Haussmann. Les négociations s'engagent. Le ministre de l'Intérieur a donné mandat à Bastien Leccia, son délégué pour les affaires corses, de tâter le terrain. Les termes de l'accord sont rapidement définis : le siège contre la réouverture du cercle parisien. Le jour de l'élection, un seul candidat, un radical de gauche, se présente devant les électeurs et est facilement élu. Le RPR, parti auquel appartenait Marcel Francisci, n'a, pour sa part, désigné aucun candidat. Mais lorsque vient le moment de payer le prix de cette bonne manière, Gaston Defferre, bafouant sa parole, refuse la réouverture du cercle Haussmann. Inquiet, Bastien Leccia qui a donné sa promesse fait le siège ministériel. Mieux que personne, il sait ce que peuvent coûter de telles pirouettes. Defferre, pourtant, reste inflexible :

— Tu diras que j'ai changé d'avis, lâche-t-il à son délégué aux affaires corses. Tu n'auras qu'à me mettre tout sur le dos.

Gaston Defferre, une fois de plus, vient de régler un vieux compte avec son père.

Ainsi coule l'enfance nîmoise de Gaston Defferre, sans autres accrocs majeurs que ceux produits par ce père hors normes protestantes, encombrant absent dont chaque lettre est reçue avec anxiété. Gaston aura tellement eu peur des mauvaises nouvelles que, de sa vie, il ne décachettera lui-même ses lettres, préférant laisser ce soin à son épouse ou à ses secrétaires.

À bien y regarder, pourtant, le jeune Defferre a jusque-là vécu la routine d'une adolescence un peu plus turbulente que d'autres. À l'aube des années trente, à l'instar des bourgeois de province chantés par Brel, sa voie pourrait n'être qu'ordinaire. Malgré les difficultés financières, mais avec l'appui de la famille, il pourrait poursuivre ses études, devenir avocat, médecin ou notaire assagi. Il pourrait se marier et bientôt faire des enfants. Peut-être aussi, comme nombre de notables futurs et comme s'y était, avant lui, essayé son père, tâterait-il alors de la politique. Il suffirait de suivre le chemin...

En 1928, pourtant, Gaston Defferre bifurque, se dérobe au modèle. Comme un cheval qui refuse l'obstacle. Il a à peine dix-huit ans et il s'embarque pour l'Afrique où il va rejoindre son père qui le prend auprès de lui, dans son cabinet. Au lieu de poursuivre, comme la majorité des siens, ses études et ses plaisirs, il s'engage précocement dans la vie active en venant se former auprès d'un père qui a la chance d'être avocat. C'est qu'il a décidé de faire son droit, de devenir avocat à son tour, mais au lieu d'aller en faculté il apprendra le métier sur le tas, dans un vrai cabinet. Chaque année, au printemps, il rentrera en France, à Aix-en-Provence où il est inscrit à la faculté de droit, potassera les cours, passera ses examens, et cette formalité accomplie, repartira pour une nouvelle année en Afrique.

C'est peu dire que ce choix lui coûte. En allant chez son père pour lequel, à l'évidence, il n'a que peu d'estime, il quitte une mère qu'il aime au-delà de tout. En fait, en quelques mois, il a précocement mûri. Sa dernière année scolaire n'a pas été brillante. Tout entier plongé dans les plaisirs et la vie nocturne, Gaston Defferre, durant l'hiver 1927, est tombé malade, victime d'une pleurésie. L'alerte a été chaude. En réalité, le jeune dandy a failli en mourir et il a fallu l'envoyer se refaire une santé dans le massif de l'Aigoual, dans ces montagnes des Cévennes proches où les protestants nîmois passent leurs vacances d'été. Le grand-père Causse l'a évidemment très mal pris. Lorsqu'on est un jeune protestant conscient de ses devoirs, on ne joue pas ainsi avec sa vie.

À peine remis, Gaston Defferre a passé son bac de philosophie, à la session de septembre. Mais l'épreuve de la maladie l'a marqué. C'est comme si le milieu culturel dans lequel, sans trop s'en soucier, il a jusqu'alors baigné, produisait maintenant ses effets. Sous ses aspects de beau garçon nonchalant et viveur, Gaston, quoi qu'il fasse, est imprégné de morale protestante. Dieu ne le hante pas, mais le sentiment du péché, la certitude qu'il n'y a pas de pardon et qu'on est responsable devant Lui a produit ses effets. La proximité de la mort l'a-t-elle ébranlé ? Ce qui perçait s'affirme désormais avec force, non sans un soupçon d'autoritarisme : il faut apprendre un métier, devenir garant de soi et des autres, de cette famille qu'un père irresponsable a délaissée en partant au loin refaire fortune.

Trois ans durant, installé à Dakar dans le cabinet paternel, le jeune Defferre va se frotter à d'autres réalités que celles qui furent jusqu'alors les siennes. Chaque printemps le voit revenir à Aix-en-Provence où il s'installe dans une chambre de bonne pour y préparer ses examens. Lui qui, jusqu'au bac, s'intéressait d'abord aux motos et aux femmes travaille désormais d'arrache-pied, réussit ses examens et s'en retourne en Afrique reprendre son poste au cabinet paternel. L'exil ressemble fort à une période de travaux forcés. Sans être un garde-chiourme, le père Defferre sait profiter de la présence de son fils qu'il sollicite sans trop de scrupules. Si Paul Defferre consent à payer le gîte, le couvert et quelques honoraires il n'entend pas pour autant faire un investissement à fonds perdus. En échange de ses bontés, il exige du travail et contrôle étroitement les distractions de son fils qui, isolé, n'a pour seul interlocuteur et ami que le cuisinier noir Mamadou. Lorsque Maryse, sa sœur aînée qui vient d'épouser André Cordesse, riche savonnier protestant de Marseille, vient, quelque temps plus tard, présenter son époux à son frère, elle trouve Gaston en train de serrer les dents. « Il était tenace et capable de volonté, commentera-t-elle près de soixante ans plus tard, encore admirative. Le père était invivable et bien que Gaston ne se soit jamais plaint, je crois qu'il vivait un enfer. » Sa jeune sœur Monique est moins péremptoire : à Dakar, Gaston aurait vécu financièrement à l'aise, accumulant même un coquet pécule. Mais les deux femmes s'accordent à dire que leur père avait un fichu caractère et qu'il a rendu la vie impossible à son fils.

En 1931, ce dernier met les pouces. Malgré un père qui lui promet la succession d'un cabinet parmi les plus prospères d'Afrique, Gaston Defferre rentre définitivement en France. Il sort de trois années particulièrement douloureuses et se trouve dans cet état d'esprit où l'on trace dans son histoire personnelle une frontière en deçà de laquelle l'on refuse désormais de revenir. Lorsqu'une nouvelle vie commence, il convient de ne pas rater le départ et de bien marquer les symboles : refusant de s'inscrire au barreau de Nîmes [1], berceau professionnel de sa famille, le jeune avocat Defferre ira s'installer à Marseille, le port d'où les bateaux partent vers de nouveaux horizons, débouché naturel des jeunes ambitieux qui ne supportent plus le cadre étriqué de leur enfance. La même année il exige — et obtient — que sa mère demande le divorce [2]. Les amarres sont bien coupées.

1. Rentrant d'Afrique, il s'est cependant inscrit quelques semaines au barreau de Nîmes, avant d'émigrer dans la cité phocéenne où, le 26 octobre 1931, il s'est définitivement inscrit au stage du barreau de Marseille.

2. Contrairement à la légende, ce n'est pas lui qui a « divorcé » sa mère, mais maître Marcel Kahn, avocat nîmois dont la fille, Ginette Kahn-Bernheim, sera plus tard sa collaboratrice dans son cabinet marseillais, puis sa camarade de combat dans la Résistance.

Maître Gaston Defferre

— Gaston ! C'est vous, Gaston ?

— ?

— Gaston, vous ici !

Oui, c'est bien Gaston, à Marseille depuis un peu plus de deux ans, installé comme jeune avocat après sa période de « bagne » africain. L'étonnement qu'il éprouve de se voir interpeller ainsi, dans cette rue Paradis, en plein centre ville, est au moins aussi grand que la surprise de celle qui l'appelle.

Comme pétrifiée, Andrée Aboulker demeure muette alors que glissent autour d'elle des centaines d'employés qui sortent de leur bureau et se hâtent vers leur déjeuner. Elle n'en revient pas. Cela fait si longtemps qu'elle l'avait perdu de vue. Au point qu'elle pensait l'avoir définitivement oublié lorsqu'elle avait quitté Dakar, deux ans après lui, en 1933. Cette année-là, elle était venue à Paris s'inscrire en Sorbonne pour y suivre des études de psychologie. Dans un même élan d'émancipation elle avait divorcé d'un mari dont elle était, de fait, déjà séparée. Et voilà que maintenant, en allant rendre visite à sa mère qui réside à Marseille, elle tombe à nouveau sur Gaston Defferre qu'elle avait si passionnément connu quelques années auparavant.

En 1934, Andrée Aboulker n'a que vingt-deux ans.

En 1930, lorsqu'elle a fait la connaissance de Gaston Defferre, elle en avait quatre de moins et était déjà l'épouse d'un certain François Baron, fonctionnaire colonial et poète que la fréquentation des milieux surréalistes a transformé en admirateur de la révolution d'Octobre. Au point qu'en 1924, sous le premier prétexte, il a fait le voyage de Moscou, parti voir de lui-même ce monde nouveau qui soulève tant d'espérance et tant de craintes. Rien chez lui ne le prédestine à une carrière coloniale. Mais François Baron est toxicomane et veut rompre avec la drogue. L'Afrique sera sa chance : prestement il négocie sa licence en droit contre un poste à Dakar. Un petit poste de petit fonctionnaire des douanes, à occuper pour seulement deux petites années. En fait, le destin en décidera autrement : François Baron terminera sa carrière comme gouverneur des Indes françaises.

En août 1930, donc, le jeune couple débarque à Dakar. Andrée Aboulker est petite, jolie, avec des yeux bleus magnifiques — « une superbe beauté », se souvient, cinquante ans plus tard, un témoin —, vive, intelligente, presque exotique. Elle est issue d'une famille juive aisée d'Alger où la médecine est une tradition autant qu'un statut social. Son père, médecin généraliste accoucheur, se veut de gauche et tranquillement laïque. Les frères de son père sont médecins, ses cousins le sont également. Andrée Aboulker, quelques années plus tard, le deviendra à son tour.

Elle a épousé son mari très jeune, sans avoir eu le temps de décrocher le baccalauréat qu'elle passera à Dakar où elle s'est inscrite au lycée. Le reste de son temps est pris par les garden-parties, les apéritifs ou les soirées mondaines où l'on surmonte son ennui en potinant sur le tennis et les coucheries des absents. À

Dakar, la société européenne est ordonnée en clans de célibataires venus faire fortune seuls. Planètes stables ou météores à l'existence plus brève, ils sont tous organisés en galaxies identiques, gravitant autour des rares couples mariés qui constituent le centre permanent de leur univers. Chaque clan a son soleil auprès duquel se règlent les problèmes de la vie d'exil. En échange de cette chaleur, le célibataire fait des cadeaux à la maîtresse de maison, la courtise souvent, la séduit parfois.

Ainsi vit Gaston. Le jeune homme peine alors sous la férule d'un père qui s'est accaparé son fils en le submergeant de travail. Son seul horizon sont les clients et les collaborateurs du cabinet paternel. Enseveli sous les dossiers, absorbé par le travail, Gaston Defferre ne ressemble plus au dandy avantageux qu'il a été durant son adolescence nîmoise. Et pourtant, à Andrée Aboulker qui, quelque temps après son arrivée à Dakar, le rencontre au cours d'un des rares apéritifs qu'il fréquente, il apparaît grand, mince, élégant. En un mot : beau.

Le coup de foudre est immédiat, réciproque, profond. L'idylle dure trois mois, au terme desquels la jeune femme qui ne supporte guère le mensonge va tout raconter à son mari. Ce dernier suggère une rupture à laquelle consentent les jeunes amoureux pris d'un profond sentiment de culpabilité. L'année suivante, Gaston Defferre rentre définitivement en France. Les mauvaises relations avec son père en sont la cause immédiate, mais il n'est pas interdit de penser que ce départ lui permet aussi de clore le chapitre de sa vie au cours duquel il a traversé la plus impossible des passions amoureuses.

Quatre ans plus tard, sur ce trottoir marseillais où il vient de retrouver Andrée Aboulker, réalise-t-il seulement à quel point tout est maintenant possible ? À

André Boyer, son meilleur ami et, comme lui, jeune avocat, il n'a pas caché dans ses moments de mélancolie qu'il ne cessait de penser à une femme malheureusement engagée, mais qu'il espérait bien qu'un jour... Or cette femme rêvée jusqu'au mirage, la voilà divorcée, c'est-à-dire libre ; lui, désentravé de la tutelle paternelle, est maintenant inscrit au barreau de Marseille, avocat qui n'a de comptes à rendre qu'à lui-même. Il est beau, vêtu d'un élégant costume de coupe anglaise, à la veste étriquée, comme on la porte à cette époque. Le jeune casse-cou des années vingt a cédé la place à un adulte à la mise soignée, qui se pique de commander ses costumes chez un bon faiseur de Londres. Chaque fois qu'il en a le besoin, Gaston Defferre écrit à son tailleur qui possède ses mesures et qui lui renvoie le vêtement demandé [1].

Il ne faut que le temps du déjeuner qu'Andrée Aboulker et Gaston Defferre prennent aussitôt ensemble pour que leur passion mal éteinte se rallume, avec une puissance décuplée, comme s'il fallait rattraper ces années sacrifiées à la sagesse et aux convenances. Gaston qui courtisait une autre femme rompt aussitôt pour se consacrer tout entier à Andrée Aboulker. La belle a ses quartiers à Paris ? Qu'importe : son fougueux prétendant saute dans le train, brûle d'amour, redescend à Marseille expédier quelques dossiers, revient dans la capitale, repart vers la Canebière où s'installe finalement Andrée Aboulker. Un an plus tard et quelques

1. Toute sa vie, il gardera son goût pour les tailleurs britanniques. Pendant et après la guerre il profitera de chaque passage à Londres pour garnir sa garde-robe en costumes et chapeaux. Plus tard, devenu ministre et patron de presse, il fera venir le tailleur de Londres. À sa mort, sa veuve a distribué autour d'elle des armoires de costumes à peine portés. Mais elle a gardé les quarante et un chapeaux...

milliers de kilomètres plus loin, ces deux-là s'épousent. Avec cinq ans de retard sur l'horaire. André Boyer, qui ne s'entend guère avec la jeune femme, a déconseillé à son ami ce mariage qu'il ne « sent » pas. Andrée, de son côté, a beaucoup hésité : elle veut continuer ses études de médecine entreprises depuis un an après une rencontre avec Jacques Lacan [1]. Mais Gaston a tellement insisté : contraintes d'une époque autant qu'éthique personnelle, Gaston Defferre est ainsi qu'il n'envisage pas de vivre durablement avec une femme qu'il n'a pas épousée [2]... Après un périple d'amoureux dans le Jura et en Suisse, l'étudiante, autant séduite par sa future belle-mère que par son futur époux, a cédé. Le mariage est célébré à Marseille, le 13 septembre 1935, veille du jour anniversaire de Gaston Defferre qui va sur ses vingt-cinq ans. Jacques Defferre, frère cadet du marié, et André Cordesse, son beau-frère, assistent à la cérémonie [3] expédiée en quelques minutes.

Voilà donc Gaston Defferre sur la ligne de départ d'une nouvelle étape de sa vie. Le jeune marié est avocat depuis un peu plus de trois ans, et s'occupe surtout de dossiers commerciaux. Selon les règles de la profession, il s'est d'abord inscrit comme stagiaire chez un vénérable confrère, maître Marc Renaudin, qui a son cabinet au 5 de la rue Venture, non loin du palais de justice de Marseille. Selon l'un des témoins de l'épo-

1. Durant la Résistance, après une opération de l'appendicite, Defferre, qui a versé dans la clandestinité, ira se cacher quelque temps chez Lacan, à Paris. Cf. Stephane Albert « Gaston Defferre, Autorité et Efficacité ; une biographie politique », Institut d'études politiques de Toulouse, 1988.

2. Il insistera de même, onze ans plus tard, en demandant en mariage Paly Swaters, sa seconde épouse.

3. Philippe Alexandre, *L'Adversaire du général, Gaston Defferre*, éd. Raoul Solar, Paris, 1964.

que, les relations des deux hommes sont *« explosives »*. Gaston Defferre n'en restera pas moins plusieurs années chez maître Renaudin, avant d'émigrer chez maître Francis Ripert, quelques centaines de mètres plus loin, au 51 de la rue Grignan puis, en 1939, chez maître Armand Vidal-Naquet qui a son cabinet dans le même quartier, 70, rue Montgrand.

Avoué connu de la place, membre du parti socialiste, Armand Vidal-Naquet prend auprès de lui Gaston Defferre sur les conseils de son épouse qui a suivi avec lui des cours de doctorat[1]. Le nouveau collaborateur n'a pas encore la trentaine mais il a déjà derrière lui près de dix années d'activité professionnelle qui lui ont apporté une petite notoriété en même temps que quelques revenus confortables. Son beau-frère, André Cordesse, héritier d'une grande famille de savonniers marseillais, lui a mis le pied à l'étrier en le familiarisant avec le monde des affaires et en lui confiant quelques dossiers. Mais le talent de Gaston Defferre a fait — et bien fait — le reste. Car contrairement à la légende, Gaston Defferre n'a pas été « l'avocat sans causes » qu'aiment parfois décrire ses ennemis de tous bords (même et surtout s'ils appartiennent à son propre camp), plus enclins à la polémique que soucieux de la vérité historique. Très vite, il traitera un nombre appréciable de dossiers, essentiellement civils et commerciaux. Autant par goût que par sagesse — il est handicapé par un timbre de voix peu harmonieux —, il évite les dossiers pénaux, se contentant de défendre quelques camarades du parti qui ont fait des « bêtises ». Sa

1. Déjà très investi dans sa vie professionnelle, Gaston Defferre se contente en réalité de recopier les notes que prend pour lui Mme Vidal-Naquet. Il abandonnera son doctorat en 1938 pour le reprendre, durant quelques mois, en 1940. Mais il ne passera jamais les épreuves.

compétence professionnelle alliée à une puissance de travail peu commune sont néanmoins reconnues et font de lui un avocat qui monte. Sans doute Gaston Defferre, dont la carrière politique a largement éclipsé la carrière professionnelle et qui ne s'est jamais longuement étendu sur sa jeunesse, est-il en partie responsable de ces semi-vérités qui courent sur ses débuts. Il n'en demeure pas moins qu'il a été, dix ans durant, un bon avocat, sans doute l'un des meilleurs de sa génération. N'aurait été la politique pour laquelle il manifeste très vite une attirance irréversible, il aurait fait une prestigieuse carrière, à l'égal de tant de ses confrères dont le barreau de Marseille a été la pépinière.

En témoigne son titre de secrétaire de la conférence obtenu en 1934, à l'aube de sa carrière professionnelle. Selon la tradition du barreau, tout jeune avocat doit subir trois années de stage sous le giron d'un confrère expérimenté avant d'être autorisé à s'inscrire à son propre compte. Au cours de cette période, la profession et son ordre jugent les qualités morales et professionnelles du jeune avocat. La conférence du stage, concours d'éloquence auxquels se soumettent les jeunes stagiaires à l'issue de cette période de trois ans, est l'une de ces épreuves que l'on subit pour la gloire, quasi par narcissisme. L'exercice est en effet périlleux : un sujet est tiré au sort que le candidat doit plaider après seulement quelques heures de préparation, enfermé dans la bibliothèque de l'ordre. Pour réussir, il y faut des qualités de synthèse, de culture, d'humour, d'élocution, bref tous les éléments de l'éloquence vraie. Maître Defferre a certes l'esprit bien charpenté, et il ne manque pas d'humour. Mais, qui l'eût cru ?, il a aussi la langue habile. Et en juin 1934 il décroche la timbale du concours ! Le soir, accompagné d'André Boyer et de son épouse, ainsi que de quelques amis, Gaston Defferre fête l'événement. La soirée se prolonge mais malgré l'insistance de ses amis le lauréat refuse d'aller se coucher. Tard dans la nuit, alors qu'il entraîne tout son monde vers le siège du *Petit Marseillais*, l'on comprend enfin la raison de son insomnie : dans la première édition qui vient de tomber et que Gaston feuillette fébrilement devant le siège du journal figurent sa photo et son titre tout neuf !

Remporter l'épreuve signifie pour le vainqueur le droit de mentionner sur sa carte de visite qu'il est « secrétaire de la conférence », titre qui indique aux seuls initiés l'excellence de celui qui le porte. Mais la victoire donne aussi le privilège de prononcer devant ses pairs le discours de la séance solennelle de rentrée, quelques mois plus tard, juste avant un prestigieux banquet auquel assistent toutes les autorités civiles et militaires.

La nouvelle épreuve est fixée pour décembre 1934. Gaston Defferre a plusieurs mois pour élaborer son sujet qu'il va potasser, durant l'été, dans la maison où s'est installée sa mère, près de Nîmes. La bâtisse qui appartient à un cousin de Mme Defferre — ce qui permet à cette dernière, peu riche, de joindre les deux bouts — accueille pendant les beaux jours les restes de la tribu : Gaston Defferre y passe régulièrement, mais aussi Monique, installée depuis peu pharmacienne en Avignon, et quelquefois Maryse qui y vient avec son mari André Cordesse. Gaston bûche. Le sujet de discours qu'il s'est bizarrement choisi n'a rien d'espiègle : la condition juridique des enfants naturels. Sans doute la connaissance de ce qu'il a enduré durant son enfance, alliée à quelques rudiments de psychanalyse, peuvent expliquer l'intérêt qu'il porte à cette rébarbative question. Mais Gaston Defferre sait pimenter ses sujets et bientôt, prenant prétexte de la condition juridique des enfants naturels, le voilà qui bâtit un monument à la gloire du droit soviétique de la famille, qui peint une fresque où la femme et l'enfant de ce monde nouveau s'avancent, radieux, vers des lendemains qui chantent. Emporté par son sujet, il déambule dans le salon, lisant à ses sœurs interdites des extraits des codes soviétiques dont il s'est procuré, Dieu sait comment, la traduction. « Le droit soviétique, c'est le meilleur de tous, déclame-t-il, exalté. Ils ont pris ce qu'il y a de meilleur partout, c'est le seul droit valable. »

Le résultat est un texte dithyrambique à la lecture duquel le bâtonnier, le chenu Charles Blanc, inscrit au barreau depuis 1891, manque d'avaler son rabat lorsque, selon l'usage, et quelques semaines avant la cérémonie, il en prend connaissance. Impossible de prononcer en public cette « chose », ce brûlot qui est tout sauf un discours de rentrée solennelle du barreau marseillais !

— Refaites votre copie ! ordonne le bâtonnier.

— Pas question ! répond le jeune avocat déjà entêté.

Le bâtonnier reste inflexible et Defferre, respect oblige, doit céder, non sans résistance toutefois. On discute ferme, on ergote, on coupe ici, on adoucit là, on consent telle phrase et on caviarde telle autre. Le texte sera dit, mais raboté de ses aspérités les plus vives, donnant cette impression d'inachevé qu'ont les textes censurés.

Le 15 décembre 1934, dans la deuxième chambre du tribunal, les confrères de Gaston Defferre entendent donc leur jeune collègue disserter sur la condition juridique des enfants naturels. Un discours bizarre qui laisse dans la bouche un arrière-goût de soufre sans que l'on en comprenne trop bien la raison. Mais aussitôt après, maître Blanc qui veille au grain prévient son auditoire :

> « Le sujet du discours que vous venez d'entendre a été inspiré par une pensée généreuse et le souci de remédier à une injustice du sort. »

Autrement dit : notre jeune confrère a la tête un peu échauffée, mais il a un bon fond. Vient ensuite le rappel des principes cardinaux que maître Blanc énonce avec componction :

> « Certes, la filiation naturelle pose un problème dont on ne peut méconnaître l'intérêt, mais sa solution touche à des principes auxquels notre législation, gardienne de la morale et de la famille, ne permet pas de porter atteinte. C'est pourquoi les législations étrangères qui sont respectueuses des mêmes principes diffèrent fort peu de la nôtre, en cette matière. »

Tous les notables présents respirent : la famille et le mariage qui l'organise demeurent bien une chose sacrée.

De sa place, Gaston Defferre serre les mâchoires de rage. L'on a déjà sabré une bonne partie de son discours lors des discussions préparatoires et voilà que d'une phrase on lui en censure maintenant l'esprit. Les solutions novatrices, celles qu'il a voulu décrire pour montrer que le droit pouvait être moins figé qu'on ne le croit parfois, ne seront évoquées que par une perfidie supplémentaire du bâtonnier :

« Seule la législation soviétique qui a supprimé en fait l'état du mariage, et que maître Defferre, j'en suis certain, n'a mentionnée que pour nous fournir des éléments d'information complets, a instauré un régime de filiation obligatoire basée sur une déclaration de la mère, qui peut être contestée par le père, le tribunal étant, dans ce cas, juge du différend. Je comprend que notre confrère ne nous ait pas vanté les avantages d'une telle réglementation ».

Maître Blanc glisse un rapide coup d'œil vers le jeune insolent qu'il vient de moucher et tire sa dernière botte :

« L'exposé, à la fois consciencieux et éloquent qui nous a été présenté... »

« Exposé consciencieux » ! Pourquoi pas « besogneux » pendant qu'il y est ? Gaston Defferre, renfrogné dans son coin, n'entend plus et se promet mentalement une rapide revanche. C'est compter sans le savoir-faire du bâtonnier. Ce dernier, qui sait d'une longue pratique professionnelle que la confraternité est une vigilance de tous les instants, enfonce un peu plus le clou quelques mois plus tard. Le 18 mars 1935, au cours d'une séance du conseil de l'ordre, il fait voter, aux frais du barreau marseillais, l'impression d'une plaquette qui contient son discours mais omet celui de Gaston Defferre. Le procédé est peu courtois et, surtout, le lecteur qui dès les premières lignes lit une réponse à un texte inconnu risque d'être un peu dérouté. Mais qu'importe. L'essentiel n'est-il pas de montrer qui dirige ?

Pour Gaston Defferre c'est décidément trop. Quelques jours plus tard, le 3 avril 1935, *Rouge-Midi*, bihebdomadaire régional du parti communiste, publie des morceaux choisis de son discours. On a voulu le censurer ? On verra bien que Gaston Defferre ne se laisse pas marcher sur les pieds.

Dans le Landerneau judiciaire, la publication fait du bruit. Les gens de robe, magistrats et avocats, se ruent sur le journal qui, jamais, sans doute, n'a eu autant de lecteurs dans cette tranche socio-professionnelle. L'article est bien là, occupant tout le bas de la page trois, sur sept colonnes, sous une rubrique fièrement intitulée « Le Front ouvrier » et à côté d'un encadré qui donne la liste des candidats communistes aux prochaines élections municipales. Il est titré « La famille dans le droit soviétique » et précédé d'une note hypocrite de la rédaction.

> « Nous avons appris, est-il écrit en préambule, qu'un jeune avocat de notre ville avait fait une étude particulière sur la famille dans la législation soviétique. Nous nous sommes rendus chez maître Gaston Deferre [*sic*] pour lui demander de vouloir bien communiquer son étude à *Rouge-Midi* qui pourrait ainsi montrer quelle est la supériorité de la législation soviétique. »

L'orthographe du nom de l'auteur est estropiée, mais il ne manque pas une virgule à son article. Frissonnants, les confrères de « maître Deferre » lisent :

> « Le langage juridique des codes occidentaux est un langage technique ; un certain nombre de mots, un grand nombre d'expressions ont un sens précis, invariable, souvent différent de leur sens dans le langage vulgaire ; cette terminologie conventionnelle,

d'une grande rigueur si elle évite des discussions et des contradictions, isole le droit du reste de la vie, du public qui ne connaît généralement pas les règles juridiques et ne peut les comprendre que s'il a été par avance initié au sens de la langue du droit. »

Où l'auteur veut-il en venir ? Voici :

« Les révolutionnaires russes ont rédigé les décrets et les codes dans un langage courant, évitant ainsi toute terminologie technique. Le peuple, la masse des justiciables, peut, par une simple lecture, comprendre les dispositions législatives ; l'on est étonné de la facilité avec laquelle ces textes peuvent être lus. Cette conception du droit populaire est très belle. Il est normal que les plaideurs, dont la fortune ou l'honneur sont en jeu, puissent comprendre les dispositions législatives qui modifient le cours de leur vie. »

Une impudence extraordinaire ! Avec de telles théories on envoie des bataillons de juristes au chômage.

Mais l'iconoclaste est également un immoral qui fait l'éloge du mariage soviétique, « contrat consensuel » où :

« Les rapports des époux entre eux sont basés sur deux grands principes : l'égalité entre l'homme et la femme et la liberté de l'un par rapport à l'autre. »

En France, regrette encore l'auteur, « les femmes mariées sont, au point de vue juridique, des incapables » qui « ne peuvent agir qu'avec le consentement de leur mari ». Puis, après avoir décrit tous les avantages qu'apporte le mariage soviétique, il conclut, définitif :

> « Débarrassé de tout formalisme, libéré des contraintes que lui avait imposées la religion, le mariage tel qu'il a été conçu par les législateurs soviétiques, est véritablement humain et permet à l'heure actuelle à un grand nombre d'êtres de vivre avec le sentiment de leur liberté et de la dignité que leur confère leur qualité d'homme. »

À peine croyable ! Un avocat marseillais a osé écrire de telles insanités et, pis encore, les a laissé imprimer dans une feuille d'agitation communiste ! Le barreau en est assommé.

L'affaire en restera là. Encore que, quatre ans plus tard, elle produira des effets inattendus. Mobilisé en 1939 pour la « drôle de guerre », Gaston Defferre demande à suivre le peloton des élèves officiers. Refus réitérés du commandement, malgré le niveau d'études du postulant. Ce n'est qu'à la Libération, lorsqu'il a accès à son dossier militaire, que celui qui accueille en vainqueur le général de Gaulle à Marseille en comprendra la raison : il est étiqueté « communiste ». Comme pièce à conviction son dossier comporte le fameux article paru dans *Rouge-Midi* dix ans auparavant !

Avec le recul, alors qu'il a régné sur Marseille en se faisant le chantre de l'anticommunisme, l'histoire de Defferre subjugué par la supériorité du système juridique soviétique et donnant un article à un journal communiste est particulièrement savoureuse. Bien des années plus tard, alors que le maire de Marseille prépare sa candidature contre le général de Gaulle, le journaliste Philippe Alexandre vient l'interviewer. Il est reçu longuement par un Defferre qui accepte, chose exceptionnelle, de lui confier de nombreux éléments de biographie non sans prendre parfois quelque liberté avec la réalité. Ainsi lorsque Defferre raconte ses vaines tentatives pour devenir officier, ce qu'il présente comme des « démarches pour être versé dans une unité de combat » :

> « Bien après la guerre, raconte-t-il au journaliste, j'ai appris par le plus grand des hasards pourquoi l'on ne me considérait pas comme un vrai soldat. Mon dossier m'est tombé sous les yeux. Je figurais dans le fameux "carnet rouge" comme propagandiste révolutionnaire. J'avais en effet plaidé à plusieurs reprises, avant la guerre, pour des cégétistes. Cela suffisait probablement, à l'époque, pour faire de vous un Français douteux [1]... »

L'argument est exact mais inapproprié. Les défenseurs des syndicalistes, particulièrement s'il s'agissait de la CGT, ne devaient pas, en effet, être en odeur de sainteté parmi les hiérarques militaires. Or Defferre, situation quelque peu paradoxale, était tout à la fois avocat d'affaires et défenseur des syndicats. Si cette dernière activité n'a pas amélioré sa cote auprès des militaires, elle les a plus confirmés dans leurs préjugés qu'elle n'en est à l'origine. Mais sans doute, en 1964, lorsqu'il se confie à Philippe Alexandre, le maire de Marseille, champion de la « troisième voie » et anticommuniste affiché, préfère-t-il ne pas rappeler cette peccadille de jeunesse.

---

1. Philippe Alexandre, *op. cit*, p. 43.

L'engagement militant

La tradition orale marseillaise raconte que rencontrant un jour d'avant guerre un conseiller d'arrondissement socialiste, Gaston Defferre lui fit part de son désir de faire de la politique en adhérant au parti communiste. « Tu es fou, lui aurait rétorqué le notable socialiste, viens plutôt à la SFIO, tu y trouveras plus de satisfaction. » Suivant le conseil, Defferre serait devenu membre du parti socialiste.

L'histoire est bien simplette pour être crédible. En fait Gaston Defferre n'a jamais été communiste, même s'il est permis de penser — sa conférence de rentrée solennelle du barreau en fait foi — qu'il a parfois exprimé quelques sympathies pour l'Union soviétique [1]. Sans doute aussi cette réputation doit-elle beaucoup aux convictions communistes affichées de sa femme, Andrée Aboulker, qui en Sorbonne, en 1933, a adhéré aux étudiants communistes [2].

---

1. Des sympathies que, ministre de l'Intérieur ou maire d'une ville portuaire jumelée notamment avec Odessa, il manifestera d'ailleurs jusqu'à la fin de sa vie en entretenant des relations très cordiales avec l'ambassade soviétique. Ses bons rapports personnels ne furent même pas altérés lorsqu'il prit la décision, en 1983, de faire expulser de France quarante-trois ressortissants soviétiques soupçonnés de se livrer à des activités peu diplomatiques.
2. Aujourd'hui encore Andrée Aboulker est membre du PCF.

Au-delà des spéculations sur les inclinations politiques profondes de Gaston Defferre, il reste un fait incontestable : en 1933, âgé de vingt-trois ans, il adhère au parti socialiste que l'on appelle encore SFIO, Section française de l'Internationale ouvrière. Il s'est inscrit à la dixième section qui tient ses réunions au Bar des Autobus, cours Gouffé, entre la place Castellane et la gare du Prado. Le café appartient à Mario Agiato, Marseillais d'origine italienne, pilier de la famille socialiste.

La dixième section, calquée sur le dixième canton, est à Marseille la plus grosse section du parti. Ses adhérents sont divers mais le jeune avocat est certes unique de son espèce, le seul en tout cas qui, les dimanches, vend *Le Populaire* mis comme une gravure de mode. Son apparence — Defferre n'hésite pas à venir en costume blanc — impressionne les militants qui, pour la plupart, travailleurs du port ou petits employés, sont issus de milieux modestes. À un jeune socialiste, adolescent à l'élégance incertaine, il conseille : « Achète-toi des jolies choses ; achète-en moins, mais qu'elles soient plus belles. » Conquis, le jeune garçon lui en voue une profonde reconnaissance. Cinquante ans plus tard, encore ému, il avoue : « C'est lui qui m'a appris à m'habiller. J'ai retenu ses leçons. »

Chaque dimanche, la même scène se joue place Castellane, en plein quartier bourgeois, là où les militants socialistes qui ne doutent de rien vendent le journal du parti à la criée. C'est que l'endroit est également couru d'autres militants, royalistes de l'Action française, ou ligueurs des Croix-de-feu. Dans un premier temps on fait mine de ne pas se voir, mais, immanquablement, on finit par se tomber dessus à bras raccourcis. Gaston Defferre, bien que tiré à quatre épingles, n'est pas le dernier à faire le coup de poing, à l'étonnement d'un jeunot de même pas quinze ans, Charles-Émile Loo, futur premier secrétaire de la fédération des Bouches-du-Rhône et déjà militant des Jeunesses, qui vient parfois porter main-forte aux aînés.

Le gamin doit à la première guerre mondiale d'être devenu marseillais. Sa mère, alsacienne, a suivi ses parents en Ardèche lorsque ceux-ci, en 1870, ont quitté la région natale pour fuir les Prussiens. Le père Loo est, lui, bordelais. En 1918, soldat des tranchées et miraculeux rescapé d'une boucherie qui n'en finit pas, il est envoyé à Marseille pour y être soigné d'une blessure. Il y rencontre sa future épouse, décide de s'installer dans la cité phocéenne. En 1922 naît Charles-Émile qui, à quatorze ans, adhère aux Faucons rouges, nom officiel des Jeunesses socialistes.

Pour ce fils d'ancien combattant élevé dans le souvenir de la tuerie de 14-18, un tel parcours politique est naturel ; il devient même inévitable lorsqu'on est un jeune travailleur emporté dans le maelström social qui accouchera du Front populaire. Mais quelles sont les motivations qui poussent dans la voie de l'engagement socialiste le brillant avocat du barreau de Marseille, tout fier de son titre de secrétaire de la conférence ? Lorsque, en 1934, retrouvant à Marseille sa future épouse, il lui annonce qu'il a adhéré, un an plus tôt, au parti socialiste, celle-ci le raille gentiment : « Mais, Gaston, vous vous êtes trompé de parti ! Ce n'est pas de celui-là que nous vous parlions, à Dakar ». Andrée Aboulker est en effet communiste. Elle ne l'était pas lorsqu'elle a rencontré Defferre à Dakar, mais ses relations dans les cercles surréalistes, très marqués par la révolution d'Octobre, l'ont influencée. Avec son mari, « révolutionnaire sans carte ni révolution », elle répand dans le monde restreint de l'intelligentsia de Dakar la catéchèse communiste. Gaston, pour sa part, fréquente également les surréalistes à la poésie desquels sa mère l'a sensibilisé. En 1929, en Haute-Loire, dans la propriété d'amis auprès desquels il passe ses vacances, il rencontre même le poète Francis Ponge qui semble lui avoir fait une forte impression. Ces discussions politico-littéraires qui constituent les prémices de son engagement politique seront ses seuls cours de formation théorique [1].

Jamais Defferre ne sera un penseur politique, jamais il ne sera attiré par la pure spéculation, le maniement des concepts. D'une certaine façon, cela lui évitera le chemin emprunté par des centaines de jeunes intellectuels d'avant-guerre qui, fascinés par l'URSS et séduits par le marxisme, justement inquiets de l'irrésistible émergence du fascisme, rompent avec leur milieu d'origine et s'engagent dans le mouvement communiste. Pragmatique avant tout, Defferre ne se détermine que par l'action qu'il entend mener, sans trop se soucier des éventuelles contradictions avec ses comportements antérieurs. Il ne suit pas une ligne ; il adapte la ligne à ce qu'il croit devoir faire. La démarche n'est pas dénuée d'efficacité, même si, souvent, elle relève de l'opportunisme et qu'elle l'amènera à se brouiller avec nombre d'amis plus fidèles que lui, sinon à leurs principes, du moins à leurs discours.

Gaston Defferre, pour autant, ne manque pas de

---

1. À sa mort, le notaire chargé de faire l'inventaire de ses biens découvre dans une banque l'existence d'un coffre ignoré de tous. On croit qu'il contient des titres, des valeurs, de l'argent. On procède à son ouverture : le coffre ne contient que des lettres du général de Gaulle, toutes les cartes du parti du défunt, depuis son adhésion en 1933, et quelques vieux exemplaires de la *Révolution surréaliste*...

fidélités et sait payer pour elles. Ainsi, jamais il ne trahira le parti socialiste, même aux pires moments, lorsque la majorité de ses parlementaires votent, en 1940, les pleins pouvoirs à Pétain. On comprend, plus tard, la fidélité de l'homme d'appareil qui ne veut pas abandonner ce qu'il a aidé à construire et qu'il considère comme son bien ; mais il faut convenir que dans les années 30 l'engagement de Gaston Defferre à la SFIO relève plus d'un choix idéologique noble que de la simple gestion d'une légitime ambition, même si cette dernière, comme souvent chez lui, n'est pas absente de ses préoccupations.

On imagine aussi que, fils de notable, il aurait pu débuter sa carrière politique dans un parti de droite, voire à l'Action française si bien implantée dans les milieux étudiants de l'époque et vers laquelle un jeune homme nommé François Mitterrand semble, alors, éprouver quelque inclination [1]. Mais le protestant Gaston Defferre, contrairement à ses condisciples catholiques que, d'ailleurs, ballotté entre la France et l'Afrique, il ne fréquente guère, est moins sensible à Maurras qu'à Léon Blum, au verbe si chaud, à l'intelligence si pétillante. Et puis il est originaire d'une région où la gauche a ses racines. Vingt ans plus tôt, il eût été radical. L'angoisse des temps, la montée du fascisme dont Marseille vit un avant-goût avec les groupes de Sabiani qui paradent sur la Canebière, la rupture avec son père qui représente son milieu d'origine, les discussions avec Andrée et François Baron font de lui un socialiste. Au demeurant, c'est à Marseille le seul parti où un jeune bourgeois puisse allier son goût du changement ordonné, ses convictions républicaines et son envie de

1. Catherine Nay, *op. cit.*

faire honorablement carrière. C'est ce que son beau-frère, André Cordesse, grand bourgeois libéral et éclairé, lui a nettement laissé entendre : « À Marseille, si l'on veut réussir, il faut être socialiste. » Gaston qui fait grand cas des avis de Cordesse a, pour ainsi dire, obtempéré et s'est inscrit à la SFIO.

Dans cette même voie l'ont précédé, entre autres, Félix Gouin, futur président du conseil de la toute jeune Quatrième République, avocat, député SFIO d'Aix-Istres depuis 1924, et Henri Tasso qui sera bientôt maire de Marseille et ministre de la Marine marchande. Tous deux sont les représentants d'une lignée de socialistes implantés dans le département et dans la ville depuis la fin du siècle précédent. L'ascension des socialistes vers le pouvoir a connu ses heures de gloire. Pour l'heure, à Marseille, ceux-ci vivent quelques-uns de leurs plus sombres moments.

Que de déceptions, en effet, depuis l'élection, en 1892, du premier maire socialiste. Cette année-là, Siméon Flaissières, philanthrope médecin d'Endoume porté par le souffle généreux de l'émancipation sociale, profite de la division de la droite pour s'installer à la mairie. C'est l'époque où la journée de travail fait au minimum douze heures et où le patron concède au mieux cinq francs de salaire quotidien. C'est aussi l'époque où la Compagnie des tramways, soucieuse de favoriser les négociations avec les traminots qui menacent de faire grève, fait preuve de bonne volonté en proposant de réduire leur service hebdomadaire à soixante-dix heures de travail ! Siméon Flaissières restera dix ans à la mairie, démissionnant une première fois en 1902, puis, redevenu conseiller municipal et seul élu socialiste face à une équipe de droite, une seconde fois, en 1905, avant d'être élu sénateur. L'âpreté du combat politique, les mouvements sociaux persistants — en 1904, on envoie la troupe contre 50 000 grévistes qui paralysent la ville ; de 1906 à 1910, plus de 1 500 établissements sont touchés par des grèves à répétition — forgent le parti socialiste divisé en tendances multiples. Longtemps Marseille connaîtra deux fédérations du parti : une fédération, dite « unifiée », affiliée à la SFIO, et une autre, autonome, à laquelle adhèrent d'ailleurs les principales personnalités du socialisme local [1].

La « parenthèse » de la première guerre mondiale refermée, les luttes sociales et politiques reprennent de plus belle. Dès le printemps de 1919, les dockers se mettent en grève pour la journée de huit heures. Leur victoire fouette la combativité dans tous les secteurs industriels qui, tour à tour, cessent le travail. Le 11 septembre 1919, la grève est générale. Quelques mois plus tard, les socialistes remportent la mairie où s'installe à nouveau Siméon Flaissières, déjà âgé de soixante-huit ans. Il y restera dix ans, l'équivalent d'un siècle pour le parti socialiste qui va y perdre une bonne partie de son âme tout en gagnant de bien mauvaises habitudes. Les éléments les plus intransigeants du parti, militants ouvriers bien implantés dans leur milieu ou animateurs intellectuels, ont en effet rejoint le jeune parti communiste et ses variantes locales socialistes-communistes. Désormais épurée de ses gauchistes, la SFIO va asseoir son implantation sur sa gestion très clientéliste du socialisme municipal.

1. Antoine Olivesi, « Contrastes sociaux et luttes politiques sous la Troisième République », in *Histoire de Marseille* (sous la direction de Édouard Baratier), éditions Édouard Privat, Toulouse, 1973.

Entre 1928 et 1932, les Marseillais sont appelés aux urnes chaque année. Les échéances municipales succèdent aux échéances législatives ; s'y ajoutent les scrutins exceptionnels provoqués par le décès de quelques élus, dont Siméon Flaissières qui meurt en 1931, à l'âge de quatre-vingts ans. Les passions sont à vif et les élections se font autant dans la rue que dans l'isoloir. Chaque parti embauche ses gros-bras, nervis qui n'hésitent pas à jouer du revolver lorsqu'ils rencontrent ceux de la bande adverse. En 1929, l'équipe socialiste sortante s'est divisée : il y a un trou de 100 millions de francs dans la caisse municipale et un parfum de spéculation autour de terrains à bâtir, derrière la Bourse, dans le centre de la ville. Soutenu par la SFIO, Henri Tasso, fils d'un émigré italien de Salerne, propose sa liste ; contre lui se présente Flaissières, socialiste « autonome » au jugement diminué par l'âge, qui s'est entouré d'hommes politiques venus de plusieurs horizons. Parmi eux, Simon Sabiani qui va associer pour longtemps son nom à la légende trouble de la ville.

Transitaire de métier, ancien officier blessé durant la Grande Guerre, transfuge du parti radical, Simon Sabiani a fait un détour par la SFIO avant de rejoindre, à sa création, le parti communiste. « Grande gueule » à la gouaille prolétarienne, bien implanté dans la communauté corse qui lui assure ses premiers succès électoraux, Sabiani, en 1923, rejoint le petit parti socialiste-communiste qui, à Marseille, tente de faire l'impossible synthèse entre les deux branches divisées du socialisme français. Clanique et clientéliste, habile démagogue disposant de larges soutiens dans les couches populaires des quartiers du Panier et du Port, Sabiani apporte à la politique les méthodes qui ont assuré le succès de la Mafia : le racket et l'intimidation. Il a ses attaches à gauche, aussi bien chez les communistes que les socialistes qu'il a, à un moment ou un autre, côtoyés. Ce sont d'ailleurs les communistes, qui en plein cours ultra-gauche et refusant de se désister au bénéfice d'un socialiste, assureront, en 1928, sa première élection à l'Assemblée nationale [1]. Sabiani rejoindra bientôt Jacques Doriot, déjà en délicatesse avec le parti communiste, puis adhérera au PPF et finira, très logiquement, dans la collaboration avec le nazisme.

Mais, pour l'instant, Sabiani parade à la mairie de Marseille. Conseiller municipal sur la liste du docteur Flaissières, conseiller général, élu député contre son ancien lieutenant, Pierre Ferri-Pisani, secrétaire général du syndicat des inscrits maritimes qui a, lui, rejoint la SFIO, Sabiani est une force incontestée à côté d'un maire vieillissant. Son pouvoir se renforce encore lorsque, Flaissières disparu, c'est un autre médecin, le docteur Ribot, qui prend sa succession. D'une expression qui marque moins l'affection que la pitié méprisante, les Marseillais, en parlant de leur nouveau maire, disent : « le bon docteur Ribot. » Personne n'ignore que Sabiani, désigné premier adjoint, est en réalité le véritable patron [2]. Son pouvoir repose tout à la fois sur son prestige dans les couches populaires du Port, sur les emplois municipaux — il a fait engager quelque deux mille employés, totalement improductifs mais fort utiles lors des confrontations politiques —, sur sa manipulation des listes électorales et sur la règle qu'il

1. Philippe Sanmarco & Bernard Morel, *Marseille, l'endroit du décor*, Edisud, Aix-en-Provence, 1985.

2. Ce qui vaut à Ribot d'être parfois aimablement surnommé « le maire deux ». Durant la campagne électorale de 1983, Defferre, mordant, comparera son challenger Gaudin au docteur Ribot, jouet de ses alliés. Il ne s'agissait pas encore, à l'époque, du Front national, mais du RPR éclaboussé par le scandale de la tuerie d'Auriol.

s'est faite de ne jamais discuter une intervention en faveur d'un administré, quel qu'il soit. Gamin du Panier inscrit aux Jeunesses socialistes depuis l'âge de douze ans, Jean Berthillot demande pour la première fois audience à Sabiani lorsqu'il reçoit sa feuille de route qui lui commande de rejoindre Strasbourg où il doit être incorporé. La garnison, trop éloignée de Marseille, ne lui convient pas.

— C'est maintenant seulement que tu viens me voir ? marmonne le vice-maire de Marseille.

Et Sabiani, qui a le bras long, fait aussitôt muter le gamin à Lyon, en s'excusant presque de n'avoir pu faire mieux.

Mais la puissance de Sabiani repose aussi sur les gros-bras qu'il a embauchés, truands emmenés par deux célèbres figures du Milieu, Paul Carbone et Lydro Spirito. Ces derniers règnent en maîtres sur la prostitution, le racket, les armes et commencent à entrevoir les bénéfices qu'ils peuvent tirer du trafic de la drogue qu'ils envoient, via Marseille, aux États-Unis. Ils s'occuperont également de spectacles [1] et de manifestations sportives, allant jusqu'à organiser, à Marseille, le championnat du monde de boxe des poids coq. Un Noir américain, Al Brown, y est opposé à un certain Kid Francis, boxeur marseillais camouflé sous un pseudonyme américanisé et dont la principale qualité est d'être... le propre cousin de Spirito. Au bout de quinze reprises, dans une salle archicomble où les billets ont été vendus à prix d'or, le combat tourne à l'émeute lorsque les juges font mine de déclarer vainqueur le

1. Ce qui, dans le Milieu, n'est pas exceptionnel : Jo Renucci, célèbre truand qui, plus tard, fera beaucoup parler de lui, était à l'époque, éditeur des chansons de Fernandel et d'Andrex.

boxeur d'outre-Atlantique. Le malheureux Brown, poursuivi par des bandes de nervis revolver au poing, ne devra son salut qu'à la fuite.

Pour les deux truands il ne s'agit que d'un incident mineur qui ne les empêche nullement de continuer leurs trafics et de mener une intense vie mondaine. Dans le restaurant qu'ils ont ouvert dans le centre de la ville se bousculent vedettes du spectacle, de la politique et de la presse. Dans le port de Bandol proche, battant pavillon corse, est amarré le yacht de Carbone. Au cours de l'été 1938, Albert Einstein y fera une courte croisière, invité par un Carbone dont le statut social lui impose de recevoir les personnalités de passage sur la Côte ! « Mesdames, méfiez-vous des vernis à ongles, ils sont toxiques », aurait fait remarquer le savant à quelques jolies jeunes femmes conviées à bord pour la circonstance et dont il semble avoir ignoré le véritable statut[1].

L'impunité et les protections dont jouissent les deux truands sont telles que lorsque en mars 1934 ils sont arrêtés dans le cadre de l'affaire Stavisky, Simon Sabiani fait apposer sur les murs de la ville une affiche signée de son nom et de son titre d'adjoint au maire. « Je n'admettrai pas qu'on touche à un seul de leurs cheveux », y proclame-t-il. Huit jours plus tard, les deux bandits bénéficient d'un non-lieu et sont accueillis en héros à la gare Saint-Charles par une foule qui leur fait un triomphe.

Comme Sabiani, tous deux termineront leur carrière dans la collaboration, auxiliaires de la Gestapo qui leur

1. Marie Paoleschi (avec la collaboration de Jean Bazal), *Le Milieu et moi*, Éditions de Fanval, Paris, 1987. L'auteur, ancienne prostituée et veuve d'un truand marseillais assez important, a connu tous les mauvais garçons de cette époque.

concède le bénéfice de juteuses affaires[1]. Des années durant, ils ont tenu une ville, accompagnés de la discrète bienveillance d'une bourgeoisie qui voit en Sabiani un homme d'ordre habile à casser du « rouge » ou à intimider les grévistes. Les nervis de Carbone et de Spirito auront été aussi très demandés lors des campagnes électorales qui laissent plusieurs morts sur le carreau. Mathieu Zampa, père de Gaëtan Zampa, plus tard célèbre truand marseillais, appartient ainsi aux troupes de Sabiani. Ancien navigateur, séduit par la verve populiste du premier adjoint, il passe un soir devant un bar où il entend les consommateurs scander : « Tasso à la mairie, Sabiani à la voirie. » Il entre aussitôt dans l'établissement, sort son revolver, tire en l'air, fait baisser le rideau de fer, exige — et obtient — des consommateurs qu'ils se déshabillent et crient : « Sabiani à la mairie, Tasso à la voirie[2]. » L'incident, mineur puisqu'il n'y a pas de mort, est assez typique de l'époque. Personne, et encore moins la justice, ne demandera à Mathieu Zampa de rendre des comptes pour ces menaces et voies de fait. Une vingtaine d'années plus tard, son fils Gaëtan, jeune maquereau

1. Paul Carbone est mort en décembre 1943, dans le déraillement du train Marseille-Paris occasionné par un sabotage de la Résistance. Le Tout-Paris a suivi son cortège funèbre, aux accents de l'*Ave Maria* chanté par son compatriote Tino Rossi ; après quelques courtes années d'exil sous le couvert d'un faux nom, aux États-Unis et au Canada, Lydro Spirito est revenu mourir dans son lit, en 1963, à Sausset-les-Pins, village proche de Marseille où il exploitait un restaurant ; condamné à mort par contumace, Simon Sabiani a suivi Doriot et Pétain à Sigmaringen puis s'est réfugié à Buenos Aires et, enfin, à Barcelone, en Espagne, où il est mort en 1956. Ramené à Marseille, où ses amis lui ont rendu un dernier hommage, son corps a été ensuite rapatrié en Corse pour y être enterré.

2. Mathieu Zampa, *Tchao Parrain*, Olivier Orban, Paris, 1986 ; biographie faite par le fils de Gaëtan Zampa qui porte, comme c'est souvent l'usage, le prénom de son grand-père.

débutant, fera, lui aussi, la campagne électorale d'un autre candidat à la mairie de Marseille : Gaston Defferre.

Sabiani et ses bandes seront chassés de la mairie en 1935, grâce à l'unité d'action entre communistes et socialistes. Le Front populaire n'est pas loin et le socialiste Henri Tasso devient maire de Marseille. Un an plus tard, Sabiani perd son siège de député que lui enlève le communiste François Billoux, envoyé par le parti pour réorganiser la fédération. Parallèlement, les syndicats se redressent. Avant même la fusion nationale, les cheminots CGT et CGTU forment un syndicat unitaire. Lors des élections de 1936, les candidats du Front populaire obtiennent à Marseille 48,5 % des voix au premier tour, plus que la moyenne nationale. Pour la première fois, le rapport des forces entre socialistes et communistes marseillais, traditionnellement favorable aux premiers, évolue au bénéfice des seconds. Les communistes n'en sont pas encore à obtenir les scores qu'ils atteindront à la Libération, mais la tendance s'amorce [1].

Durant toute cette période, Gaston Defferre se conduit en militant scrupuleux, faisant sérieusement ce qu'il a décidé d'entreprendre. En 1935, il est devenu secrétaire de la dixième section à laquelle il a adhéré deux ans plus tôt. Le 14 juillet 1936, il est monté à Paris pour se joindre au défilé du Front populaire. Dans la famille de son ami Boyer, la chose a fait scandale. En bon militant, Gaston va à ses réunions de section, prend la parole pour donner son avis sur les candidats que le parti présente aux élections, vend *Le Populaire.* C'est au siège de sa section, en 1938, dans

1. Antoine Olivesi, *op. cit.*

un café de la place Saint-Eugène, que Bastien Leccia, futur conseiller municipal, le rencontre pour la première fois alors qu'il dénonce en termes rudes la nomination de Pétain comme ambassadeur à Madrid. Gaston Defferre est spontanément anti-munichois et le proclame, position qui, à l'époque, au sein du parti, ne soulève pas l'unanimité. Il participe aux congrès où l'accompagne son épouse qui, pour trouver la SFIO très popote, n'en constate pas moins que son mari y a acquis une petite notoriété. A-t-il déjà d'autres ambitions ? Andrée Aboulker l'affirme aujourd'hui même si, précise-t-elle, « il en parlait peu ». La cohabitation politique entre les époux est en tout cas pacifique, à l'image de l'alliance conclue au sommet par les deux partis du mouvement ouvrier. Leur seul conflit éclatera au moment de la guerre d'Espagne, lorsque Andrée Defferre qui continue ses études de médecine veut s'engager dans les rangs républicains. Gaston s'y oppose fermement. Andrée, de mauvaise grâce, se plie à la décision de son mari : elle se contentera de soigner les blessés qui bientôt affluent à Marseille.

Militant sérieux, mais non professionnel : Defferre aime trop les plaisirs de la vie pour le devenir. En 1939, au volant d'une Citroën toute neuve qu'il est allé acheter à Paris, il fait halte en Avignon pour visiter sa sœur Monique qui y réside. La conversation roule sur la dureté des temps et sur ses difficultés financières. Finalement il avoue à sa sœur qu'il lui manque 10 000 francs pour finir de payer la belle voiture garée devant la porte. Fraternellement, celle-ci lui fait un chèque. Defferre, en fait, vit au-dessus de ses moyens. Avocat d'affaires recherché — son beau-frère Cordesse lui a ouvert d'utiles portes —, il commence à gagner de l'argent qu'il dépense sans trop de scrupules, n'hésitant pas à s'endetter. Gaston aime le bateau, les voyages, les voitures de sport — il possède une petite MG vert bouteille —, et l'ascétisme que l'on prête aux protestants ne semble pas torturer notre héros. L'argent n'est pour lui qu'un problème secondaire. Il le dépense largement quand il en a, s'en prive ou en emprunte quand il n'en a pas. Et, tout aussitôt, le dépense. Bien plus tard, sa seconde femme, Paly, se plaindra de s'être ruinée pour lui, réglant l'achat de ses coûteux bateaux — son seul vrai luxe — comme les dettes du *Provençal*. Jamais Defferre n'aura été vraiment riche, même si, durant ses vingt dernières années, en tant que directeur du *Provençal*, il a gagné très confortablement sa vie. Et c'est avec amertume, lors de l'affaire des fausses factures, qu'il a vécu les attaques portées contre lui par une presse qui a parfois mis en cause son honnêteté.

Le mythe était en effet trop beau. Les socialistes qui, avant guerre, s'étaient succédé dans les directions administratives de la mairie n'avaient pas toujours, loin s'en faut, manifesté une probité sans tache. Dernier maire socialiste d'avant-guerre, Henri Tasso, ministre de la Marine marchande sous le Front populaire, n'avait pas hésité à parrainer la fabrication d'une huile pour bateaux carrément baptisée Tassolube par son fabricant. Pour ses ennemis, Defferre, son successeur d'après-guerre, n'aura été que l'héritier de ces déplorables exemples. Et chez les siens, sa rigidité toute protestante alliée à une profonde méfiance de tout scandale sera vite appréciée comme une maladresse portée à son débit : on l'accusera de laisser tomber les amis lorsque à la suite d'opérations douteuses qu'il ne peut pas ne pas connaître, ils sont en mauvaise posture.

Les années brunes

Pierre Fourcaud est bien embêté : où trouver un endroit sûr pour envoyer à Londres ce message urgent ? Son opérateur radio accroché à ses talons, tenant dans un sac trop volumineux le précieux appareil de transmission, il court Marseille depuis deux jours, sans trouver les contacts qui devaient lui aménager une planque. La guigne ! Pierre Fourcaud, c'est sûr, a déjà connu des moments plus glorieux. Mais, après tout, l'on n'est pas membre des services spéciaux depuis plus de vingt ans sans avoir déjà rencontré ce type de contretemps. Et sans avoir les ressources de les affronter.

De son enfance, il a heureusement gardé en mémoire le nom d'un bijoutier ami de la famille installé à Marseille, un certain Bayle. Peut-être apportera-t-il son aide, se demande Fourcaud. À peine soulevée, la question est tranchée et Fourcaud se rend immédiatement à la villa du bijoutier. Ni Monsieur, ni Madame ne sont là, annonce la domestique qui, reconnaissant néanmoins le visiteur, l'invite à patienter à l'intérieur. L'endroit est agréable, sûr, et convient parfaitement à une émission. Aussitôt l'opérateur radio déploie son antenne et se met à émettre ses messages les plus urgents. Rentrée peu après avec son gendre, l'avocat

Marc Rivière, Mme Bayle retrouve son ami Fourcaud en pleine activité radio-électrique. Entre l'amitié et la colère mêlée à la peur, son choix est vite fait : elle met Fourcaud et son radio à la porte. Rivière a juste le temps de glisser à l'oreille des deux hommes l'adresse de son cabinet où, dit-il, il les mettra en relation avec des « amis sûrs ». Le lendemain Fourcaud se rend à l'adresse indiquée. À côté de Marc Rivière, deux hommes se présentent : « Maître André Boyer et maître Gaston Defferre ; vous cherchez un endroit pour émettre ? Nous sommes disposés à vous aider. » En ce mois de mars 1941, le commandant Pierre Fourcaud, officier du BCRA, les services spéciaux gaullistes, et correspondant des services de renseignements britanniques vient de faire deux nouvelles recrues.

N'aurait été la guerre, jamais sans doute ces trois hommes ne se seraient rencontrés. Né à Saint-Pétersbourg, en 1898, Pierre Fourcaud est officier de carrière et semble né pour faire du renseignement, vivre au milieu des complots. Homme à l'image controversée, est-il ce « personnage éblouissant, maître ès renseignements, Saint-Just de l'espionnage, ou bien un individu ténébreux, énigmatique, machiavélique, instable et lunatique ? Les qualificatifs abondent. Et s'opposent[1] ». En 1916, à peine âgé de dix-huit ans, il s'est engagé pour aller au front ; blessé trois fois, démobilisé à la fin de la guerre, il entre dans les services secrets en 1919. Sa connaissance du monde slave le désigne pour le secteur de la Baltique, quinze ans durant. Rentré en France, il a, dit-on, participé au complot de la Cagoule contre le Front populaire. Lui ne dément pas : entre le

1. Roger Faligot et Pascal Krop, *La Piscine ; les services secrets français 1944-1984*, Le Seuil, Paris, 1985.

complot et l'infiltration la marge est parfois tellement étroite...

En 1939, Fourcaud qui rêve de baroud, s'est fait muter comme commandant de compagnie sur les avancées de la ligne Maginot. Lorsque, en mai 1940, les armées allemandes déclenchent leur offensive il est blessé une quatrième fois. La catastrophe semble complète mais l'officier rejoint Londres en juillet 1940. Il veut combattre en première ligne ; les Britanniques, qui manquent cruellement de renseignements, lui mettent le grappin dessus et le renvoient aussitôt en France où il recrute ses premiers agents.

Lorsque, en mars 1941 il rencontre Boyer et Defferre, Fourcaud en est à son second séjour sur le continent. Roger Wybot qui, après la guerre, sera le patron de la DST, l'a rencontré, quelques jours auparavant, à Perpignan. Le portrait qu'il en trace est contrasté :

> « Grande silhouette aiguë, profil impatient de condottiere au teint mat, aux cheveux noirs, à la fine moustache, au regard brillant, acéré, qui vous vrille, Fourcaud inquiète. On voudrait, d'instinct, rester sur ses gardes. On se méfie de Hyde et c'est le docteur Jekyll qui surgit et vous enveloppe de sa voix chaude, vibrante, voluptueuse, onctueuse comme une pâte de guimauve. Toutes vos préventions premières s'envolent. Comment résister à ce jongleur de charme, à cet acrobate de la séduction, obsédant, hypnotisant, anesthésiant [1] ? »

1. Philippe Bernert, *Robert Wybot et la bataille pour la DST*, Presses de la Cité, Paris, 1975.

Marseille est en zone « libre ». Le 3 septembre 1940, Pétain y a été acclamé avec soulagement, reçu en sauveur de la patrie. Ceux qui sont disposés à faire quelque chose se comptent sur les doigts des deux mains. « Les hommes de bonne volonté sont si rares qu'ils se connaissent déjà tous », écrit Philippe Alexandre[1]. Marie-Antoinette de Barbarin, jeune épouse de l'héritier de la dynastie Paquet, célèbre famille d'armateurs marseillais, a besoin d'un avocat sûr pour faire transférer de l'argent bloqué en Belgique et qui servira à aider des proscrits. Son ami, Louis Nouveau, gros importateur d'huile, anglophile qui aide les aviateurs britanniques abattus à passer en Espagne, lui indique : « Va voir maître Defferre, c'est un des rares à avoir nos idées. » Quelques mois plus tard, la jeune femme, que tout le monde surnomme Paly, rejoint Londres pour, à son tour, continuer la guerre dans les services de santé de l'armée de Sa Gracieuse Majesté. Interrogée sur Marseille par le contre-espionnage britannique, elle s'entend dire : « Dans cette ville, ils sont tous pétainistes, sauf Louis Nouveau et Gaston Defferre » ! Certes, maître Defferre est même anti-pétainiste farouche, mais avec qui partager ces idées si incongrues dans une France qui tresse tant de lauriers à un maréchal déjà sénile ? Avec qui les mettre en œuvre ? Vers qui se tourner ?

Depuis dix-huit mois, date où la France et l'Angleterre ont déclaré la guerre à Hitler qui venait d'envahir la Pologne, tout un monde s'est écroulé. En septembre 1939, Gaston Defferre dont la pleurésie, contractée durant l'hiver 1927, lui a valu une facile réforme,

1. Philippe Alexandre *op. cit.*, p. 45.

cherche à s'engager. Il y parvient, non sans mal : il a, paraît-il, un souffle au cœur. Intégré au train des équipages, il passe quelques semaines d'instruction en Avignon puis est envoyé à Aspremont, au-dessus de Nice, pour veiller sur la frontière franco-italienne que les troupes de Mussolini se gardent bien de franchir. La « drôle de guerre » se mène avec nonchalance. On lit beaucoup, on discute, on perd son temps. Chaque semaine, Andrée va rejoindre son mari qui végète à Aspremont en compagnie, notamment, de Roland Malraux, frère d'un écrivain célèbre... La guerre, la vraie, n'atteindra pas Aspremont. La défaite envoie Gaston à Brignoles où il est démobilisé. Dès le début de l'été 40, il est de retour à Marseille.

André Boyer, son ami, a connu un parcours plus périlleux. Il a rencontré Defferre lorsque celui-ci, tout jeune avocat, est arrivé chez maître Renaudin dont Boyer est le cousin. Leur amitié s'est nouée rapidement, profonde, et c'est Defferre qui lui a présenté sa future épouse, une jeune Marseillaise de ses amies. Boyer n'est pas un socialiste « encarté » ; on dirait aujourd'hui qu'il est un chrétien de gauche. Cultivé, humaniste, antifasciste, la guerre d'Espagne et Munich l'ont profondément secoué. Tous ceux qui le rencontreront durant les années terribles de l'Occupation en traceront un portrait élogieux, celui d'un homme aux qualités humaines et intellectuelles exceptionnelles. Du tandem qu'il forme avec Defferre il est sans conteste le numéro un.

Myope au « visage doux, émacié et un peu lunaire[1] », il a été, lui aussi, réformé. Et, comme son ami, il a cherché à s'engager en septembre 1939. Son

1. Philippe Alexandre, *op. cit.*, p. 25.

père, médecin-commandant, l'y aide : André Boyer se retrouve à Tours, puis à Saumur, comme élève officier de la célèbre école de cavalerie. La guerre l'y rejoint, il se bat. Après la débâcle, il gagne l'Aude où il fait venir sa femme : il veut aller à Londres où son épouse a une tante. Mais son père de convainc de rester. Ce serait, dit-il, déserter devant l'Allemand que de s'exiler. Comme beaucoup de Français patriotes, M. Boyer père croit qu'il faut rester au côté du Maréchal pour partager avec lui les épreuves que la Providence inflige au pays. André Boyer rentre à Marseille, désemparé.

Et voilà que la Providence — apparemment une autre que celle qui s'est signalée à son père — se présente à lui sous la forme d'un officier-ludion qui ne s'embarrasse pas de formes pour recruter ses troupes. N'a-t-il pas, quelques mois auparavant, en passant la frontière franco-espagnole près de Perpignan, recruté de la même façon l'un de ses premiers agents ? L'homme lui avait simplement dit qu'il était malheureux de la situation... Avec Boyer et Defferre l'affaire se fera tout aussi simplement. Bien que non inscrit au parti, le premier est socialiste de cœur ; quant au second il a derrière lui huit ans de militantisme à la SFIO. Pour Fourcaud chez qui deux décennies d'activités secrètes ont développé une extraordinaire intuition, ce ne sont là que chinoiseries :

— Vous êtes contre les Allemands ?

— Oui.

— Alors je me fous du reste.

Affaire conclue. Boyer s'occupera de la collecte du renseignement sur la flotte de Toulon, sur les troupes italiennes qui occupent Nice et les environs, sur tout ce qui peut servir aux Français de Londres et, surtout, aux Britanniques, pour poursuivre la guerre. Defferre, qui connaît mieux le monde politique, fera le contact avec les milieux syndicalistes — notamment Léon Jouhaux qui est lui aussi replié à Marseille — et rassemblera les renseignements d'ordre politique. L'embryon de ce qui deviendra le réseau Brutus vient d'être conçu [1].

Marseille est à cette époque un carrefour de rencontres, un monde relativement protégé par rapport aux autres grandes villes occupées, elles, par les nazis. Un nombre impressionnant de personnalités diverses s'y sont donné, comme malgré elles, rendez-vous : espions britanniques, responsables des partis dissous par Vichy, juifs prémonitoires qui cherchent à gagner l'Amérique du Sud, artistes « décadents » dont les œuvres sont promises au bûcher, réfugiés venus d'Allemagne à l'avènement de Hitler et qui fuient à nouveau, un peu plus loin cette fois. Lointaine cousine d'un futur Premier ministre de la Cinquième République, Odette Fabius, qui sera bientôt déportée pour faits de résistance, vit une partie de son exil marseillais au bar du Grand Hôtel, point de ralliement d'une faune cosmopolite et bigarrée qui, malgré la dureté des temps, y mène une intense vie mondaine [2].

En 1940, la Résistance — mot encore inconnu — consiste d'abord à renouer les fils coupés par la défaite, le partage du pays en deux et l'avènement de Pétain. Pendant plusieurs mois, l'appartement des Defferre se

1. Brutus, à son origine tout au moins, est un réseau de renseignements britannique. Après la Libération, au moment de la guerre froide, certains dirigeants communistes accuseront Defferre d'avoir été un « agent de l'Intelligence Service ». Les procès menés dans les démocraties populaires portaient leur écho jusqu'à Marseille...

2. Odette Fabius, *Un lever de soleil sur le Mecklembourg,* Albin Michel, Paris, 1986.

transforme en terrain de camping où sont hébergés les uns et les autres, surtout camarades du parti venus de Paris et que Félix Gouin, ancien député socialiste des Bouches-du-Rhône, oriente vers le domicile de l'avocat. Daniel Mayer, simple rédacteur attaché à la rubrique économique et sociale du *Populaire,* fait la connaissance de Defferre dans ces conditions. Il effectue la « tournée des popotes » en prenant contact avec les parlementaires socialistes qui, le 10 juillet 1940, ont refusé les pleins pouvoirs à Pétain [1]. Augustin Laurent et Eugène Thomas, tous deux anciens députés du Nord, Henri Ribière, dirigeant socialiste originaire de Montluçon [2], passeront également par là. Lorsque, après la guerre, il s'agira de prendre le contrôle de la fédération du parti contre les « anciens », Gaston Defferre saura bénéficier des liens qu'il a noués durant cette période avec les « Parisiens » de passage à Marseille, comme de ceux tissés les années suivantes.

Le parti socialiste n'a pas résisté au choc de la défaite et de la dissolution ordonnée par Vichy. Profondément divisé sur la conduite à tenir, il a éclaté en plusieurs composantes autonomes. Ce qui reste de l'ancienne fédération marseillaise de la SFIO n'échappe pas au mouvement. Quelques hommes en émergent, tel Horace Manicacci qui deviendra l'un des hommes liges

---

1. Félix Gouin est de ceux-là ; le sénateur socialiste des Bouches-du-Rhône, Léon Bon, et le député Henry Tasso, maire socialiste de Marseille jusqu'en 1939, ont, en revanche, voté pour Pétain. 569 parlementaires ont voté pour le Maréchal, 80 ont voté contre et 17 se sont abstenus. 36 socialistes ont voté contre, alors que 90 ont voté pour. Les radicaux ont voté massivement en faveur de Pétain tandis que les parlementaires communistes, déchus de leurs mandats, n'ont pas pris part au vote. Cf. Jacques Chapsal, *La Vie politique en France depuis 1940,* PUF, Paris, 1966.

2. Il sera après la guerre directeur général du SDECE avec Pierre Fourcaud comme adjoint.

de Gaston Defferre. Secrétaire de la troisième section qui s'étend sur le quartier du Panier, originaire de Calenzana, en Corse, Horace Manicacci fait avant-guerre partie des équipes de Tasso auquel il apporte l'appui de ses amis, nombreux dans ce quartier où Corses et Italiens forment chacun une communauté bien soudée. Il a également quelques amis parmi le Milieu, ce qui se révèle fort utile lorsqu'il s'agit de recruter des gros-bras pour les campagnes électorales. Il est enfin mariée à Restitude Guerini, cousine d'Antoine Guerini dont le clan familial, originaire lui aussi de Calenzana, n'a pas encore la puissance qui sera la sienne après la guerre mais qui, déjà, bénéficie d'une solide notoriété. Liés à Pierre Ferri-Pisani et à Henry Tasso, les Guerini font d'ailleurs campagne pour les socialistes depuis les années trente. Moins par conviction que par fidélité : le chef du clan, Antoine, n'a pas oublié qu'il a débarqué de sa Corse natale avec pour viatique un billet d'introduction destiné à un militant socialiste du continent et rédigé par un parent, militant socialiste de Corse. Depuis, Antoine a rendu la politesse et aide à la demande. Plus tard, décrivant ses campagnes à sa femme, il lui racontera qu'étant entré un soir dans une salle où Simon Sabiani tenait banquet, il l'avait violemment giflé avant de rapidement s'éclipser. Dehors, couvrant sa fuite, ses frères l'attendaient avec des mitraillettes.

Arrivé à Marseille comme soutier au fond d'un navire, Horace Manicacci est devenu employé d'octroi puis inspecteur aux emplacements. Il n'a pas son certificat d'études, mais est doté d'une belle débrouillardise. Franc-maçon, il a été révoqué par Vichy en 1940. Mais Manicacci n'aime pas que cela se sache. Aussi, chaque matin, quitte-t-il son domicile comme s'il se rendait à son travail et rejoint-il le café qui fait face à son ancien service. C'est là qu'on le trouve, aux heures d'ouverture des bureaux.

En ces temps incertains, chacun se débrouille comme il peut, dans son coin, sans consignes et selon son inspiration. La majorité ne fait rien, ou si peu... Autant de raisons de griefs qui, à la Libération, fourniront l'aliment d'un sévère débat politique entre « anciens » et « modernes », les seconds reprochant aux premiers leur passivité et justifiant leur mainmise sur le parti par leurs états de services.

De sa cellule, Léon Blum, emprisonné par Vichy, a chargé Gouin de reconstituer le parti socialiste. C'est ce que ce dernier déclare à Pierre Fourcaud lorsque les deux hommes sont mis en contact par Gaston Defferre. La conversation est acide : « J'aurais préféré prendre contact avec de Gaulle par un autre que vous », déclare tout de go l'ancien député socialiste à l'officier que sa réputation d'activiste cagoulard a précédé.

Gouin, néanmoins, suggère le marché suivant : le parti socialiste apportera aux gens de de Gaulle le renfort de ses militants les plus sûrs en échange d'une aide technique pour organiser sa propre clandestinité. Eugène Thomas, ancien député du Nord, est chargé par Gouin de faire la liaison avec Fourcaud et de lui fournir les hommes fiables qui constitueront l'armature du réseau Brutus.

En ces premiers mois de l'occupation, les combattants font défaut et les actions sont modestes. Daniel Mayer se souvient d'une action de propagande menée contre la projection du film antisémite *Le Juif Süss*. Il s'agit de recouvrir les affiches de papillons incendiaires. On racle les fonds de tiroirs mais on ne trouve de quoi fabriquer qu'un seul tampon de caoutchouc avec un seul jeu de caractères. Quel slogan composer dans ces conditions ? Ce sera « film boche », mot d'ordre que Mayer goûte peu à cause de sa tonalité xénophobe, mais qui offre l'avantage d'être à la fois bref et composé de lettres toutes différentes. Dix jeunes gens ont été promis pour coller les papillons dans la ville. Au jour dit, seuls Daniel Mayer, sa femme et Gaston Defferre sont au rendez-vous. Les papillons seront quand même collés, provoquant à la préfecture une demande d'enquête sur cette « organisation aux effectifs apparemment nombreux » !

Peu à peu le réseau Brutus prend de l'importance. Pierre Fourcaud qui le dirige est arrêté à Marseille, en août 1941, après une incroyable équipée à Toulon, chez l'amiral de Laborde, chef de la flotte de guerre de Vichy. Fourcaud, qui s'est présenté sous sa véritable identité et s'est dit envoyé par de Gaulle, a tout simplement demandé au vieil amiral vichyssois qu'il fournisse des renseignements à Londres. L'autre, dans un hoquet, l'a mis à la porte et a prévenu de la démarche l'amiral Darlan, son chef [1]. Boris Fourcaud, frère cadet de Pierre, prend la direction du réseau bientôt laissée à André Boyer qui y déploie une énergie inlassable.

Les effectifs se sont étoffés. Horace Manicacci a su recruter quelques hommes solides. Xavier Culioli, futur directeur départemental de la police marseillaise, et, comme Manicacci, franc-maçon poussé vers la retraite par Vichy, est ainsi approché : après l'armistice, il a osé déclarer, devant ses collègues policiers, que « Pétain est un vieux con qui est en train d'étrangler la

1. Philippe Bernert, *op. cit.*, p. 25 à 30 ; emprisonné à Vichy puis à Clermond-Ferrand, Pierre Fourcaud réussira à s'évader et à rejoindre Londres.

gueuse». Culioli est méfiant : Manicacci a été trop proche de Tasso et, surtout, a trop d'amis dans le Milieu.

— Veux-tu travailler avec mon équipe ? lui demande Manicacci.

— Non, pas si tu travailles avec les mêmes hommes.

— Je te jure que j'ai laissé tomber Bon et Tasso. Ceux avec qui je suis maintenant, tu ne les connais pas. C'est le parti socialiste clandestin, des hommes nouveaux.

— Fais attention, Manicacci, nous vivons une période terrible, je suis désespéré. Je suis homme à marcher avec toi, mais si tu me trompes, je te viderai mon revolver dans le ventre !

Après ces paroles, les deux hommes tombent d'accord et Culioli est chargé de réunir autour de lui une équipe de policiers résistants[1].

Dès octobre 1942, Brutus est solidement implanté à Marseille, Lyon, Toulouse et Montpellier. Le réseau est suffisamment important, et reconnu, pour qu'André Boyer, qui a par ailleurs créé un petit mouvement, France d'abord, participe, en juin 1942, à Toulouse, à une réunion présidée par Jean Moulin et à laquelle assistent également Yvon Morandat et Christian Pineau : on discute déjà d'une structure de coordination qui doit grouper les organisations de la résistance[2].

Depuis dix-huit mois, date de sa première rencontre avec le commandant Fourcaud, que de chemin par-

1. Ce dialogue, peut-être un peu trop noble pour être totalement vrai, est rapporté par Xavier Culioli, dans des mémoires restées inédites.

2. Henri Noguères, *Histoire de la Résistance en France*, tome 2, Robert Laffont, Paris, 1969.

couru par Gaston Defferre ! Les circonstances ont imposé une métamorphose inattendue au modeste militant marseillais qui a pris pour pseudonyme le nom de Danvers. Il n'était avant-guerre que secrétaire de section ; au début de la guerre, il donnait quelques articles à *L'Espoir,* journal socialiste clandestin à la parution épisodique et aléatoire ; depuis juin 1941, il fait partie de la direction du parti socialiste clandestin en zone sud avant de devenir, en 1943, membre de son comité directeur national.

Durant toute l'année 1942 Gaston Defferre vit à Marseille. Pour ses confrères avocats, il est toujours l'un des leurs et va même, parfois, plaider à Vichy. Or, si le cabinet Defferre tourne rondement, l'avocat passe une bonne part de son temps en discussions politiques. Il cherche partout des contacts. Sa femme, Andrée, est allée à Alger, officiellement pour visiter sa famille, en réalité pour essayer de sonder de possibles résistants. Elle en est revenue désappointée, persuadée que toute la ville est pétainiste et qu'il n'y a rien à faire « avec ces gens-là ». Un jugement qui ne plaide pas en faveur de sa lucidité politique puisqu'elle ne s'est pas rendu compte que sa famille est tout entière impliquée dans les préparatifs du débarquement américain en Afrique du Nord.

Félix Gouin a quitté Marseille et gagné Londres. On murmure que c'est Paul Carbone lui-même qui aurait organisé son passage clandestin de la frontière franco-espagnole. Sollicité par des compatriotes socialistes, le truand, bien que lié à Sabiani, aurait voulu rendre service tout en saisissant l'occasion de ne pas mettre tous ses œufs dans le même panier. Gouin parti, Defferre se retrouve de fait chef de la SFIO clandestine dans la cité phocéenne. Depuis novembre 1940, il a auprès de lui maître Ginette Kahn, fille d'un célèbre avocat nîmois. Juive, la jeune femme, en compagnie de sa mère et de sa sœur, a quitté Paris après la défaite ; en juillet 1940, elle a passé à Aix-en-Provence sa licence en droit et s'est inscrite, à l'automne, au barreau de Marseille. Débarquée chez maître Vidal-Naquet, elle y a fait la connaissance de Defferre qui aussitôt l'a engagée comme collaboratrice. Bientôt Boyer l'enrégimente au sein de son réseau, malgré l'opposition de Defferre qui craint pour sa trop jeune collaboratrice. En tant que juive, pense-t-il, elle est trop exposée. Maître Ginette Kahn passe outre. Tous les dimanches, profitant du désert du cabinet, elle dactylographie des masses de documents qui partent pour Londres par le courrier suivant. Un jour, à la demande de Defferre, elle tape la liste de l'organisation des pouvoirs après la Libération. L'avocat s'est désigné maire de Marseille...

En février 1943, le voilà obligé de verser dans la clandestinité.

Il a vécu déjà deux alertes qui, chacune, ont failli mener à son arrestation. La première a sonné au lendemain du 12 novembre 1942, date de l'entrée des Allemands à Marseille. L'un de ses clients, riche exportateur local nommé Chancel, lui a confié les clefs d'un bateau qu'il possède amarré dans le port. Or les Allemands réquisitionnent le carburant des bateaux de plaisance. En pleine nuit, pour disposer du gas-oil dont il espère faire meilleur usage, Defferre fait vider les réservoirs du bateau. On parle de son arrestation. Il est obligé de disparaître quelques jours à la campagne.

Quelque temps plus tard, un inspecteur de police au nom de Lorenzi, ami de Ginette Kahn, vient la prévenir :

— Peut-on faire confiance à ton patron ?

— Mais bien sûr !

— Tu lui diras qu'il se débarrasse immédiatement de sa bonne. Elle travaille pour nous [1].

Ni Vichy ni les Allemands ne sont encore trop bien informés, mais ils sont sur leur garde et cherchent à en savoir plus. Defferre, à l'évidence, reçoit trop de monde chez lui. En outre, son passé politique en fait un potentiel mauvais sujet. Autant de raisons qui justifient bien une surveillance.

Pour Defferre, la question se pose de façon symétrique. Il ne peut pas évoluer avec en permanence des policiers sur ses talons, à un moment où le développement de ses activités clandestines impose de faire un choix. Depuis leur entrée à Marseille, ce sont en effet les Allemands qui, désormais, mènent la répression. Et leur Gestapo, où se distingue une brute efficace, Ernst Dunker-Delage, est autrement plus redoutable que la police de Vichy dans laquelle Brutus a ses complicités. En janvier 1943, porte-parole d'un réseau que Londres considère désormais comme une organisation « sérieuse, solide et bien montée » [2], Boyer s'est rendu dans la capitale britannique, emporté par un Lysander venu le chercher au clair de lune. Ginette Kahn elle-même a quitté Marseille en janvier 1943 et rejoint Grenoble comme agent de liaison. Il devient de plus en plus difficile à Defferre de maintenir la fiction d'une vie professionnelle normale. En février 1943, sa décision est prise : il lui faut disparaître. En pleine nuit, emportant un baluchon sur le dos, il quitte son appartement en

1. Selon une autre version, ce sont des postiers amis qui avaient intercepté un courrier et qui sont venus prévenir Defferre.

2. En décembre 1942, un émissaire de Londres a rencontré à Marseille Boyer, Defferre et Boris Fourcaud et fait à ses chefs un rapport élogieux sur le réseau Brutus.

passant avec Andrée par la fenêtre. Au matin, les voisins apprendront que les Defferre se sont absentés, mais personne n'aura eu le temps de donner d'alerte.

Officiellement, maître Defferre, malade, est parti à la campagne prendre du repos. Ses affaires, il les laisse dans les mains de maître Germaine Poinso-Chapuis chargée de veiller à la bonne marche de son cabinet [1]. Rapidement, ce sera maître Louis Laure, confrère avec qui il partage les bureaux du 70, rue Montgrand, chez maître Vidal-Naquet, qui prendra la relève [2]. Dans une lettre datée du 5 mars 1943 il lui écrit: «Je ne vais décidément pas bien. Il me faudra un repos sérieux». Viennent ensuite quelques directives pour la tenue de son cabinet: «J'ai laissé une liste d'honoraires à récupérer. Nous gardons Mme Jean [il s'agit d'une secrétaire], deux mille francs par mois. Mais si elle voulait partir, exigez le préavis d'un mois.» Maître Defferre n'est pas toujours un patron social. Enfin, il donne à Louis Laure des consignes pour un compromis d'arbitrage et lui signale une «énorme» affaire: la défense des expropriés des quartiers du Vieux Port dynamité par les Allemands dans la première quinzaine de février 1943 [3].

---

1. Germaine Poinso-Chapuis sera conseiller municipal MRP, député et ministre sous la Quatrième République.

2. Outre le sien, Louis Laure gère alors deux autres cabinets: celui de Gaston Defferre et celui d'Armand Vidal-Naquet qui, juif, a été dépossédé de sa charge par les lois raciales de Vichy. En novembre 1942, à l'entrée des Allemands à Marseille, Vidal-Naquet a quitté la ville avec sa famille, laissant ses affaires dans les mains de Gaston Defferre. Quand ce dernier disparaît à son tour, Louis Laure récupère le cabinet Vidal-Naquet.

3. L'ordre serait venu de Hitler lui-même, sous prétexte que le Vieux Port était un nid d'espions et un repaire de terroristes. Dans leur fantasmagorie hygiéniste, les nazis voyaient surtout dans ce quartier un bouillon de culture qu'il convenait de stériliser au plus vite.

L'opération avait été précédée d'une gigantesque rafle de quelque vingt mille personnes : venus de tout le pays, un millier d'inspecteurs de la police française, assistés de gendarmes et d'escadrons de gardes mobiles, avaient été envoyés à Marseille pour y participer. Ils s'ajoutaient aux effectifs du 10e régiment de police SS et à plusieurs groupes d'agents de la Gestapo et de la Kripo envoyés tout spécialement de Berlin. Le 24 janvier 1943, un dimanche, alors que l'abbé Caillol, curé de Saint-Vincent, faisait sonner le glas et refusait de quitter son église, les habitants du quartier avaient été expulsés de leur logement et emmenés vers d'autres lieux. Puis on avait procédé au dynamitage de leurs maisons. Quand tout fut fini, il ne restait plus que quatorze hectares de ruines. Entre-temps, tout avait été soigneusement pillé : les auxiliaires de la police allemande, essentiellement des truands locaux, étaient passés à l'action sous les yeux impuissants des gendarmes et des inspecteurs dont beaucoup avaient vu opérer, en toute impunité, les plus beaux de leurs anciens « clients » [1].

Depuis, quelques rares expropriés tentaient de se faire indemniser. « M. Colas, écrit Defferre à Louis Laure, est l'expert d'un syndicat en formation pour la défense des expropriés du Vieux-Port. Il a tenté de me proposer comme avocat. C'est une affaire énorme. S'il y a mille expertises à 500 francs... » L'affaire, apparemment si juteuse, ne se fera pas.

---

1. Loup Durand *Le Caïd,* Denoël, Paris, 1976 : ce livre, qui se présente comme un « récit », est certainement l'ouvrage le mieux informé sur l'histoire du Milieu marseillais de 1920 à 1970. La prudence de l'auteur lui a seulement imposé de changer les noms des personnages — mais les pseudonymes sont souvent transparents — et d'arranger parfois les situations.

Le départ de Marseille marque incontestablement un tournant. Dorénavant, Defferre n'exercera quasiment plus son métier d'avocat. Il est entré dans la clandestinité avec le sentiment d'avoir fait un choix irréversible : aujourd'hui, au nom de son idéal politique, il se bat avec les moyens de la guerre. Demain, s'il en réchappe, il continuera de se battre avec d'autres armes, en politicien professionnel.

Tout homme qui fait le choix d'une carrière politique se pose immanquablement la question du pouvoir. Jusqu'où puis-je espérer aller ? se dit-t-il un jour. La réponse qu'il se fait n'est limitée que par son ambition et la perception des contraintes qui l'entourent. Au moment où Defferre jette aux orties sa robe d'avocat, il le sait désormais, il sera maire de Marseille. Ou, plutôt, il fera ce qu'il doit faire pour tenter de le devenir. Tous les témoignages sur la nature de son ambition concordent : Andrée Aboulker, son épouse, Ginette Kahn, sa camarade de combat, Monique Defferre, sa sœur, d'autres compagnons, dont Henri Noguères, rencontrés au hasard des missions, à Paris, Londres ou Lyon, l'entendront en parler, de façon directe ou plus feutrée, mais jamais de façon détournée : Defferre a la franchise des gens timides. En revanche, aucun de ces témoins ne l'a entendu parler d'un destin national. Son ambition est limitée aux rives du Vieux-Port. Dans la bonne société locale on en donne une explication psychologique : la fixation marseillaise de Defferre serait la revanche d'un fils de famille dont le père, ruiné par le jeu et chassé par les convenances sociales, aurait été forcé à l'exil. Il est néanmoins peu probable que cette explication soit la bonne. Les mésaventures de Paul Defferre ont leur source à Nîmes plutôt qu'à Marseille où son fils n'avait à prendre aucune revanche. Il est même probable qu'il ait toujours un peu méprisé Marseille et les Marseillais. Les arrangements contournés dont ceux-ci savent faire preuve derrière leur faconde débonnaire ne sont pas du goût de ce protestant à la nuque raide. Il saura, plus tard, en jouer ; il saura même jouer au Marseillais, prendre l'accent et raconter des blagues du cru, au cours d'une émission de télévision, pour faire couleur locale et mieux « vendre » son produit, sa ville. Mais tout cela n'est, au fond, pas de son monde. Pourquoi alors avoir été si attaché à cette ville, allant même parfois, tel un fauve acculé dans son repaire, à tuer celui qui approchait de trop près son territoire ? Peut-être par modestie : la gestion d'une ville importante était sa limite, celle à laquelle il avait attaché son ultime ambition, l'horizon qu'il se fixait pour mobiliser son énergie et ses capacités d'organisateur. Le reste, ministre — qu'il fut — ou président de la République — qu'il tenta d'être —, était du surplus, un luxe non essentiel. Il n'y a, au fond, jamais cru.

C'est vers Cahors que Gaston se dirige après avoir quitté son appartement. Là est réfugié Edmond Jouhaux avec lequel, depuis le début de la guerre, Defferre n'a jamais coupé les ponts. Le vieux chef syndicaliste est le guide spirituel d'un groupe, Résistance ouvrière, formé surtout de cégétistes du secteur public, postiers, employés sociaux, instituteurs. Irma Rapuzzi, militante du parti socialiste depuis 1931, en fait partie. Fille d'un mineur de fond, militant anarcho-syndicaliste mort durant la première guerre mondiale, elle est arrivée à Marseille en 1935, venant de son village natal, Cadolive, bourgade du bassin minier qui s'étend à vingt-cinq kilomètres de la grande ville. À Cadolive la misère tient lieu de destin. Irma se souvient de sa grand-mère, Baptistine, qui a eu six enfants et qui, toute sa vie, de ses mains crevassées et marbrées de noir, a trié le charbon. Elle-même a échappé à la mine, est devenue institutrice et, d'un même élan, a adhéré au parti socialiste. À cause d'un immense sentiment d'injustice, du mistral de fin du monde qui s'est levé lorsque Jaurès a été assassiné en 1914 et, aussi, parce que dans le grenier de son père, elle a trouvé des caisses de livres et de brochures qu'elle a dévorés : des écrits de Jaurès, de Léon Blum, des ouvrages classiques, *Les Liaisons dangereuses* qu'elle a lu en cachette. Elle s'est lancée, avant guerre, dans le syndicalisme enseignant, est devenue une responsable locale du Syndicat national des instituteurs, a été de ceux qui ont fondé dans les Bouches-du-Rhône le mouvement des Auberges de jeunesse. Par pacifisme, elle a été munichoise. Elle a dû déchanter... Au sein de Résistance ouvrière, elle accueille maintenant les émissaires, distribue les subsides, transmet les messages, colporte des renseignements.

Andrée Aboulker, de son côté, a rejoint Annecy où Boyer lui a apporté de faux papiers. Puis elle a gagné Villeurbanne où elle a retrouvé Gaston. Marque de confiance, Londres attend de Brutus de plus en plus de renseignements. Les parachutages d'argent se multiplient, ce qui permet au réseau de louer les appartements d'où ont lieu les émissions et de subvenir convenablement aux besoins de ses agents, étudiants et jeunes juifs qui fuient la persécution raciale. Munis de faux papiers donnés par le commissaire de police de Lons-le-Saulnier, les Defferre se déplacent beaucoup : à Grenoble où est installé le codeur du réseau, à Bourg-en-Bresse dont les alentours servent d'aire de parachutage, à Paris, où Gaston rencontre des responsables de la Résistance ou les agents de son réseau, en Avignon, où sa sœur Monique, pharmacienne, et sa mère sont installées. Il s'est laissé pousser la barbe, qu'il a rousse, porte de petites lunettes cerclées de métal, est aussi maigre qu'un chien errant. Lorsqu'il vient en Avignon, sa sœur lui abandonne l'appartement qui surplombe la pharmacie et dans lequel Gaston tient des réunions avec ses amis montés de Marseille. La pharmacie jouxte une maison où sont installés les bureaux de la Gestapo. Mais qui donc irait croire que des activités douteuses se trament à côté d'un tel lieu ?

En Avignon sont réfugiés quelques poètes surréalistes, l'éditeur Pierre Seghers, Aragon. Au cours d'une soirée chez sa sœur Monique, Gaston les rencontre. On parle évidemment de la guerre. Gaston est pessimiste : selon lui, l'Allemagne peut encore gagner la guerre. Cette idée ne l'a d'ailleurs jamais quitté et plusieurs témoins de son entourage l'entendront l'exprimer.

L'année 1943 est, il est vrai, une année terrible. Les Allemands ont beaucoup appris et la répression commence à faire sentir durement ses effets. Trop rarement un succès vient remonter le moral durement sollicité. Pierre Malafosse, chef de l'antenne toulousaine du réseau Brutus, a été arrêté, emprisonné à la prison Saint-Michel. Boyer et Defferre décident de le faire évader. Ils se procurent des uniformes de gendarmes, un imprimé de convocation devant un juge d'instruction du tribunal de Toulouse, des menottes, une traction avant. Fin juillet 1943, conduite par Boyer déguisé en adjudant de gendarmerie, la voiture s'arrête devant la porte de la prison. Les faux gendarmes en descendent, saluent de deux doigts nonchalants les gardiens, présentent la demande d'extraction du prisonnier

Malafosse Pierre. Tout semble en ordre : on leur livre le prisonnier que les gendarmes — entraînement qui a demandé le plus de temps — menottent d'un geste professionnel et embarquent prestement. Pierre Malafosse vient d'être libéré [1].

Belle prouesse, mais qui n'interdit pas d'autres difficultés. Ainsi, les conflits politiques s'aiguisent entre les différents courants de la Résistance, voire au sein d'un même courant. Le parti socialiste demeure divisé tant sur la marche à suivre que sur la qualité de ses représentants. Lorsque Gouin, finalement sorti d'Espagne où il a dû patienter longtemps dans un camp avant de recevoir l'autorisation de gagner Londres, a débarqué dans la capitale britannique, en août 1942, il a trouvé la place socialiste déjà prise par un André Philip vigoureusement épaulé par Brossolette et par le colonel Passy. Un âpre conflit de légitimité s'est noué entre les deux hommes. Philip — nommé par de Gaulle commissaire à l'intérieur — et ses amis se veulent non pas les représentants orthodoxes du parti socialiste, mais des résistants de sensibilité socialiste amenés à se fondre au sein d'un mouvement de résistance plus large.

Les divergences recouvrent celles manifestées à l'occasion du choix de la lutte armée en France occupée. À l'instar de Léon Blum, et conformément au désir de Londres, certains dirigeants socialistes plaident pour que le parti, qui s'est reconstitué sous le sigle de Comité d'action socialiste (CAS), ne forme pas des groupes armés socialistes mais envoie ses militants dans un mouvement plus vaste. « Libération », « Combat » et « Franc-Tireur » comptent d'ailleurs en leur sein de nombreux combattants socialistes. D'autres,

---

1. Il sera maire de Béziers après la guerre.

dont Gaston Defferre, insistent pour que le parti garde sa spécificité et imprime sa marque militaire aux événements. Les discussions entre « partisans » et « mouvementistes » vont en s'amplifiant. Les difficultés politiques survenues à la direction de « Libération », surtout dans le Sud où les socialistes voient d'un mauvais œil l'importance prise par les communistes au sein des organes de direction, tranchent le débat : à l'initiative d'Eugène Thomas, à Toulouse, et de Gaston Defferre à Marseille, le CAS, en octobre 1942, crée ses groupes de combats placés sous la direction du colonel Lefèvre, dit Véni ou, encore, Vincent. Les groupes, basés dans le Lot, prendront peu à peu leur autonomie mais resteront liés à Brutus à travers Gaston Defferre [1]. Plus tard, les groupes armés socialistes, regroupés sous l'appellation de « La France au combat », seront intégrés au sein des Mouvements unis de la Résistance (MUR). L'un de ces groupes, « Les Milices socialistes », créé à l'initiative de Gaston Defferre et dirigé par un militant au nom prédestiné, Paul Trompette, prendra une part active à la libération de Marseille.

Ces tiraillements divers et la nécessité de la mise au point des opérations expliquent le départ, fin septembre 1943, de Defferre pour Londres. Dans ses *Mémoires de guerre,* de Gaulle mentionne le voyage et désigne Defferre comme l'un de ses « chargés de mission » en France occupée. Le terme est sans doute inapproprié — Defferre est avant tout un militant du parti socialiste — mais indique bien l'importance acquise par le réseau Brutus qui continue à alimenter en renseignements militaires et politiques les services du colonel Passy.

1. Henri Noguères, *op. cit.*, tome 2.

Defferre a fait le voyage de Londres avec André Boyer. Ce dernier ne reste que deux semaines en Angleterre, puis regagne le pays. Gaston, lui, s'attarde. Il en profite pour se rhabiller et revoir Paly de Barbarin.

« Un jour, dit-elle, j'ai reçu un télégramme signé Gaston Leroux. C'était Gaston Defferre qui indiquait qu'il était de passage et qu'il voulait me voir. Nous avons passé trois jours ensemble, sommes allés voir le film *Autant en emporte le vent*, avons couru les confiseries. Gaston était gourmand et je lui ai donné tous mes tickets de sucreries. Puis il est parti et je ne l'ai plus revu jusqu'à la Libération. »

Defferre-Leroux — n'est-ce qu'une coïncidence s'il se dissimule sous le nom du romancier auteur du *Mystère de la chambre jaune*? — s'est en fait rendu à Alger où il retrouve son ami Gouin. Avec d'autant plus de plaisir qu'il est sur la même longueur d'onde que lui en ce qui concerne le rôle du parti socialiste dans la Résistance. Comme Gouin, Defferre pense qu'on ne reconstruira pas la France en passant par-dessus la tête des partis politiques, même s'il admet que ceux-ci devront largement se renouveler pour ne pas tomber dans les errements qui ont marqué la fin de la Troisième République. À Alger a lieu sa première rencontre avec le général de Gaulle. Les deux hommes restent sur leur garde : « Les relations entre le socialiste et le général iront, au fil des ans, de l'altercation sonore à la connivence ironique », écrit Jean Lacouture dans sa biographie de de Gaulle [1]. C'est vrai qu'ils ne sortent pas du même moule. Sans manifester d'hostilité à l'égard du

1. Rapporté par Stéphane Albert, *op. cit.*

général, l'avocat devait quand même partager quelques-uns des préjugés de l'homme de gauche devant la « culotte de peau », même lorsqu'elle s'appelle de Gaulle. Il fait surtout de nécessité vertu. Defferre sait que la France résistante, voire une partie de l'autre, demeurera gaulliste au moins jusqu'à la fin de la guerre. Le général est un symbole, un passage obligé si l'on veut éviter que la résistance n'éclate en vingt composantes incontrôlées. Defferre n'aime certes pas la façon dont il méprise les partis, mais il doit faire avec. D'ailleurs de Gaulle ne fait-il pas de même en tolérant auprès de lui toutes sortes de choses dont il se serait bien passé ?

Dans le courant du mois d'octobre 1943, Defferre est de retour en France. « Je l'ai rencontré avant son départ pour Londres, racontera plus tard Henri Noguères, son unique préoccupation était d'en revenir. Il craignait que les copains le croient planqué si on lui demandait de rester [1] ! » C'est d'ailleurs ce qui s'est produit : les dirigeants du parti socialiste, Gouin et Le Troquer en tête, lui ont demandé de rester à Alger, de prendre part à la reconstruction du pays en siégeant à l'Assemblée consultative créée depuis septembre. Il a refusé. Peur de perdre la face devant « les copains » ? De ne pas être à Marseille le jour de la Libération et de laisser ainsi échapper sa chance d'en être le maire ? Notons seulement qu'entre un destin national, qu'un séjour algérois peut lui faciliter [2], et un avenir local que la guerre peut, au mieux, ne pas lui ravir, il choisit ce dernier. Son voyage aura au moins servi à le faire connaître des caciques socialistes fiers d'avoir dans leur rang un combattant de la première heure. Lorsqu'il

1. Entretien avec l'auteur, 22 février 1988.
2. Tout ce qui comptera dans la Quatrième République est alors à Alger, ou y passe.

s'agira d'établir son leadership sur le parti socialiste marseillais, dont une bonne partie renâcle, les liens algérois ne seront pas inutiles.

Il rentre à Paris investi d'une autorité nouvelle. Certes, rien de l'avenir de Marseille n'a été définitivement décidé. Mais les discussions ont montré qu'il faudra compter avec cet homme-là. Personne à Alger ne lui conteste d'ailleurs la place. N'est-il pas, malgré son vif attachement à la vieille SFIO, ce qui fait — déjà ! — un peu vieux jeu, l'exemple même de ces hommes nouveaux nés de la guerre et du refus dès la première heure d'accepter l'inacceptable ? Il a enfin un avantage déterminant sur tout autre concurrent potentiel : avec Boyer, il est le seul à être connu en dehors de son village, à avoir des liens avec les futurs responsables de la France libérée.

Quelques jours après son retour, il dîne en compagnie de sept ou huit personnes dans une brasserie parisienne de la rue Auber. L'adresse est bonne — l'on s'y fournit au marché noir — et courue de nombreux officiers de l'armée allemande. À la table de Defferre, il y a Daniel Mayer, Henri Noguères, Charles Dumas, ancien député de l'Allier. Le premier rend compte à mi-voix de son voyage à Alger. Alors Charles Dumas qui, un peu dur d'oreille, contrôle mal la portée de sa voix puissante :

— Alger ? Et comment cela va-t-il à Alger ?

La question explose dans toute la salle du restaurant. Ses compagnons s'étranglent, piquent du nez dans leur assiette. Daniel Mayer se ressaisit :

— Angers ? Il y fait toujours aussi doux.

Personne dans le restaurant n'a réagi [1].

---

1. Selon Henri Noguères, Mayer aurait réagi en déclarant : « Agen : bof, toujours les pruneaux... »

Les derniers mois de la guerre seront terribles. L'intensification des combats sur les fronts où les armés hitlériennes connaissent de cuisants revers, le sentiment que le débarquement approche, lancent les mouvements de résistance dans des actions de plus en plus audacieuses, de plus en plus nombreuses. Les forces de répression, puissamment aidées par la Milice, réagissent durement. Le réseau Brutus n'échappe pas à cette violence.

Le 8 novembre 1943, à Paris deux proches collaborateurs de Boyer, Pierre Sudreau et Jean-Maurice Hermann, sont arrêtés. C'est la seconde fois que pareille mésaventure arrive à Hermann. En 1941, déjà, la police de Vichy l'avait interpellé. Bénéficiant d'une chance incroyable, il avait été acquitté par le tribunal et avait repris ses activités clandestines dès le lendemain. Cette fois, il aura moins de chance. Hermann et Sudreau viennent de déjeuner dans un restaurant des Champs-Élysées avec Boyer. Ce dernier est parti de son côté, laissant ses deux compagnons remonter vers l'avenue de Wagram où ils veulent prendre un café. Ils sont à peine installés à une terrasse que trois voitures s'arrêtent brutalement devant l'établissement. Une bonne demi-douzaine de policiers en civils se ruent sur eux, les embarquent. Ils seront torturés, emprisonnés, déportés en Allemagne. Eux en reviendront[1].

Un mois plus tard, André Boyer est arrêté. Le surlendemain, c'est au tour de Ginette Kahn de tomber

1. Philippe Alexandre, *op. cit.*; ministre du général de Gaulle, après 1958, Pierre Sudreau est aujourd'hui maire de Blois; journaliste, Jean-Maurice Hermann a été après la guerre secrétaire général du SNJ-CGT né d'une scision du SNJ (Syndicat national des journalistes). Il est décédé en juin 1988.

dans une souricière. Defferre a bien tenté de la prévenir des arrestations qui se multiplient, mais en vain. Un traître, nommé Blanc et surnommé Cosinus, est en train de donner tout le réseau. Il sera abattu à la Libération, à Paris, sans jugement. Defferre tente tout pour faire sortir Boyer de prison. Par l'entremise de policiers qui sont dans son réseau, Lemoine, ancien préfet de police des Bouches-du-Rhône et secrétaire à l'Intérieur de Vichy, est sollicité : Luciani, son garde du corps, qui a gardé des amitiés parmi des collègues résistants, a été approché et a arrangé une entrevue avec son patron. Accompagné de Xavier Culioli, Gaston Defferre s'y rend. L'entretien a lieu dans le bureau marseillais du haut fonctionnaire, à la préfecture, en toute impunité, ce qui, d'une certaine manière, témoigne de l'importance qui est reconnue au solliciteur, y compris chez l'ennemi. Lemoine lève les bras au ciel :

— Je ne peux rien faire ; ce sont eux qui commandent.

Eux, c'est-à-dire les Allemands qui ont arrêté Boyer.

Ginette Kahn reviendra de déportation ; pas André Boyer. Déporté à Buchenwald en mai 1944, il est bientôt transféré à Nordhausen où un bombardement allié éventre la prison où il est détenu. Les barreaux sont déchirés et les lourdes portes volent en éclats. Libérés, les prisonniers se dispersent dans les environs quand survient une deuxième vague de bombardiers. On ne retrouvera jamais le corps du fondateur du réseau Brutus.

Gaston Defferre a échappé miraculeusement aux arrestations. Le voilà chef du réseau décapité, avec une meute de policiers sur les talons. Les activités sont réduites aux gestes de survie. « Nous nous contentions, à cette époque, de distribuer de l'argent aux familles des emprisonnés, de rechercher des planques », précise Andrée Aboulker. Defferre part en zone sud, entre Avignon et Marseille ; médecin, elle reste à Paris, s'intègre à un nouveau réseau de résistance qui regroupe les grands patrons de la capitale. De fait, les Defferre se séparent. Lorsqu'il était revenu d'Alger, Gaston avait rapporté à Andrée une lettre de son cousin, José Aboulker. Il est médecin comme elle, porte le même nom, est résistant. Quelque temps plus tard, il a débarqué à Paris, venant de Londres. En ce début de 1944, Andrée Aboulker quitte son mari pour suivre son cousin. Son divorce sera prononcé le 24 mars 1945. Tous les témoins de l'époque assurent que cette séparation a été pour Defferre un très rude choc. Très peu savent qu'il a tenté alors de mourir. Et qu'il s'en est fallu de peu qu'il y parvienne [1].

1. Certains sont allés jusqu'à affirmer que José Aboulker étant communiste, cette mauvaise fortune sentimentale serait à l'origine de l'animosité, parfois violente, que Defferre a toujours manifesté à l'égard des communistes. L'explication est largement de circonstance. D'une part, José Aboulker n'était pas, à l'époque, communiste. Defferre, d'autre part, avait suffisamment de raisons politiques d'en vouloir au PCF, pendant comme immédiatement après la guerre, pour n'avoir pas besoin d'un prétexte.

Et *Le Petit Provençal* devint grand

« *Le Provençal* n'a, il convient de le préciser, aucun lien ni aucun rapport avec *Le Petit Provençal*, journal pétainiste et hitlérien qui, après avoir trahi la classe ouvrière, a trahi la France. *Le Provençal* est un journal entièrement nouveau. On s'en apercevra d'ailleurs. »

Les Marseillais qui, le 23 août 1944, ont pu lire cette mise en garde dans le premier numéro du *Provençal* n'ont pas dû être fort nombreux. Les combats font encore rage dans la ville, en grève générale et soulevée depuis l'avant-veille, partiellement investie, depuis le matin, par les tabors marocains du général de Montsabert, débarqués quelques jours plus tôt sur les plages du Var [1]. La majorité des habitants demeurent calfeutrés derrière leurs volets, sans bouger une oreille. Les autres se battent, armés de vieux fusils et de quelques mitraillettes Sten. Il reste peu de place pour la lecture.

Et pourtant. Alors même que, chaussé de bottes et coiffé d'un casque de pompier, deux revolvers glissés dans la ceinture, il commande une partie des résistants insurgés, Gaston Defferre a pris le temps — le soin

1. C'est ainsi : cette ville qui dans les années 80 plébiscite Le Pen doit une partie de sa libération au sacrifice de soldats maghrébins...

extrême même — de faire sortir le premier numéro du *Provençal*, que son bandeau désigne comme l'« organe des patriotes socialistes et républicains ».

> « Le journal que nous vous présentons aujourd'hui, est-il écrit fièrement dans l'éditorial, est né dans le combat libérateur. Il s'imprime comme il le peut, tandis qu'on se bat encore dans les rues de Marseille. Son aspect est encore rude. Il sent la poudre ».

C'est en réalité à peine un journal. Juste une feuille qui est distribuée gratuitement dans l'après-midi du mercredi 23 août 1944. « Vive la France ! » proclame la manchette étalée sur toute la « une », au-dessus des portraits de de Gaulle, Roosevelt, Churchill et Staline. La moitié de la première page est occupée par un éditorial non signé — mais rédigé par Gaston Defferre — et intitulé : « Le Provençal, aux patriotes socialistes et républicains. » L'article rend hommage à de Gaulle, aux armées alliées, aux combattants de la résistance, mais s'attaque surtout à la presse de l'avant-veille, celle dont le nouveau quotidien se veut l'antithèse.

> « Quelle chute verticale pour les serviteurs de l'ennemi, écrit l'éditorialiste. À Marseille, la presse pourrie, qui au moment de l'invasion avait continué à paraître et s'était vautrée aux pieds de l'oppresseur, fait une lamentable faillite. Elle n'avait pas osé se saborder lorsque l'Allemand, au mépris de la convention d'armistice, avait pénétré en zone non occupée. La voilà prise de stupeur et d'épouvante, à l'instant même où les armées libératrices pénètrent sur le sol de notre chère Provence. Sans un mot, sans un geste, elle se suicide... Quel aveu ! Nous étions les complices de l'ennemi, se sont dit, d'un

commun accord, les journaux marseillais. L'ennemi est écrasé. Nous n'avons plus rien à faire. »

L'argument, un peu spécieux dans la mesure où les ordonnances sur la presse, préparées à Alger durant l'année 1944, ne donnent d'autre choix aux journaux qui ont continué de paraître durant l'Occupation que le sabordage en bonne et due forme, est répété dans un article anonyme voisin :

« Tout doucement, les journaux sont morts. *Le Petit Marseillais, Marseille-Matin, Le Petit Provençal* et leurs petits frères du soir : *Soleil, Marseille-Soir* et *Radical*, se sont éteints tout seuls, à la seule nouvelle de l'approche des armées libératrices. Ils ne vivaient plus en effet que du souffle vichyssois, émanation du souffle hitlérien, lequel, comme on le sait, est très, très près de s'éteindre. Quatre ans pour un carnaval, comme celui que nous ont offert nos quotidiens, c'était suffisant ! »

À bon entendeur, salut : ces anciens journaux ne sont pas prêts de revoir l'étal des kiosques !

Dès les premières semaines de l'année 1944, les réunions nationales entre les chefs de la Résistance se sont multipliées. La libération du pays approche, il s'agit d'organiser les nouveaux pouvoirs. Sans contestation aucune, Gaston Defferre représente Marseille. Son passage à Londres et à Alger, la disparition d'André Boyer, bientôt le massacre de Signes [1], ont objectivement

1. Le 18 juillet 1944, les responsables de la résistance socialiste s'y sont donné rendez-vous lorsque la Gestapo intervient. Trente résistants, parmi lesquels Valmy, André Aune, Gaillard, les frères Barthélémy, Jules Moulet, Codaccioni, sont immédiatement massacrés. Dans les rangs communistes, on critiquera sévèrement « l'irresponsabilité » des socialistes et l'absence de protection armée de la réunion.

accru son poids politique. Avec l'accord du Conseil national de la Résistance, et non sans de longues palabres, les pouvoirs ont, à Marseille, été partagés entre communistes, socialistes et chrétiens sociaux du MRP. Les premiers, bien qu'incontestablement plus nombreux et militairement plus forts, ont finalement concédé la mairie aux seconds. Gaston a plaidé en invoquant la tradition : avant-guerre, a-t-il argumenté, la municipalité marseillaise était socialiste. Il est juste qu'elle le redevienne une fois la ville libérée, jusqu'à ce que les électeurs, régulièrement convoqués, tranchent. De tous les socialistes qui participent à ces discussions, il est le seul qui ait la stature pour devenir chef de la délégation municipale, organisme appelé à gérer la mairie jusqu'à la remise en place des structures communales normales. Fin août 1944, Gaston Defferre s'assied donc dans le fauteuil du maire. Il n'en a pas encore le titre — il lui faudra attendre neuf ans — mais il en reconnaît déjà les contours. Son équipe, conformément aux accords conclus dans les mois précédents, comporte, outre des socialistes et des communistes, des MRP comme Germaine Poinso-Chapuis et... Francis Leenhardt qui représente le Mouvement de libération nationale (MLN).

Une vieille connaissance que Francis Leenhardt, bien que perdue de vue durant de longues années. Il est fils de pasteur, son frère est pasteur, ses cousins sont pasteurs[1] et sa sœur épousera un pasteur. Plus protestant que Francis Leenhardt, on ne peut. Adolescent, Gaston Defferre avait croisé sa route dans le

1. Parmi eux, Maurice Leenhardt, ethnologue et pasteur, établi dans le premier quart du siècle en Nouvelle-Calédonie où il constate, déchiré et impuissant, l'aveuglement du pouvoir blanc devant les aspirations des Mélanésiens.

Gard, d'où, comme lui, Leenhardt est originaire — une autre partie de la famille est implantée à Montpellier — et dans les Cévennes où les protestants de Nîmes aiment passer leurs vacances. Tous deux ont fait des études de droit à la fin desquelles Leenhardt a préparé l'école militaire de Saint-Maixent. Defferre a continué le droit, Leenhardt s'est lancé dans les affaires en fondant une société d'import-export, en compagnie d'Henri Fabre, autre ami de Gaston. Ils s'étaient oubliés ; un jour de guerre, au cours d'une réunion en Avignon, ils se sont retrouvés. Sous le pseudonyme de Lionel, Leenhardt est devenu responsable du MLN dans le Sud-Est, un mouvement de résistance actif. Les fils coupés se sont spontanément renoués. Les voilà tous deux dans la même équipe. Le couple sera souvent chaotique et l'association vivra de profondes crises. Mais Defferre, au-delà des vicissitudes, demeurera fidèle à Leenhardt, comme s'il ne pouvait façonner son destin que sous le regard d'un double, comme s'il n'avait pas suffisamment confiance en lui pour se lancer tout seul. Sans Boyer, sans doute Defferre n'aurait-il pas osé ; sans Leenhardt peut-être Defferre n'aurait-il pas continué. Entre l'un et l'autre couple il y a cependant une différence de taille : cette fois, c'est Defferre qui est le numéro un. Intelligent, Leenhardt a compris que leur association ne fonctionnerait que s'il n'était pas le *primus inter pares.*

Au début de la guerre, Defferre avait fondé un petit journal clandestin, *L'Espoir*; le MLN, de son côté, éditait *Le Marseillais*; *Le Provençal* sera le produit de la fusion de ces deux périodiques. L'intérêt de Defferre pour la presse n'est d'ailleurs pas neuf. Dès 1943, le journaliste Jean-Maurice Hermann, qui figure parmi la direction de Brutus, a participé aux travaux qui, dans la clandestinité, préparent le futur statut de la presse. Le 21 mai 1944, dans un Paris encore occupé, Leenhardt a rencontré Pierre-Henri Teitgen, responsable de la presse au sein du gouvernement provisoire. Ce dernier lui a remis une attestation, dactylographiée sur papier libre, ainsi libellée :

> « Monsieur L., alias Lionel, membre du Comité de Libération des Bouches-du-Rhône, est autorisé à faire paraître à Marseille, dès le jour de la Libération, sous le titre *Le Provençal*, un journal quotidien. Les collaborateurs de ce journal devront remplir les conditions prévues par la circulaire dont un exemplaire a été remis à M.L. La présente autorisation n'est accordée que sous cette réserve. »

C'est signé Laborde-Ségur, pseudonyme de Teitgen. Le sésame accordé, les deux amis ne perdent pas de temps pour monter leur future entreprise. On se réunira chez Monique Defferre, en Avignon : un soir de mai, elle voit arriver chez elle, dans sa fameuse pharmacie qui jouxte l'immeuble de la Gestapo, les deux compères flanqués d'Horace Manicacci et d'un quatrième larron. Elle leur abandonne sa chambre et son lit sur lequel tous quatre s'installent en se mettant aussitôt à discuter du futur *Provençal*.

Ne pas perdre une minute ! Marseille se soulève à peine que Defferre indique à Louis Rossi l'objectif prioritaire qu'est l'immeuble du *Petit Provençal*, rue de la Darse, à une enjambée du Vieux-Port. C'est là, Defferre et Leenhardt l'ont décidé, que devra s'installer le nouveau journal : dans les meubles du principal quotidien marseillais, journal populaire, d'obédience socialoradicale avant guerre, qui n'a cessé de paraître de toute l'occupation.

À lui seul, Louis Rossi équivaut à un régiment. Petit et trapu, il est arrivé à Marseille à onze ans, venant de sa Corse natale, embarqué sur un bateau charbonnier ; dans les années 20, il a été navigateur, bosco sur le *Théophile Gautier*, paquebot de luxe qui faisait le tour de la Méditerranée ; puis il a débarqué, s'est reconverti comme employé de zoo, ce qui se révélera bien utile dans la clandestinité, lorsqu'il cachera dans la cage du célèbre éléphant Poupoule des armes et des documents. Il est analphabète, ce qu'Irma Rapuzzi, institutrice qui est un des rares intellectuels à entourer Gaston Defferre dans les premières années, tentera de surmonter en lui donnant quelques cours. Mais Rossi possède une autorité naturelle incontestée. En 1936, il est devenu le bras droit de Raymond Vidal, député socialiste dont il a organisé la protection. Le Panier, son quartier d'origine même s'il est maintenant installé à Château-Gombert, est un village dont il connaît chaque membre. Ses amis ? Des Corses et des Italiens, population quasi exclusive du quartier, navigateurs ou anciens navigateurs, mauvais garçons ou futurs mauvais garçons, proches ou membres de la troisième section du parti socialiste dont Horace Manicacci est le secrétaire. Sont-ils socialistes pour autant ? Peut-être. C'est en tout cas leur milieu, celui dans lequel, tout gosses, ils ont grandi en des destins solidement parallèles. Ensemble ils sont allés à l'école ; ensemble ils ont, avant guerre, côtoyé les Jeunesses socialistes et profité des quelques prébendes octroyées par la mairie d'Henry Tasso ; ensemble ils ont navigué ; ensemble, recrutés par Rossi et Manicacci, ils ont fait de la résistance, avec l'héroïsme et l'irresponsabilité de jeunes chiens un peu fous; ensemble, certains d'entre eux défraieront, après-guerre, la chronique des faits divers [1]

Depuis 1943, sous la direction de Louis Rossi, surnommé le Commandant et présenté à Defferre, vraisemblablement par Manicacci, ils constituent la partie la plus substantielle des Milices socialistes des frères Trompette. Ils ont à leur actif quelques beaux coups : l'attaque à la grenade de l'Hôtel de Californie, cours Belzunce, occupé par l'état-major allemand; ou encore celle des locaux du PPF, le parti de Doriot derrière lequel s'est rangé Sabiani avec ses troupes [2].

Le 21 août, Rossi en a rassemblé une vingtaine :

— Demain, nous prenons d'assaut *Le Petit Provençal.*

Le lendemain, ils sont tous exacts au rendez-vous, s'entassant dans quatre voitures qui se dirigent en cortège vers les locaux du journal. Horace Manicacci conduit la première, une traction noire avec un toit ouvrant. Louis Rossi est à côté de lui; derrière, Sten au creux du coude, ont pris place Dominique Venturi et Jean Berthillot. Depuis qu'en 1942, requis pour le STO, il a préféré ne pas répondre à la convocation, Berthillot vit dans le sillage de Rossi. En 1939, il a fait une belle guerre, trop brève à son goût; la fibre patriotique énervée jusqu'au sang, cet enfant du Panier dont la première carte au parti socialiste remonte à 1929 —

1. Les solidarités nées de la Résistance ne seront pas toujours le seul fait des mauvais garçons. Pierre Bertaux, directeur général de la Sûreté nationale, couvrira en 1951 les agissements d'un des hommes impliqués dans le célèbre vol des bijoux de la Bégum, le Marseillais Paul Leca, parce qu'ils avaient combattu ensemble durant la guerre. L'affaire lui coûtera sa place.

2. Dont beaucoup sont des voisins de quartier... des hommes de Rossi.

il avait alors douze ans — n'a pas, depuis, arrêté de pester contre la défaite. Dans l'insurrection de Marseille, il est à son affaire.

De six ans son cadet — il est né en 1923, dans le quartier du Panier, lui aussi —, Dominique Venturi, appelé communément Nick, a été navigateur, comme son père et comme le père de son père. Contrairement à beaucoup de ses amis et voisins, Nick sait lire : son père vénère l'instruction et a poussé le gamin. À quatorze ans, le « certif » en poche, il est entré comme apprenti dans une petite entreprise de métallurgie. Mais Nick ne rêve que de voyages en mer. À seize ans, il s'embarque enfin sur le *Champollion*, bateau des Messageries qui fait la ligne vers la Syrie et Le Caire. Il bourlinguera jusqu'en 1943, son bateau transformé en croiseur auxiliaire. Débarqué définitivement, il est embauché par Rossi, son oncle du côté maternel, pour faire des coups de main ; Nick n'a pas barguigné. Dans sa famille, où l'on est socialiste depuis l'éternité, on n'a jamais gardé les poings dans ses poches lorsqu'il s'agit de défendre ses idées. Le père de Nick, un des fondateurs, en 1921, de cette fameuse troisième section où adhère tout le Panier, a appartenu avant-guerre au groupe du Marteau, bande de costauds au service du parti pour des tâches aussi peu équivoques que le nom sous lequel on les désigne. Quant à son frère aîné, Jean, également marin, il a déserté en 1940 à Shanghai pour rejoindre Londres. Nick a de qui tenir. Socialiste il est né, socialiste il demeurera, peut-être par conviction, sûrement parce que chez les Venturi on n'a jamais renié la famille, tout simplement. Même en prison, des décennies plus tard, désigné comme le principal accusé de l'affaire des fausses factures, condamné à quatre ans de prison et repoussé par un Defferre qui fait mine de ne plus le connaître, il gardera en poche sa carte du parti que des amis fidèles lui renouvellent chaque année.

Mais en ce jour d'été 1944 où Marseille se libère, Venturi est encore aux premières loges. L'assaut du *Petit Provençal* est presque une promenade de santé. Les bureaux et les ateliers sont vides, désertés par le personnel qui attend la fin des combats. Personne n'a songé à défendre armes à la main le journal. L'épopée riche en signification symbolique dont avaient rêvé les assaillants se transforme en opération de police. Lorsque arrive, peu après, Gaston Defferre entouré d'hommes armés, on ne trouve aucun ouvrier pour sortir le premier numéro du nouveau quotidien. Il faudra aller chercher des employés chez eux, où ils attendent la suite des événements. Par mesure de précaution, on renforce néanmoins la garde des locaux où l'on croise, parmi quelques autres figures pittoresques, Henri Codde, dit « Riquet », gendre de Rossi et cousin de Nick, Eugène Matrone, dit « Le Manchot », ou encore « Gégène », Antoine Paolini, dit « Planche ». Venturi, Codde, Matrone et Paolini seront, entre autres, mis en cause dans des affaires de trafics de cigarettes blondes qui, dans les années 50, font la une des journaux. Leurs noms sont cités lors de la célèbre affaire du *Combinatie*, bateau chargé jusqu'aux écoutilles de cigarettes américaines de contrebande et arraisonné, une nuit de septembre 1952, en pleine mer par des truands complices. Déchargé en Corse, le bateau, préalablement assuré, ainsi que sa cargaison, sera finalement sabordé. La belle escroquerie à l'assurance dérape en sanglants règlements de comptes lorsque quelques-uns des truands complices détournent à leur seul profit les cigarettes faussement volées. Pendant des années, tout le milieu marseillais et corse videra la querelle à coups de revolver[1].

« Venturi Dominique, gérant de bar, né à Marseille le 24 juin 1923 [...] fait l'objet de très mauvais renseignements, notera la réquisitoire de renvoi devant le tribunal correctionnel quand seront enfin jugés quelques-uns des organisateurs de l'escroquerie. Il est connu comme trafiquant et passe pour un familier de Paolini Antoine et de la "bande du Panier". » Lequel Paolini Antoine, abattu à Marseille le 12 mars 1955, sera, parmi beaucoup d'autres, l'une des nombreuses victimes des règlements de comptes suscités par cette affaire hors normes.

Plus tard, l'on retrouvera beaucoup des protagonistes de ces journées chaudes impliqués avec plus ou moins de bonheur dans le trafic de la drogue, les courses truquées, des règlements de comptes, voire des missions pour le compte des services spéciaux français. Pour le moment, ce sont des héros qui viennent d'investir *Le Petit Provençal*, immédiatement métamorphosé en *Provençal*, et dont l'ancien propriétaire, Vincent Delpuech, est arrêté et enfermé dans les caves de la préfecture, en compagnie de centaines de suspects qui s'apprêtent à passer un mauvais moment.

Delpuech a vécu un destin à l'américaine. Il a commencé comme saute-ruisseau à la mairie, est devenu employé aux écritures, secrétaire d'un sénateur modéré, sénateur radical lui-même, patron de presse enfin. Comme souvent à Marseille, ses ennemis met-

1. On estime à une bonne trentaine les morts occasionnées par cette affaire, au cours de règlements de comptes qui se sont étalés sur vingt ans. Le dernier en date a coûté la vie à Marius Salvati, dit « Meû », abattu en février 1972, à Marseille. Voir à ce sujet James Sarazin, *Dossier M... comme Milieu*, Alain Moreau, Paris, 1977.

tent en cause son honnêteté. Il est vrai qu'il a du bien. C'est d'ailleurs la raison pour laquelle il a été bombardé trésorier du parti radical.

Son journal a continué de paraître après l'armistice ; pire, il ne s'est pas sabordé après l'entrée à Marseille, en violation des accords d'armistice, des troupes allemandes, le 12 novembre 1942. Pour cette seule raison, et conformément aux textes sur la presse préparés à Alger par le gouvernement provisoire, *Le Petit Provençal* est déjà condamné.

Le titre n'a pas, pourtant, été le plus virulent des journaux de la collaboration. Il a essayé de naviguer, de jouer au plus fin avec les contraintes imposées par l'occupant qui exerce aussi sa terreur à l'aide de communiqués et d'appels à la délation montés en bonne place dans les journaux. Delpuech a tenté de s'arranger, laissant la direction de son journal à quelques hommes tout acquis à « l'ordre nouveau ». Lorsqu'on dîne avec le diable, dit le proverbe, il faut avoir une longue cuillère. Celle de Delpuech ne l'a pas toujours été et il s'apprête à en rendre compte.

Enfermé dans les caves de la préfecture que gardent, les premiers jours de la Libération, les milices patriotiques du PCF, Delpuech attend son procès. Sollicité, Gaston Defferre ne lève pas le petit doigt pour le faire libérer. Mais on n'a pas été l'un des notables les plus assis du parti radical sans avoir gardé quelques relations. À peine sous les verrous, Delpuech fait donner les amis, surtout ceux dont les titres de résistance ne sont pas sujets à caution. Une liste impressionnante sur laquelle figurent de prestigieux noms, jusques et y compris celui de Félix Gouin, le reponsable du parti socialiste dans la clandestinité, le président de l'assemblée consultative après la Libération et, surtout, futur premier président du Conseil après le départ, en janvier 1946, du général de Gaulle.

Le témoignage de Félix Gouin, tel qu'il le fait parvenir à Auguste Raynaud, avocat de Vincent Delpuech, est des plus favorables :

> « J'ai eu l'occasion, écrit le responsable socialiste, au cours des années 1940, 1941 et 1942 de juger en pleine connaissance de cause l'attitude et le comportement de Vincent Delpuech. Dès les débuts du pseudo-gouvernement Pétain, ayant commencé à organiser la résistance dans les Bouches-du-Rhône, j'ai eu besoin de moyens de communication rapides et discrets. Vincent Delpuech me les a toujours procurés en mettant à ma disposition, sachant pertinemment dans quel but, soit son auto particulière, soit les camionnettes de livraison du *Petit Provençal.* [...] Vincent Delpuech n'a jamais hésité, bien que cela puisse être dangereux pour lui, à m'héberger à son domicile personnel qui, ainsi, a servi de lieu de rendez-vous aux agents secrets dont j'avais à diriger l'action [1]. Le procès de Riom m'a permis aussi de mettre à contribution l'inlassable dévouement de Vincent Delpuech pour la cause de la résistance. C'est en effet grâce à l'organisation matérielle du *Petit Provençal* que j'ai pu faire ronéotyper les déclarations retentissantes de Daladier et de Léon Blum, que la presse d'alors avait ordre d'étouffer à tout prix [2]. Ces exemples de faits précis, ajoutés aux nom-

1. Il semble que ce soit au domicile de Vincent Delpuech que Gouin, en mars 1941, ait rencontré pour la première fois Pierre Fourcaud, présenté par Defferre.

2. À Riom, Vichy fit juger les chefs du Front populaire, rendus responsables de la défaite.

breuses conversations particulières que j'ai pu avoir, à l'époque précitée, avec Vincent Delpuech, me permettent d'affirmer que les sentiments antivichyssois qu'il professait ne pouvaient faire l'ombre d'un doute, pas plus du reste que ses opinions nettement anti-hitlériennes. »

On est loin du « journal pétainiste et hitlérien » dénoncé dans le premier numéro du *Provençal* par les successeurs de Vincent Delpuech ! D'autant qu'après Félix Gouin, voici Max Juvenal, président du comité de libération des Bouches-du-Rhône, résistant honoré, qui vient, lui aussi, apporter son témoignage au magistrat instructeur dont dépend le sort de Delpuech. « Le 10 mai 1943, écrit Juvenal dans sa déposition, la Gestapo vint à mon domicile. Je réussis à m'échapper de justesse, mais les policiers allemands, vivement déçus, emmenèrent ma femme comme otage. » Celle-ci allaite encore un enfant de vingt-deux mois qui a été recueilli par un collaborateur du *Petit Provençal* lequel en touche un mot à son patron : « Ma femme fut relâchée après deux mois de détention, grâce à l'intervention du préfet alerté par Delpuech. »

Des dizaines de personnes font des témoignages similaires : René Naegelen, rédacteur en chef du *Populaire*, affirme ainsi que, trésorier de la résistance régionale à Marseille, il a un jour caché chez Delpuech une somme de 8 millions, en volumineux paquets de coupures de 500 francs ; Pietro Nenni, vice-président du conseil des ministres italien et chef du parti socialiste, autorise la publication d'une lettre de décembre 1941, date à laquelle, réfugié politique en France fuyant Mussolini, il avait été mis en résidence surveillée par Vichy. « Je vous remercie avec une reconnaissance infinie de la main secourable que vous m'avez tendue dans ce désolant exil dans l'exil », écrivait alors le proscrit. D'humbles résistants, des maires, des conseillers généraux, des parlementaires tous plus titrés les uns que les autres, témoignent par dizaines, défendent l'accusé. Même des passagers du *Massilia*[1], parmi lesquels André Le Troquer, Yvon Delbos, Paul Bastid[2], y vont de leur pétition :

> « Au moment où les passagers étaient dénoncés par la presse de Vichy comme des fuyards, attestent les signataires, au moment où ils étaient mis en surveillance, et menacés d'être arrêtés, Vincent Delpuech les a tous accueillis [...] Les passagers du *Massilia* expriment leur reconnaissance à Vincent Delpuech, affirment son courage en même temps que son esprit républicain et patriotique ».

Avec un tel dossier, le cas Delpuech est vite réglé : libéré au bout de quelques mois de détention, il bénéficie bientôt d'un non-lieu alors que, enhardi, il compte reprendre son bien.

C'est compter sans les nouveaux propriétaires qui ont pris la précaution de consolider leurs arrières en créant une société anonyme à participation ouvrière dénommée « Le Provençal ». Les statuts, déposés chez maître Henri Martin, notaire à Marseille, sont publiés le 7 mars, dans le *Journal quotidien des annonces judi-*

1. Le bateau *Le Massilia* avait embarqué dans le port de Marseille, après juin 40, des parlementaires et des responsables politiques qui désiraient se rendre à Alger pour continuer la lutte. Le bateau n'est finalement pas parti et plusieurs de ses passagers, dont Pierre Mendès France, ont été arrêtés.

2. Avec lequel, en 1947, Gaston Defferre se battra en duel...

ciaires et légales de Marseille et du département. Cinq personnes ont, « suivant acte sous seings privés en date à Marseille du 18 janvier 1945 », participé à la création de la nouvelle société : Francis Leenhardt, Gaston Defferre, André Cordesse, Horace Manicacci et Léon Bancal. Ce dernier, journaliste, est le premier rédacteur en chef du *Provençal.* Avant et pendant la guerre, il a été journaliste au *Petit Marseillais,* journal de droite s'il en est. Mais il a été emprisonné pour un article intitulé « Adieu Mickey » publié après l'interdiction des films américains, lors de l'entrée des Allemands à Marseille. Cela fait de lui un patriote présentable. Et, surtout, Bancal est allié à Pierre Massenet, préfet délégué à l'administration de la ville à la Libération.

Selon la lettre des statuts, Leenhardt — ce qui lui vaut d'emblée cinq actions — a apporté à la nouvelle société

> « les titres et la propriété des journaux politiques et d'informations dénommés *Le Provençal* et *Le Soir* (de Marseille) ; ensemble la clientèle d'abonnement, la collection des journaux et tous les droits, sans exception, attachés à l'exploitation de ces journaux [...] M. Leenhardt est propriétaire desdits journaux pour les avoir créés, savoir : *Le Provençal,* le 22 août 1944, et *Le Soir,* le 2 septembre 1944, en vertu d'une autorisation à lui donnée le 21 mai 1944, à Paris, par M. Teitgen actuellement ministre de l'Information, à ce moment-là responsable national désigné par le gouvernement provisoire de la République, siégeant à Alger, pour les services de presse et d'information, autorisation confirmée et étendue par le comité régional de presse et d'information dans sa séance du 9 septembre 1944. »

La société a un capital de 300 000 francs répartis en trois cents actions de 1 000 francs chacune que se partagent dix-huit actionnaires. Francis Leenhardt, Gaston Defferre, André Cordesse, Horace Manicacci et Léon Bancal ont vingt-sept actions chacun ; Suzanne, veuve d'André Boyer, Félix Gouin, Pierre Malafosse, Max Juvenal et Paul Trompette en ont chacun vingt-deux ; les soixante actions restantes ont été distribuées entre huit autres personnes. Enfin, cent autres actions, dites actions de travail, qui justifient le titre de société anonyme à participation ouvrière, sont créées [1]. Sans valeur nominale, inaliénables et incessibles, elles seront distribuées aux mandataires de la coopérative de main-d'œuvre qui fabriquera le journal. Le 17 février 1945, Francis Leenhardt est nommé président du conseil d'administration avec, à ses côtés, André Cordesse et Horace Manicacci.

Tel est le nouveau journal auquel Vincent Delpuech s'attaque. *Le Petit Provençal*, explique-t-il à l'appui de ses prétentions, était avant-guerre un journal radical ; *Le Provençal* qui lui a succédé est un journal socialiste ; la famille radicale a donc subi un préjudice en perdant l'un de ses titres parmi les plus diffusés. À cet argument s'en ajoute un autre, repris par quelques anciens du MLN mécontents de l'importance prise par Defferre au sein du parti socialiste. Selon eux, l'autorisation de paraître, donnée en mai 1944 par Teitgen, l'a été à leur mouvement et détournée au profit d'un clan du parti socialiste. En réalité, cette fameuse autorisation a été accordée non pas au MLN, mais, nominalement, à Francis Leenhardt, dont n'est mentionné que le titre de membre du comité

1. La société deviendra société anonyme ordinaire en janvier 1953.

de libération des Bouches-du-Rhône, et non l'appartenance organisationnelle. Personne, à cette époque, n'a d'ailleurs dû y voir malice.

Le préjudice subi par le parti radical n'est pas un raisonnement des plus solides, mais il vient en écho des débats parlementaires qui ont eu lieu, quelques mois auparavant, autour de la nouvelle loi sur la presse... défendue par Gaston Defferre, secrétaire d'État à l'information dans le gouvernement Félix Gouin. Avec d'autant plus de virulence qu'elle fait mine d'être désintéressée, la droite a accusé les communistes, les socialistes et le MRP d'être les principaux bénéficiaires, au détriment du parti radical, de « la course aux journaux » qui s'est engagée à la Libération. Vincent Delpuech serait l'illustration marseillaise du phénomène. En fait, ce dernier n'a avancé cet argument que pour favoriser la mobilisation à ses côtés des caciques radicaux. Pourtant ceux-ci, même s'ils lui avaient manifesté leur soutien au moment de son emprisonnement, demeurent, cette fois, plus réservés. C'est que l'affaire est politique. Aux arguments de droit que se renvoient les uns et les autres, s'ajoutent les arguments d'opportunité. Vincent Delpuech a beau appartenir à la famille radicale, Gaston Defferre est l'une des étoiles montantes du parti socialiste, parti sans lequel aucune des combinaisons politiques déjà sur le feu et auxquelles le parti radical met la main, ne peut se concocter. Il est, de plus, le fils spirituel de Félix Gouin qui est lui-même l'un des actionnaires du *Provençal*. Bref, pour l'ancien sénateur radical des Bouches-du-Rhône, l'affaire se présente mal. Les soutiens dont il avait bénéficié lors de son emprisonnement, y compris dans les rangs socialistes, lui avaient fait croire qu'il récupérerait son journal aisément. Il s'est trompé : tout le monde le lâche en rase campagne.

Et puis les accusés se défendent en publiant une note de six feuillets qui reprend point par point les arguments de Delpuech. L'autorisation de paraître donnée au MLN ? « Inexact », répondent Defferre et ses amis, elle « a été donnée, conformément à la brochure bleue qui constituait la Charte de la Presse à l'époque, à une équipe de patriotes ». D'ailleurs, ajoutent-ils, « la manchette qui a figuré dès le premier jour sous le titre, prouve bien, ce qui ne peut être contesté, que *Le Provençal* est le journal des patriotes socialistes et républicains. D'autre part, l'article de présentation le mentionne aussi ».

Surtout — et c'est là que réside la véritable contre-attaque — la note s'accompagne de fac-similés de documents saisis dans les locaux du *Petit Provençal*. Des papiers autrement plus désagréables que les arguments échangés jusque-là. L'un de ces documents est une lettre du 10 mars 1943 adressée au secrétaire général à l'Information de Vichy : « Je vous donne l'assurance, y écrit Vincent Delpuech, que *Le Petit Provençal* mettra en œuvre toute la bonne volonté désirable pour vous apporter loyalement son concours. » Une autre lettre, datée du 17 juin 1944, soit deux mois seulement avant la libération de Marseille, est signée du commandant Musquere, inspecteur régional de la LVF, qui remercie « M. le sénateur Delpuech » d'avoir bien voulu « insérer nos slogans dans vos journaux » et lui en envoie une nouvelle fournée pour la semaine du 19 au 24 juin. « Pour une France propre débarrassée des juifs et des francs-maçons ; Pour le triomphe du national-socialisme ; Pour la défaite des démocraties judaïques [1] » sont quelques-uns des mots d'ordre proposés à

1. C'est-à-dire l'Angleterre et, surtout, les États-Unis.

la publication. Un autre document, enfin, fait état d'une pressante intervention faite par Vincent Delpuech auprès d'un entrepreneur chargé de travaux pour les Allemands : il s'agissait de sous-traiter une partie des travaux à une maison amie. La conclusion est évidente : collaborateur, Vincent Delpuech était de plus un affairiste douteux.

En fait, très vite, la polémique s'essouffle. Personne n'a intérêt, et surtout pas ceux qui ont apporté leur appui à Delpuech lorsqu'il était emprisonné pour collaboration, à ce que ce déballage continue. Dieu seul connaît les documents que Defferre et ses hommes ont encore saisis dans les bureaux du *Petit Provençal*. La prudence commande de faire retraite. L'on s'accordera donc pour dire que l'ancien sénateur, s'il n'a pas été un résistant de la première heure (ni même de la seconde) n'a pas été pour autant un collaborateur frénétique. Il a fait comme beaucoup : il a tenté de survivre en finassant entre des exigences contraires. Cette morale tirée, il est temps de passer à autre chose.

Seule une minorité socialiste opposée à Gaston Defferre continuera la bataille sur le terrain de la presse. Non sans suite dans les idées, une fraction du parti socialiste marseillais, mécontente de la façon dont elle est traitée dans *Le Provençal*, reprochera, quarante ans plus tard, aux héritiers de Defferre d'avoir enlevé le journal au parti socialiste qui en avait reçu le dépôt à la libération. Ce qui est tout aussi inexact que l'autorisation de paraître donnée au MLN mais témoigne de la qualité de l'enjeu représenté par *Le Provençal*.

Quant à Vincent Delpuech, une transaction viendra finalement éteindre ses exigences. Il sera, quelques années plus tard, discrètement indemnisé par les propriétaires du *Provençal* qui ont préféré ne pas profiter de la loi dite de « transfert et dévolution » votée finalement le 11 mai 1946. Le montant de l'indemnisation versée à Vincent Delpuech ne sera pas rendu public, mais selon André Cordesse, beau-frère de Gaston Defferre, *Le Provençal* aurait réglé à Delpuech la somme de 120 millions de francs, soit 12 millions au comptant et le reste sur dix ans [1]. De nombreuses palabres auront été nécessaires pour régler ce dossier. Pour amadouer, éloigner de Marseille et, surtout, ligoter l'ancien propriétaire du *Petit Provençal*, Defferre envisagera même de le faire élire sénateur de la Seine avec l'appui officiel du parti socialiste. Il n'en a nul besoin : Vincent Delpuech se fera facilement élire sénateur des Bouches-du-Rhône, en comptant sur ses amitiés radicales [2].

Le règlement final de cette délicate affaire n'a pas dû, cependant, se faire au détriment du sénateur radical puisqu'en 1964, candidat à la candidature pour l'élection présidentielle, Gaston Defferre installe son quartier général dans des locaux parisiens de la place de l'Opéra gracieusement fournis par... Vincent Delpuech.

1. Philippe Alexandre, *op. cit.*, p. 74.
2. À l'occasion de la campagne électorale, Vincent Delpuech réunira en brochure tous les témoignages de moralité recueillis lorsqu'il était sous les verrous et affirmant qu'il avait eu une honorable conduite durant l'Occupation.

Pierre Ferri-Pisani

Il a vraiment bien belle allure dans son uniforme, le lieutenant de Barbarin. Belle allure et, aussi, l'estomac sacrément noué, planté là sur l'aérodrome de Marignane où un Dakota de la Royal Air Force vient de le déposer. Autour de lui, entre quelques méchants hangars de béton et des montagnes de matériels, s'activent les appareils américains, britanniques et français. Marseille est certes libérée mais la guerre n'est pas terminée pour autant. On se bat encore en France, dans l'Est, où poussent les armées alliées venues de Normandie et de Provence. On se bat encore au Nord, entre la Belgique et la Hollande, sur le Rhin où sont déployées les troupes britanniques de « Monty ». Et l'on continue à se battre en Europe centrale où les armées soviétiques avancent inexorablement.

En cet automne 1944, le lieutenant de Barbarin, née Marie-Antoinette Swaters, rentre de guerre. Plus exactement, Marie-Antoinette Swaters de Barbarin, dite Paly, lieutenant des services de santé du 21ᵉ groupe d'armées du maréchal Montgomery, profite de la semaine de permission qui vient de lui être accordée à titre exceptionnel. Au terme de celle-ci, le lieutenant de Barbarin devra rejoindre son unité stationnée à Anvers, Belgique. Mais ce n'est pas la perspective de ce retour qui rend l'officier anxieux au moment où il monte dans la voiture de la RAF venue l'attendre. Non, le lieutenant pense qu'elle s'apprête à revoir le fils et le mari quittés trois bonnes années auparavant. On aurait l'estomac noué à moins...

Paly — c'est ainsi que, depuis l'enfance, tout le monde l'appelle — a quitté Marseille durant l'automne 1941. Elle se rendait à Lisbonne, au Portugal épargné par la guerre, les valises pleines de papiers que des résistants belges réfugiés à Marseille lui avaient demandé de faire parvenir à Londres. Une fois rendue à destination, elle n'a pu rentrer : le consul de Belgique l'a prévenue que les Allemands commençaient à s'intéresser à elle. Elle a rejoint Londres et s'est engagée dans l'armée britannique, laissant à Marseille un mari, Landry de Barbarin, riche héritier de la célèbre famille Paquet, et un fils qui n'a pas dix ans.

Conduite peu conformiste, mais Paly ne l'a jamais été.

Elle est née en 1906, à Bordeaux, de parents hollandais qui habitent la Belgique. Le père, riche bourgeois catholique d'Utrecht, a fait fortune aux Indes en y créant une chaîne de pharmacies. La mère est également hollandaise, mais protestante. Le ménage Swaters vit de ses rentes et voyage. La jeune Paly, elle, court les couvents successifs où ses parents entendent lui faire donner une éducation mais d'où son indiscipline la renvoie très régulièrement.

Un jour, dans une élégante station suisse de ski, elle a rencontré un jeune homme, Landry de Barbarin, qui lui a aussitôt fait une cour assidue. Il est riche, nonchalant, est le petit-fils de Nicolas Paquet, fondateur de la compagnie de navigation du même nom, prestigieuse institution marseillaise. Landry de Barbarin demande la jeune fille en mariage. Cette dernière refuse, hésite, finalement accepte. La voilà à Marseille, dans un milieu collet-monté, elle, la fille du Nord au non-conformisme incoercible. Les Marseillais qu'elle fréquente sont très riches, ont de magnifiques voitures et vivent dans de luxueux appartements emplis d'œuvres d'art ; leurs femmes portent de somptueuses robes mais les domestiques sont mal payés et, par souci d'économie, il n'y a pas de chauffage dans les toilettes.

Lorsque la guerre éclate, la bourgeoisie marseillaise se met en veille. Elle est, dans sa grande majorité, pétainiste, parfois pire, rarement anti-nazie et, plus rarement encore, révoltée au point de prendre des risques physiques dans des actions de résistance inconsidérées. Paly de Barbarin — un fils, Christian, lui est né entre-temps — n'a pas de ces indifférences. Est-ce parce qu'elle a vu ses compatriotes belges échouer à Marseille, poussés par les bombardements des stukas allemands, qu'elle a ressenti plus violemment les événements ? En tout cas, elle s'engage. En 1941, pour arranger une délicate affaire en faveur de résistants belges, il a fallu faire appel à un avocat. On lui a recommandé Gaston Defferre qu'elle a alors rencontré pour la première fois. L'homme est séduisant et efficace. Il ira plaider son affaire à Vichy. Il la reverra et lui fait une cour à la fois soutenue et distante. Landry de Barbarin s'en amuse : sa femme n'est plus, depuis longtemps, que son amie. Le ménage a pris ses arrangements et vit en bonne cohabitation. Elle reverra une fois encore Gaston Defferre à Londres, en 1943, lorsque celui-ci, clandestin, y passe avant de s'envoler vers Alger.

Et la voilà, après Londres et le débarquement, après les combats sur les frontières du Nord, à nouveau marseillaise. Son milieu s'apprête à fêter en sa personne le courage qu'il n'a pas eu. Comme pour exorciser ses propres tiédeurs alors que la barbarie recouvrait le pays.

Son mari l'a prévenue :

— Ton ami Gaston, tu sais, il est devenu un personnage important.

— Je vais aller le saluer à la mairie.

— Il ne te recevra pas.

Elle y est allée, en uniforme, et Gaston l'a aussitôt reçue. Ses premières paroles ont été pour lui dire qu'il était désormais séparé de sa femme, Andrée Aboulker. Arrière-pensées ou confidence douloureuse faite à une amie que l'on retrouve ? Au bout d'une semaine, Paly de Barbarin est repartie à la guerre. Elle n'a été démobilisée qu'en 1945.

Important, Gaston Defferre l'est certainement en cette année 1945. Il est directeur politique d'un grand quotidien, *Le Provençal* [1], fait office de maire en présidant la délégation municipale qui administre Marseille, est membre de l'Assemblée consultative qui assure l'intérim du Parlement, sera bientôt élu député aux deux Assemblées nationales constituantes qui la remplaceront. Coïncidence de la vie politique, il côtoie à l'Assemblée consultative Andrée Aboulker, son ancienne épouse, l'une des seules douze femmes qui la peuplent, ainsi que José Aboulker, nouveau compagnon d'Andrée. Comble d'ironie, André Baron, premier mari d'Andrée Aboulker et gouverneur des Indes françaises rallié à de Gaulle, a également manqué y sié-

1. Horace Maniccacci en est officiellement le directeur; Francis Leenhardt est président-directeur général de la société.

ger, au titre de la France d'outre-mer. En apprenant sa possible nomination, Andrée Aboulker, qui se voyait mal entourée de ses trois maris successifs, est intervenue — avec succès — auprès de Maurice Schumann pour l'empêcher.

Marseille n'a plus de maire depuis le 20 mars 1939. Ce jour-là, par décret-loi signé d'Édouard Daladier, la ville a été mise en tutelle et sa gestion confiée à un administrateur nommé par le gouvernement. Le maire, Henry Tasso, entre-temps élu sénateur, a été purement et simplement débarqué, n'occupant plus que la place honorifique de président d'un conseil municipal sans pouvoirs. C'est l'épilogue d'un drame survenu cinq mois plus tôt, le 20 octobre 1938, lorsqu'un gigantesque incendie a détruit les Nouvelles Galeries, grand magasin de la Canebière, faisant soixante-treize morts et des dizaines de blessés.

L'incendie s'est développé alors que de l'autre côté de l'avenue, au Grand Hôtel et à l'Hôtel de Noailles, sont descendus les chefs du parti radical qui tient congrès à Marseille. Ils sont tous là pour observer, à l'abri des vitres de leur chambre, la catastrophe : le président du conseil, Édouard Daladier, le ministre de l'Intérieur, Albert Sarraut, le président de la Chambre, Édouard Herriot. L'aristocratie politique du pays est témoin de l'impéritie des services municipaux et des pompiers rapidement débordés par la situation. Il n'y a pas suffisamment de pression et il faudra aller chercher l'eau dans le Vieux-Port, à plusieurs centaines de mètres de là ! Marseille sera toujours Marseille. Victime de sa légende autant que de son sous-développement, la ville est, cinq mois plus tard, sanctionnée par Paris, mise en liberté surveillée.

C'est pourquoi, à la Libération, Gaston Defferre

deviendra président de la délégation municipale et non maire. La guerre a empêché que Marseille retrouve un véritable conseil municipal. Elle n'en a conservé qu'un ersatz. Il faudra attendre 1946 pour que des élections municipales ordinaires lui redonnent un statut commun.

En 1945, s'organisent également les premières élections parlementaires d'après-guerre. Il s'agit de remplacer l'Assemblée consultative provisoire, mise en place à Alger, alors que le pays n'était pas encore libéré, et de désigner les députés qui élaboreront la future constitution. À l'intérieur du parti socialiste marseillais, la consultation va être l'occasion d'une bataille politique d'une rare violence, un combat qui équivaut à l'acte de fondation du defferrisme.

Le vaincu a plus qu'un nom, du renom. Pierre Ferri-Pisani — c'est de lui qu'il s'agit — est en effet l'un des « anciens » de la SFIO, l'une de ses figures emblématiques d'avant-guerre, conseiller municipal et premier adjoint d'Henry Tasso. Il était surtout secrétaire général du syndicat des inscrits maritimes, représentant incontesté de ces ouvriers du port au rythme duquel vit toute la cité. Ferri-Pisani habite la rue Forbin, artère qui donne sur la place de la Joliette, là où le port prend sa respiration. Dans la même rue sont installés les locaux du syndicat. En 1936, comme tous les ports de France, celui de Marseille s'est mis en grève. Le mouvement a tenu vingt-six jours de plus que partout ailleurs. Ferri-Pisani en est encore tout fier.

La politique marseillaise est pour lui secondaire. Il a un moment suivi Simon Sabiani, lorsque le tribun populiste hésitait entre l'ultra-gauche et le socialisme traditionnel, mais il s'en est séparé lorsque ce dernier a dérivé vers l'extrême droite. Sabiani a rejoint le PPF de Doriot; Ferri-Pisani est resté dans la « vieille » maison; le combat politique les a ensuite durement opposés. C'est notamment Ferri-Pisani qui a recruté sur les docks les costauds nécessaires pour lutter contre l'intimidation des bandes de Sabiani. À cette occasion il a fait la connaissance d'Antoine Guerini, futur « gros bonnet » du banditisme, l'a embauché avec ses hommes de main, parmi lesquels Jo et Noël Renucci ainsi qu'Antoine Palmacio tous promis, comme leur patron, à un beau destin de truand [1]. L'amitié entre Antoine Guerini et Pierre Ferri-Pisani ne se démentira jamais : pendant la guerre, dans la résistance, le premier sera aux côtés du second; après la Libération, il le suivra dans ses activités syndicales largement dominées par la guerre froide et le combat anti-communiste.

Pierre Ferri-Pisani a été déporté à Buchenwald. En avril 1943, les Allemands l'ont arrêté alors qu'en compagnie de quelques camarades socialistes il animait un réseau de renseignement fournissant à Londres de précieuses indications sur les mouvements dans le port de Marseille. Grâce à ses nombreuses amitiés dans le monde des marins, Pierre Ferri-Pisani apportait de l'aide à beaucoup de gens recherchés par la police ou par la Gestapo. C'est d'ailleurs en tant que leader syndicaliste qu'en novembre 1941, il avait été approché par Yvon Morandat qui, parachuté par Londres, avait

1. Lié à Lucky Luciano, l'un des chefs de la Mafia américaine « exilé » en Italie, Jo Renucci devait faire parler de lui à propos de nombreuses affaires criminelles de l'après-guerre. Il est mort dans son lit en 1958. Antoine Guerini est mort le 23 juin 1967 dans une station-service marseillaise, abattu dans un règlement de compte par deux hommes à moto, selon une méthode qui allait faire recette. Après avoir mis leurs talents au service du parti socialiste, Renucci et Guerini avaient travaillé pour les gaullistes.

mission de nouer des liens dans les milieux du travail. Ferri-Pisani est tout naturellement entré en contact avec Léon Jouhaux et, par lui, participe au mouvement « Libération-Sud ».

En juillet 1942, Vichy, qui le tient pour le responsable de la manifestation patriotique du 14 juillet, avait déjà tenté de le mettre en résidence forcée. Comme dans plusieurs autres grandes villes de zone occupée, des milliers de Français, à l'appel de la radio de Londres, avaient ce jour-là arboré les trois couleurs sur leurs vêtements. À Marseille, un cortège, estimé à quinze mille personnes, s'était écoulé vers la mairie en chantant l'hymne national ; les hommes de Sabiani avaient tiré, tuant deux personnes et faisant plusieurs blessés. Le 17 juillet, une masse encore plus imposante avait défilé sur les tombes des victimes[1].

Ferri-Pisani, officiellement assigné à résidence à Pélisanne, était en réalité allé s'installer dans une tranquille maison de Marseille, derrière la gare de la Blancarde, où des membres de son réseau avaient établi leurs quartiers. Odette Fabius, son amie, était parmi eux.

Parisienne réfugiée à Marseille, elle a un moment travaillé au sein du réseau « Alliance ». Mais, dit-elle, on l'y a mal employée et elle a décidé de changer de groupe. Avec d'autres membres du réseau, elle a rejoint Ferri-Pisani. Elle qui, avant-guerre, appartenait à la haute bourgeoisie juive fréquente maintenant, toujours habillée de ses tailleurs Lanvin, de frustes marins corses et les mauvais garçons qui font l'entourage ordinaire du chef syndical. Quarante ans plus tard, elle

1. Henri Noguères, *op. cit.*, tome 2.

décrit le patriotisme des Guerini et dit encore la fascination trouble qu'ils lui ont inspirée[1].

En avril 1943 elle est arrêtée en même temps que Ferri-Pisani et plusieurs de ses camarades. Elle sera déportée à Ravensbrück, en reviendra.

Ferri-Pisani, lui, est à peine revenu de Buchenwald que commence la campagne électorale des élections législatives d'octobre 1945. Après la Libération, pendant de longs mois, personne à Marseille n'a su s'il était mort ou vivant. En 1945, lorsque les Russes libèrent le camp où il se trouve, on apprend qu'il a survécu, ainsi que Calvelli, Secco et Bardini, tous anciens responsables du parti d'avant-guerre. Transporté à Prague, Ferri-Pisani est bientôt rapatrié à Marseille. Il est vivant mais fortement diminué : il a perdu partiellement l'ouïe, pèse quarante-quatre kilos, a sombré dans une profonde dépression.

Tant que son sort était incertain, son nom était vénéré comme une relique. Son fils Charles se souvient qu'adolescent supposé orphelin, on le tirait aux cérémonies, exhibé entre Gaston Defferre et Francis Leenhardt. Il était le trait d'union entre l'ancien et le nou-

1. Cf. Odette Fabius, *op. cit.* Contrairement à Carbone et Spirito avec lesquels, pourtant, ils étaient en relation d'affaires (et même parfois un peu plus), les frères Guerini ont eu durant la guerre une attitude anti-allemande nette, tempérée parfois par un certain opportunisme commercial. « Mémé » a ainsi a été décoré de la croix de guerre avec étoile d'argent pour sa contribution à la Résistance, et, notamment, sa participation aux combats de la libération de Marseille ; Antoine a caché dans ses établissements de nombreux juifs et apporté de l'aide à des résistants en fuite. Ce sont notamment les frères Guerini qui ont fourni les armes qui ont permis de libérer une trentaine de résistants de la prison d'Aix, parmi lesquels plusieurs communistes. La légende marseillaise raconte aussi — mais elle est souvent bien informée — qu'un officier allemand qui s'était aventuré seul dans un bar contrôlé par les Guerini fut éliminé. Son cadavre, qui n'a jamais été retrouvé, aurait été brûlé dans une grotte de La Ciotat.

veau parti socialiste, le symbole de l'indéfectible unité entre l'ancienne et la nouvelle génération. Par sa présence, il transmettait aux seconds l'héroïsme des premiers. Mais après le retour de Ferri-Pisani, la musique va changer de ton !

C'est que la parenthèse de la guerre refermée, la cuisine interne du parti socialiste reprend tous ses droits. Beaucoup de socialistes apprécient peu l'espèce d'OPA qu'ont fait Gaston Defferre et ses amis sur le parti. Ils n'ont jusque-là pas trop rien dit. Mais Ferri-Pisani rentré, ils voient l'occasion de hausser le ton en se groupant derrière un porte-parole prestigieux.

Avant-guerre, lui disent-ils, le patron du *Provençal* n'était qu'un obscur secrétaire de section ; après avoir bousculé toutes les traditions il est aujourd'hui potentiellement maire, ambitionne d'être député, a des vues manifestes sur le parti. Qui l'a fait roi, celui-là ? Où s'arrêtera son ambition ? Surtout, Gaston Defferre ne respecte aucun des anciens, montre un goût prononcé pour l'autoritarisme et un solide mépris pour le compromis. Reproche prononcé un ton plus bas : il n'est même pas franc-maçon, cette mystérieuse maison à laquelle appartiennent tant de responsables de la vieille SFIO et que Gaston, d'un ton méprisant, désigne sous le nom douteux de « carlingue ». Ainsi étaient appelés les truands qui, durant la guerre, s'étaient mis au service de la Gestapo [1].

Les anciens ont vite fait de persuader Ferri-Pisani de monter en ligne contre l'ambitieux. Le chef syndicaliste n'est en réalité pas chaud. Mais il est poussé par la majorité des cadres locaux du parti, ses amis d'avant-

1. Selon certaines sources, Defferre aurait à trois reprises demandé à être initié, mais il aurait à chaque fois été écarté.

guerre, les élus, maires, conseillers généraux. Et puis l'ancien conseiller municipal n'a guère apprécié la façon dont a été traité Vincent Delpuech, son ami, dépossédé de son journal et jeté en prison. Vincent, Ferri-Pisani l'affirme, a fait de la résistance, lui a même apporté son aide avant son arrestation. Il ira donc à la bataille.

Le prétexte en est vite trouvé : la constitution des listes pour l'élection législative. Les pronostics les plus optimistes ne donnent que deux députés pour le parti socialiste. Gaston Defferre veut être tête de liste, ce que personne, compte tenu de son rôle dans la Résistance, n'ose lui contester. Mais il entend également que la seconde place soit attribuée à Francis Leenhardt, Lionel [1], son compagnon. Magnanime, il consent à laisser la troisième place à Pierre Ferri-Pisani lequel, évidemment, ne veut pas en entendre parler. Il exige la deuxième place avec, derrière lui, tout le poids de son histoire, celui des traditions marseillaises et le soutien de la grande majorité des cadres de la fédération.

La bagarre va être d'une violence inouïe et tout Marseille va en être le témoin, les protagonistes s'attaquant à coups de communiqués de presse et même d'affiches apposées sur les murs. C'est comme une scène de ménage qui se déroulerait sur la place publique !

D'après les statuts, ce sont les militants qui désignent les candidats du parti aux élections. L'histoire de la SFIO, néanmoins, enseigne que cette règle n'a pas toujours été scrupuleusement respectée. À Marseille et ailleurs, souvent le responsable désigne et le militant

---

1. Pendant les premières années de sa vie politique, Francis Leenhardt gardera son pseudonyme de la Résistance sous lequel, au début, tout le monde le connaît.

de base, fidèlement, entérine. Il en était ainsi avant-guerre ; il en sera de même après, sous Gaston Defferre qui, en cette matière, a pris facilement exemple sur ses prédécesseurs. Quand le parti est rangé unanimement derrière son chef, l'application de la coutume au détriment de la lettre des statuts ne soulève guère de difficulté. Mais quand la division s'installe, les statuts deviennent le premier point d'application du différend politique. Chacun fait appel à eux, en souligne telle phrase et en commente le sens pour montrer que l'adversaire est dans son tort. La casuistique peut être aussi une vertu laïque. On le verra, une fois encore, quarante ans plus tard, lorsque Gaston Defferre s'opposera à Michel Pezet sur la lettre des statuts, à propos de l'incompatibilité des fonctions de premier secrétaire avec celles de député.

À ne s'en tenir qu'à la règle familière de la majorité, Gaston Defferre, en ces jours troublés de 1945, est vraisemblablement perdant. Les cadres marseillais du parti font bloc contre lui et appuient Ferri-Pisani. Et les militants ? Le décompte est ici plus délicat. Qui est membre du parti ? Qui ne l'est pas ? Dans la pagaille qui a suivi la guerre, le recensement des effectifs n'a pas été la tâche prioritaire. Aux réunions convoquées pour désigner les candidats à l'élection assistent d'anciens socialistes, de nouveaux socialistes, des curieux et des gens aux objectifs indéterminés. Un indescriptible désordre non exempt de tension y règne. La guerre n'est pas loin et chacun traîne derrière soi des hommes armés, encore peu habitués aux contraintes de la paix. Un jour, à l'une de ces assemblées, un gaillard à l'aisselle gonflée par le pistolet qui y est rangé, prend à partie Defferre, sort son arme et la lui met sur le ventre. Le futur maire de Marseille, que les menaces excitent plus qu'elles ne l'intimident, écarte le bras de son agresseur et hausse les épaules : « Les Allemands n'ont pas réussi à m'impressionner, ce n'est pas toi qui vas y arriver », lâche-t-il avant de s'éloigner.

Les coups sont parfois plus subtils. Selon la même méthode qu'il utilisera en rendant publics des documents compromettants sur Vincent Delpuech, Gaston Defferre fait publier une affiche à l'intitulé audacieux, aussitôt placardée sur les murs de la ville : « Ferri-Pisani, collaborateur de Vichy. » L'affiche reproduit un décret signé, le 20 septembre 1940, par Philippe Pétain et Marcel Peyrouton, secrétaire d'État à l'Intérieur. Aux termes de ce texte, une délégation spéciale chargée d'administrer la ville, en l'absence d'un conseil municipal, est installée à la mairie de Marseille. La mesure n'est que la suite de la décision prise, en mars 1939, par Daladier à la suite de l'incendie des Nouvelles Galeries. Le décret comporte trois articles :

> « Art. 1er — Le conseil municipal de la commune de Marseille (Bouches-du-Rhône) est suspendu jusqu'à la cessation des hostilités.
> Art. 2 — Il est institué dans la commune de Marseille une délégation spéciale habilitée à prendre les mêmes décisions que le conseil municipal et ainsi composée :
> Président : M. Canavelli ;
> Membres : MM. Ferri-Pisani, le Docteur Ribot, Marius Dubois, Charles Vidal ;
> Art. 3 — Le préfet des Bouches-du-Rhône est chargé de l'exécution du présent décret qui entrera immédiatement en vigueur ».

Réunis à l'hôtel de ville le 26 septembre 1940, à 16 h 30, les membres de la délégation spéciale, après lecture du décret, ont été installés dans leur fonction.

On peut reprocher à Ferri-Pisani d'avoir manqué de discernement politique en acceptant de participer à une structure mise en place par Vichy. Mais, après tout, la délégation spéciale était composée d'anciens conseillers municipaux de toutes provenances ; surtout, Marseille demeurait en zone non occupée, métropole d'un État français aux références idéologiques peu sympathiques mais dont la logique de l'évolution était loin d'apparaître aux yeux du plus grand nombre. La grande majorité des parlementaires, et, parmi eux, la grande majorité des parlementaires socialistes, n'avaient-ils pas accordé à Philippe Pétain les pleins pouvoirs ? À tout prendre, cette affaire n'était de la part de Ferri-Pisani qu'une maladresse bénigne, comparable à celles que commettront de prestigieux résistants qui ont commencé par « collaborer » avec le régime de Pétain avant de se lancer dans un combat sans merci contre l'occupant et ses complices vichyssois.

Désigner sans nuance Ferri-Pisani comme collaborateur de Vichy pouvait avoir l'avantage de lui faire porter la responsabilité des turpitudes ultérieures du régime. Il n'est néanmoins pas sûr que cette affiche ait emporté la conviction des socialistes et, surtout, celle des Marseillais invités à publiquement trancher le différend. Ferri-Pisani, personne ne l'ignorait, venait de rentrer de déportation. Il était dans ces conditions difficile, voire maladroit, de suggérer qu'il avait été l'un de ces collaborateurs que les tribunaux étaient en train de juger par fournées, l'un de ces criminels dont les agissements, souvent horribles, s'étalaient dans les comptes rendus de presse de l'époque.

L'affiche aura au moins pour conséquence de radicaliser le débat. Tout le monde en est désormais convaincu : la bataille se mènera jusqu'à la mort de l'adversaire, en utilisant tous les coups. Attaqué sur son passé, Ferri-Pisani réplique en dénonçant « l'affairisme » de son concurrent. Victor Hugo est appelé à la rescousse : « Bon appétit, messieurs ! » proclame une nouvelle affiche qui, cette fois, attaque Gaston Defferre. N'y figurent que les noms de Defferre et de ses proches, avec, pour seuls commentaires, quelques-uns de leurs titres :

« — Gaston Defferre : membre de l'Assemblée consultative, président du conseil municipal de Marseille, membre de la commission d'exploitation du port de Marseille, co-propriétaire du *Provençal*, co-propriétaire du *Soir* [1].

— Mme G. Defferre (née Aboulker) : membre de l'Assemblée consultative.

— M. Aboulker : beau-père de M. Defferre, membre de l'Assemblée consultative.

— Cordesse (beau-frère de M. Defferre) : huilerie Rabateau, huilerie à Nice ; vice-président de la chambre de commerce ; membre de la commission d'exploitation du port de Marseille ; administrateur du *Provençal* et du *Soir*.

— Lionel (gendre de M. de Roux des établissements Rocca, Tassy, de Roux) : huilerie ; co-propriétaire du *Provençal*, co-propriétaire du *Soir*.

— Horace Manicacci : ancien préposé d'octroi,

1. Il s'agit de l'édition vespérale du *Provençal*.

directeur du *Provençal*, co-propriétaire du *Soir*; suppléé dans ses fonctions politiques par le socialiste bien connu Léon Bancal, ex-porte-plume de Jean-Gaillard Bourrageas. »

Ce nouveau texte contient une erreur biographique — Aboulker n'est pas le beau-père de Gaston Defferre, mais le nouveau mari d'Andrée Aboulker — mais ce n'est là que détail. L'essentiel est de laisser croire que la ville va être livrée à une bande de requins sans scrupules, disposant, d'autres affiches le répéteront à l'encan, de la « puissance journalistique » que leur confère la propriété de deux journaux, « dont ils ont fait déloyalement leur propriété personnelle ».

Ce dernier argument, reçu non sans écho, vient en résonance avec celui avancé par Vincent Delpuech qui, au même moment, tente de reprendre le contrôle de son journal. Mais il faut croire que c'est le reproche d'affairisme qui risque de porter puisque c'est sur ce terrain que Defferre réplique aussitôt par une campagne dans laquelle il retourne le compliment. Nous ne sommes pas des hommes d'argent, y déclare-t-il en substance ; en revanche Ferri-Pisani et les siens sont les représentants des douteuses « mœurs du passé », les restaurateurs d'un « néo-sabianisme » qui n'ose pas dire son nom, des complices de Vichy, des nostalgiques « de la politique d'avant-guerre, vomis par la population ». Le combat de Defferre est une œuvre de « salubrité publique ».

« Lionel, proclame l'une des affiches éditées à cette occasion, que pas plus que [*sic*] Gaston Defferre personne n'arrivera à faire passer pour un affairiste est depuis quinze ans le gérant d'une modeste maison familiale de commerce avec les colonies, dont il a maintenu les traditions proverbiales d'honnêteté. Il a agi par idéal, au mépris de son intérêt personnel [...] Marseillais de vieille souche, il a voulu livrer dans sa ville natale [...] la bataille de la propreté si conforme à l'idéal de la Résistance dont il fut un des animateurs. »

Quant à Horace Manicacci,

« il a travaillé dans la clandestinité pour la reconstruction du parti à une époque où d'autres travaillaient pour Vichy. Le Journal *Le Provençal* est la création d'une équipe de résistants [...] Jamais il n'a été un journal d'affaires ».

Flanc gauche du capitalisme d'un côté ! Avant-garde des truands de l'autre ! Les arguments volent bas et dru. La tension est extrême et Gaston Defferre en bien mauvaise posture. Dix secrétaires de section sur douze soutiennent Ferri-Pisani ; la quasi-totalité du bureau fédéral, emmenée par François Filippi, secrétaire fédéral des Bouches-du-Rhône, fait de même ; des élus, conseillers généraux ou municipaux, se rangent derrière lui. Mais Gaston a l'oreille de Paris. À sa demande, la direction nationale de la SFIO envoie un émissaire chargé de faire rapport. Jules Moch arrive à Marseille, écoute les uns et les autres, et rend un diagnostic... favorable à Gaston Defferre. Le 4 octobre 1945, soit trois semaines à peine avant les élections, la fédération des Bouches-du-Rhône du parti socialiste est dissoute et Gaston Defferre chargé de la reconstruire. Les ferri-pisanistes, aussitôt, tiennent conclave rue Grignan, dans le local de la fédération. À vrai dire ils occupent des locaux qu'ils entendent bien ne jamais rendre à l'usurpateur. Ils manquent cependant du professionnalisme dont leur adversaire est déjà tout pétri : au bout de trois jours, alors que chacun est rentré chez soi faire un brin de toilette, Gaston Defferre fait investir par la police les locaux vides et récupère les lieux. C'est sans doute une première : la police intervient pour trancher un conflit politique d'ordre privé, alors même qu'aucun tribunal n'a été saisi du différend ! Les ferri-pisanistes ont beau être accusés de trop fréquenter les truands, ils ont fait preuve d'une belle candeur en oubliant que leur adversaire, ancien chef de la Résistance et patron de la mairie, avait su se ménager des appuis à la préfecture. À l'évidence aussi, ils ont sous-estimé la détermination de Defferre décidé coûte que coûte à briser la résistance de ses rivaux.

L'occupation par la police des locaux de la fédération ne laisse aux ferri-pisanistes d'autre réplique que la manifestation de leur indignation.

> « Alors qu'à l'heure actuelle, le bureau fédéral n'est pas encore informé officiellement de sa destitution, proclame une nouvelle et dérisoire affiche signée du secrétaire fédéral et de ses principaux adjoints, il [Defferre, ndlr] en a profité, il y a déjà huit jours, grâce à des complicités que nous dénoncerons, pour faire occuper par la police, les locaux de la fédération et en faire expulser les militants indignés [1].
> **Voilà exactement les faits.**

1. Indignés, les militants l'étaient sûrement, mais à postériori : le bureau fédéral omet pudiquement d'indiquer que ses troupes avaient déserté les lieux lorsque la police y est arrivée.

Quelques égarés les suivent, intimidés par la puissance de ces individus.
Les socialistes, les vrais, ceux qui ont fondé le parti à Marseille, ceux qui depuis des années luttent pour leur idéal, sont avec nous parce que notre cause est juste et parce qu'ils défendent les principes de démocratie qui doivent être de règle dans notre parti.
Que les timides, les faibles aillent, selon la nouvelle formule, prêter serment de fidélité à M. Defferre comme le demande le comité directeur instaurant ainsi un nouveau socialisme.
Ils y rejoindront les prébendiers, les solliciteurs, les pêcheurs en eaux troubles qui eux, trouvent à la rue de la Darse[1] les satisfactions à leurs appétits, puisqu'il y a **argent et puissance.** Quant à nous qui n'avons ni presse, ni moyens matériels, il nous restera une chose qu'eux, ont définitivement perdu : **l'honneur**. »

Un ton de vaincu. Une autre affiche suivra, proclamant fièrement que « Contre la dictature et les affairistes ! La fédération des Bouches-du-Rhône est toujours debout ! ». Ce ne sont que des mots dont Defferre n'a cure. Décidé à profiter de son avantage, il dresse une liste de candidats et se met aussitôt à démarcher les ferri-pisanistes qui peuvent être retournés. Le 25 octobre, Francis Leenhardt et lui sont élus députés à l'Assemblée constituante. Contre toute attente, leur liste obtient même un troisième élu, Irène Laure, institutrice et militante inconnue que seule

1. Il s'agit de l'adresse du *Provençal*.

l'obligation politique de présenter au moins une femme était allée chercher à Aubagne[1].

Quoique inattendu, ce résultat ne constitue pas pour autant une éclatante victoire. Exclu du parti socialiste, Ferri-Pisani a quand même présenté une liste où, à côté de petits notables du commerce, l'on retrouve des anciens conseillers municipaux et quelques résistants. Il n'a eu aucun élu, mais son score — 18 000 voix — n'est pas négligeable. Encore plus préoccupant est, pour Defferre, le score du parti communiste qui, avec quatre élus et 32 % des suffrages, devance nettement le parti socialiste qui n'a que trois élus et 26 % des voix. L'avantage du PC sur la SFIO, phénomène nouveau à Marseille, s'était déjà manifesté un mois auparavant, lors des élections cantonales. Les élections législatives confirment ce que d'aucuns avaient espéré n'être qu'accidentel. Gaston Defferre, qui avait été élu à la mairie sur une liste d'union avec le PC, se trouve dans l'obligation politique de démissionner de son poste de président de la délégation municipale et de laisser la place à Jean Cristofol, prestigieux dirigeant communiste qui vient, comme lui, d'être élu député.

Pour la SFIO marseillaise, la période qui s'achève a un goût d'amertume. Le parti est exsangue, ses militants sont déchirés en tendances adverses, ses électeurs hésitent entre lui et les communistes lesquels, coup particulièrement douloureux, viennent d'éjecter de la mairie Gaston Defferre. Ce jeune loup tout nimbé de bravoure, ne serait-il, tous comptes faits, qu'un aventurier menant le parti à sa perte ? On mesure, après ces résultats électoraux mitigés, ce qu'aurait pu être une contre-attaque de Ferri-Pisani. Mais l'homme est usé et

1. Depuis la Libération, les femmes votent.

ses troupes sans doute encore plus que lui. Gaston Defferre a vu juste : ce sont des hommes du passé.

Parce que parmi leurs fidèles figurent quelques mauvais garçons, ils ont été injustement accusés d'avoir partie liée avec les truands. Venant de Gaston Defferre, le reproche fait sourire. Après tout, les troupes levées au nom de Defferre par Louis Rossi pouvaient difficilement être confondues avec une procession d'enfants de chœur. Tout aussi secondaires sont les autres reproches. En réalité, et bien plus que les « mauvaises mœurs », les « mauvaises fréquentations », ou « l'affairisme », thèmes prétextes autour desquels s'amplifia la polémique, ce qui distingue les uns et les autres n'est autre que la Résistance.

Tout comme Gaston Defferre, Pierre Ferri-Pisani a été résistant, mais, à l'inverse de son adversaire, son horizon se limitait au port de Marseille. Bien qu'appartenant au groupe des responsables du parti socialiste, il n'a pas su mobiliser les militants pour les lancer dans la guerre, période durant laquelle la SFIO marseillaise a été inexistante. Certains de ses militants ont certes fait de la résistance, d'autres sont même passés à l'ennemi ; mais le plus grand nombre est resté démobilisé, attendant prudemment la fin de la tourmente. Quant au groupe de Ferri-Pisani, il est resté limité au cercle de ses amis, de ses compatriotes, de ses camarades du syndicat. Ses ambitions étaient nobles, mais étriquées et tardives.

Gaston Defferre, à l'inverse, s'est immédiatement lancé dans l'action. Dès 1940, il ambitionne de reconstruire le parti dissous par Vichy, prend bientôt contact avec Londres et ancre son action dans celle, plus large, de la libération du pays. À Marseille, c'est avec lui, pourtant modeste militant sans responsabilité nationale, que la direction clandestine de la SFIO prend contact, et non avec la direction en titre du parti. Toute la différence est là. Sans nul doute, Defferre a-t-il ensuite profité de ces liens dans l'épreuve pour faire pencher la balance de Paris en sa faveur [1]. Mais là n'est pas l'essentiel. Le monde de Ferri-Pisani comptait sans doute quelques brillantes et héroïques individualités ; mais elles avaient cruellement manqué aux temps les plus sombres. Si le parti communiste, à partir de 1941, s'était, tel un bloc, immergé dans la lutte contre l'occupant, cadres et militants mêlés, son homologue socialiste marseillais avait, lui, volé en éclats. Manicacci et Defferre en avaient recollé quelques morceaux qui n'avaient émergé qu'à la veille de la Libération [2].

On comprend dès lors la hargne du « petit nouveau », sa brutalité, contre les prétentions des « anciens », même si certains d'entre eux étaient loin d'avoir démérité. Non sans raison, Defferre était imprégné jusqu'à la moelle de la légitimité que lui avaient donnée la Résistance et les sacrifices douloureux consentis en son nom [3]. Son ambition et sa détermination — qui devait bientôt se transformer en autoritarisme — en avaient été décuplées ; elles l'amenèrent très vite à prendre en personne le contrôle de la fédération socialiste des Bouches-du-Rhône, soutenu par la

1. Entre autres « bonnes » relations, Defferre connaissait Jules Moch dont le fils avait appartenu au réseau Brutus.

2. « À la Libération, disait non sans sectarisme Léon David, sénateur communiste des Bouches-du-Rhône, quand nous avons voulu faire l'union avec les socialistes il a fallu aller les chercher dans les caves où ils se planquaient. » Beaucoup de communistes estimaient en revanche que Defferre, durant la guerre, avait fait « du bon travail ».

3. Sacrifices encore péniblement ressentis plusieurs années après : « Après ce que j'ai vu durant l'Occupation, disait-il parfois à ses proches, je n'ai plus vu un seul film sur l'Occupation. »

direction nationale du parti dont plusieurs membres avaient vécu les mêmes expériences [1].

Après le rejet par référendum du projet de constitution préparé par la première Constituante, de nouvelles élections eurent lieu en juin 1946. Candidat sans parti, Ferri-Pisani tenta une nouvelle fois la chance. Mais ses résultats furent nettement moins bons qu'en octobre. Mortifié, il quitta l'action politique proprement dite pour se consacrer, avec l'aide de la CIA, à la création de FO et du comité méditerranéen anti-kominform, regroupement de structures syndicales censées s'opposer à l'expansionnisme soviétique en Méditerranée. Il devait se suicider quelques années plus tard.

Le 14 septembre 1946, jour de son anniversaire, Gaston Defferre épousait Marie-Antoinette Swaters, divorcée de Barbarin [2]. Comme lors de son premier mariage, la cérémonie fut courte, sans autre assistance que celle des deux témoins, dont le secrétaire particulier du marié, Louis Noëll. Jusqu'à ce jour, les nouveaux époux s'étaient vouvoyés. À peine sorti de la mairie, Gaston dit à sa femme :

— Maintenant il faut se tutoyer.

Il ne convenait pas, en effet, qu'un dirigeant socialiste, tel un aristocrate, vouvoie son épouse.

Pour une raison similaire, il avait refusé une bénédiction nuptiale au temple. « Ça me nuirait sur le plan politique », avait-il simplement expliqué.

---

1. Sans doute aussi joua l'exaspération parisienne devant l'une de ces « salades marseillaises » — une de plus ! — dont l'avant-guerre avait été si fécond. De ce point de vue, Ferri-Pisani était handicapé par rapport à Defferre dont la responsabilité était encore vierge.

2. Son précédent mariage avec Andrée Aboulker avait été célébré un 13 septembre, veille de son anniversaire. À croire qu'il s'agit d'une manie.

La bataille du port

Tout comme 1946 avait débuté avec la démission du général de Gaulle, l'année 1947 commença avec celle de Léon Blum, éphémère président du Conseil d'une Quatrième République qui en fit grande consommation. Gaston Defferre, sous-secrétaire d'État à la France d'outre-mer, dut partir avec son patron alors que Paul Ramadier, ministre de la Justice dans le même gouvernement, occupait bientôt le fauteuil laissé vacant à l'hôtel Matignon. Il était soutenu par tous les partis, y compris par les communistes. Puis, en novembre 1947, Ramadier fut à son tour remercié. Entre-temps, il avait expulsé les communistes du gouvernement [1], s'était heurté au tout nouveau Rassemblement du peuple français (RPF) du général de Gaulle, avait envoyé des renforts pour combattre les nationalistes indochinois, avait assisté, impuissant, aux débuts de la glaciation en Europe de l'Est. Inexorablement la France s'enfonçait dans la guerre coloniale [2], subissait les pré-

1. Ces derniers, entraînés par l'ampleur de la grève de Renault, avaient, le 4 mai 1947, et après beaucoup d'hésitations, voté contre Ramadier qui jouait la survie de son gouvernement sur sa politique économique.

2. A la répression contre les nationalistes indochinois s'ajouta une répression féroce contre les partisans de l'indépendance à Madagascar.

mices de la guerre froide, voyait les partis de la Libération s'entre-déchirer.

Les grèves, telles des bulles de savon encore isolées, éclataient ici et là. On avait fait grève dans la presse, dans les ports, dans la minoterie, aux usines Renault. Après la révocation des ministres communistes, le mouvement s'élargit, atteignit la SNCF, les secteurs du gaz et de l'électricité, les mines, les services publics et les banques. Brest, Lyon, Paris furent touchés. En novembre ce fut une déferlante, les grèves gagnant la région parisienne où elles paralysèrent d'abord la métallurgie, puis, de proche en proche, tous les secteurs industriels. Sur le carreau des mines du Nord et du Pas-de-Calais la troupe s'affronta durement aux grévistes. Jules Moch, ministre socialiste de l'Intérieur, convaincu de faire face à une sédition communiste, ne lésina pas sur les moyens et y gagna une solide réputation de sabreur. Cette année-là on dénombra 2 285 grèves en tous genres et près de 23 millions de journées de travail perdues. Il fallut attendre la grève générale de mai 1968 pour faire mieux [1].

La vague était partie de Marseille. Comme souvent, ce fut un prétexte mineur qui déclencha le tonnerre : l'augmentation des tarifs des tramways. Lorsque ce jour de novembre 1947, la municipalité de Marseille, élue moins de deux semaines auparavant, vote l'augmentation du prix du billet de tram, sans doute pense-t-elle qu'il ne s'agit là que d'une saine et urgente mesure de gestion. Mal vu : aussitôt connue, la mesure déclenche des manifestations qui vont mettre le feu à une poudre qui ne demandait qu'à prendre.

1. Jean-Daniel Reynaud, *Les Syndicats en France,* Le Seuil, coll. Points, 1975.

Plus que beaucoup d'autres grandes villes, Marseille est sortie de la guerre épuisée. Sa population a durement souffert du manque de ravitaillement, son port, aux activités réduites par la guerre, étant incapable de pourvoir aux besoins de la cité. En janvier 1943, les Allemands ont dynamité les vieux quartiers de la ville, expulsant vingt mille personne. Certains habitants ont réussi à se reloger mais beaucoup, déportés Dieu sait où, ne sont jamais revenus. Puis il y a eu les bombardements des alliés, notamment celui du 27 mai 1944, encore plus dévastateur que les précédents. Trois mois à peine avant la Libération, une armada volante de superforteresses a déversé des tonnes d'acier sur la ville. Les bombardiers visaient la gare Saint-Charles, enclavée au-dessus du Vieux-Port, mais toute la ville, du sud au nord, a été touchée. Les avis les moins pessimistes parlent de 2000 morts. D'autres avancent couramment celui de 7000 morts, voire 10000. Autant de victimes qu'il a fallu retirer des décombres, dans une épouvantable odeur de mort et de sang. Le choc a été si rude qu'il a brisé net une grève générale, déclenchée quelques jours auparavant pour protester contre les difficultés de l'approvisionnement.

Après de telles épreuves, la Libération lève un immense espoir dans la classe ouvrière. Dans nombre d'usines, la production reprend sous le contrôle direct des travailleurs. Au Aciéries du Nord, profitant de la fuite de leur patron compromis dans la collaboration, les ouvriers prennent les choses en main ; aux chantiers navals de Port-de-Bouc ils décident des priorités de la production, remettent à flot les bateaux qu'ils avaient parfois, non sans douleur, eux-même sabotés. Fort de son héroïque comportement dans la Résistance, le parti communiste participe à Paris à un gouvernement

« démocratique-bourgeois » traditionnel. À ses cadres locaux, il recommande la prudence. Les consignes sont particulièrement nettes : l'heure n'est pas à la révolution mais à la reconstruction du pays. Il s'agit d'être réaliste, d'éviter ces débordements que l'on sent sourdre à la base, là où après tant d'épreuves et de misères, l'on caresse l'idée du grand chambardement.

Le parti communiste marseillais est alors à son apogée, capable de rassembler trois cent mille personnes pour assister à un meeting de Jacques Duclos et de François Billoux, ministre communiste de la Reconstruction. Ses responsables et ses militants sont partout : au comité de libération, dans les nombreuses organisations de masse nées de la résistance, dans la police où d'anciens résistants sont envoyés par le parti pour « démocratiser » l'institution, à la préfecture même. N'y dit-on pas que le commissaire de la République, Aubrac, est un communiste camouflé ?

Les communistes sont également à la mairie. Gaston Defferre s'y est bien installé en août 1944, mais en octobre 1945, balayé par de mauvais résultats électoraux, il a cédé la place au communiste Jean Cristofol. Pour le parti communiste et ses électeurs, l'élan semble ne plus pouvoir être brisé.

Jean Cristofol qui jouit d'une immense popularité est cette image d'Épinal du monde nouveau qui s'annonce. Il est né en 1902, dans une famille d'ouvriers agricoles des Pyrénées. Il avait deux autres frères. Le premier a été éventré par un taureau ; le second est né de l'autre côté de la frontière espagnole, là où son père était allé quêter un misérable travail. Lui, par peur d'être traité de lâche et d'Espagnol, s'est engagé à seize ans, volontaire pour aller au front. Encore soldat après novembre 1918 il participe à l'occupation de la Ruhr. À son retour, il réussit le concours des douanes qu'il a préparé sous l'uniforme. Pour ce fils de quasi-esclave agricole, c'est la consécration sociale.

Douanier dans le Nord, puis à Port-de-Bouc, il milite activement dans le mouvement syndical, devient communiste en 1933, est révoqué en 1934 après les grèves menées pour défendre la République contre les ligues d'extrême droite. Deux ans plus tard, une belle revanche, le Front populaire l'envoie siéger à l'Assemblée nationale, en même temps que François Billoux avec lequel d'ailleurs, discrètement mais définitivement, il ne s'entend guère. Député mais, surtout, ancien des douanes, Cristofol, grâce à ses contacts professionnels, monte les premières filières d'aide aux républicains espagnols. Arrêté en 1939, après l'interdiction du parti communiste, il est condamné en 1940 à cinq ans de prison pour reconstitution de mouvement dissous. Lorsque les Allemands, quelques semaines plus tard, enfoncent le front et envahissent le pays, les prisonniers communistes sont transférés vers une prison algérienne. Sans doute cette mesure lui sauvera-t-elle la vie. Libéré en 1943, trois mois après le débarquement des Américains en Afrique du Nord, il rentre à Marseille avec les troupes françaises de Montsabert, immédiatement propulsé à la tête du conseil régional de libération. Quatorze mois plus tard, il remplace Gaston Defferre comme président de la délégation municipale qui fait office de conseil municipal.

De nouvelles élections municipales, en décembre 1946, le confirment à la mairie. La campagne a été particulièrement âpre. Les socialistes, divisés par l'affaire Ferri-Pisani, subissent une sévère défaite et sont distancés par les communistes. Gaston Defferre, blême et résigné, devra faire voter les élus socialistes pour Cristofol. Pour la bonne société marseillaise, cette élection est l'équivalent d'une catastrophe. « Quand, petite fille, je passais devant le portrait de Cristofol je devais me signer », avouera, quarante ans plus tard, une Marseillaise de bonne bourgeoisie.

Mais en cet hiver de 1946, alors que Marseille est encore toute meurtrie, c'est la liesse populaire qui déferle sur une ville dont le nouveau maire promet la rapide reconstruction. À l'image des stakhanovistes soviétiques, des équipes de choc formées de travailleurs volontaires y consacrent bénévolement leurs dimanches, malgré les privations. Ce n'est pas encore la révolution, mais c'est déjà le sentiment d'écrire un chapitre d'histoire, de sceller l'appartenance à une communauté que l'on veut fraternelle, égalitaire, courageuse et enthousiaste.

La désillusion ne tardera pas. De Paris parvient bientôt l'écho des premiers craquements qui affectent la coalition gouvernementale. Les choix économiques et sociaux des uns et des autres sont divergents, accroissant les divisions politiques entre les partis qui, hier encore, gouvernaient ensemble. Les communistes sont bientôt exclus du gouvernement ; l'Europe de l'Est frissonne ; le RPF se gonfle de l'habile propagande que mène de Gaulle contre « les partis » et leurs dissensions, assurant à la droite une alternative d'autant plus crédible qu'il recrute aussi ses partisans dans les couches populaires. Aux élections municipales d'octobre 1947, les communistes marseillais obtiennent un nombre de conseillers honorable, mais néanmoins insuffisant pour assurer la réélection de leur maire face aux gaullistes, conduits par un célèbre chirurgien marseillais, le professeur de Vernejoul, et sans l'apport des voix socialistes et MRP qui, sans illusion, se sont portées sur Gaston Defferre. Profitant de cette triangulaire, un conseiller de la liste gaulliste, maître Michel Carlini, devient le premier magistrat municipal.

Dans les rangs communistes et, plus généralement, ouvriers, la perte de la mairie est vécue comme une tragédie[1]. L'espoir s'effondre ; les sacrifices consentis n'ont-ils servi qu'à remettre en selle ces politiciens traditionnels ? Dans ce climat de désillusion, l'augmentation des tarifs des tramways que la nouvelle municipalité impose dès son arrivée aux affaires est vécue comme une provocation supplémentaire. Il est vrai qu'elle est particulièrement maladroite alors que les restrictions de toutes sortes pèsent lourdement sur les ménages modestes et que l'indice des prix vient de connaître une brutale flambée. Aussitôt la nouvelle connue, la protestation s'organise. À l'appel de la CGT, un mouvement de grève accompagné d'une campagne de boycott des transports publics se met en place. Quelques tramways dont les conducteurs ont cru pouvoir braver les consignes de grève sont bloqués et renversés par de jeunes ouvriers des Aciéries du Nord

1. À la direction du Parti, en revanche, il semble que certains aient plutôt vécu cet échec comme un soulagement. Ces presque deux ans passés à la tête de la municipalité avaient permis aux communistes de constater que la direction de la ville ne serait pas une sinécure. Tout était à reconstruire. Il fallait nécessairement à la fois un très large soutien électoral, des gestionnaires compétents et une aide financière massive de l'État. Or, en 1947, les gestionnaires faisaient défaut, le soutien dont bénéficiait le PC n'était plus celui de 1945 et le climat politique national ne permettait pas d'espérer une aide de Paris. La situation condamnait les communistes à gérer sans moyens et à faire face, à terme, à une catastrophe politique. Certains d'entre eux étaient donc favorables à un repli tactique. Cf. à ce sujet, comme pour tout l'épisode des journées de novembre 1947, Maurice Agulhon et Fernand Barrat, *CRS à Marseille, 1944-1947,* Fondation nationale des Sciences politiques, Paris, 1971.

(ADN). Maîtres de leur usine, autogestionnaires avant la lettre, les métallos des ADN joueront un rôle essentiel durant toute cette période. Le 10 novembre 1947, une manifestation s'est formée et a descendu la Canebière en criant des slogans peu amènes pour la municipalité et son maire. Sur le Vieux-Port où a été déployé un escadron de gardes mobiles avec, à l'arrière, l'appui d'une compagnie de CRS, les heurts sont vifs. Quelques manifestants sont arrêtés par les gendarmes, dont Léon David, sénateur communiste des Bouches-du-Rhône. Il est rapidement relâché, mais quatre de ses camarades sont jetés en prison dans l'attente d'être jugés pour outrages et rébellion.

Voilà donc le décor monté ; ne reste plus qu'à procéder au lever de rideau.

Le premier acte de la pièce se joue le 12 novembre, au palais de justice où doivent comparaître les manifestants de l'avant-veille. Les responsables policiers, conscients de l'état réel de leurs forces, ont bien suggéré d'abandonner les poursuites pénales ou, si ce n'est guère possible, de réunir les juges le 11 novembre, anniversaire de l'armistice, en espérant que la mobilisation de soutien qu'ils redoutent sera moins ample un jour férié. Mais le préfet Jean Moyon n'a rien voulu savoir [1]. On jugera le 12 novembre, il n'en démord pas. Ce même 12 novembre où se réunit le conseil municipal...

Lorsque s'ouvre l'audience, la salle est bourrée d'inspecteurs en une piteuse tentative de faire pièce aux amis des prévenus qui sont des milliers, massés dans

1. En pleine grève et alors qu'il croit l'insurrection communiste imminente, ce préfet déterminé cherchera bientôt à assurer son éventuelle fuite en faisant rouvrir un ancien souterrain qui relie la préfecture au commissariat central, quelques centaines de mètres plus loin.

les couloirs comme autour du palais de justice. Discrètement, les responsables communistes ont fait savoir que si les prévenus s'en sortaient sans prison, on en resterait là. En somme une offre de compromis. C'est compter sans l'entêtement des juges tout entiers habités par la peur de la bonne société marseillaise. Raide comme l'idée qu'il a de la justice, le président condamne trois des quatre prévenus à la prison ferme. Le quatrième ne doit qu'à sa qualité d'ancien déporté d'être remis en liberté. Dans la salle, où l'on avait laissé entendre une heureuse issue, c'est d'abord la stupeur. Puis les cris. Et enfin l'explosion. Les manifestants s'emparent des dossiers, en éparpillent le contenu à tous vents, agrippent les magistrats, les secouent comme pruniers en automne, saccagent la salle d'audience et les bureaux voisins. Au passage ils libèrent deux des trois condamnés que les gendarmes s'apprêtaient à reconduire en prison.

Il n'a fallu que quelques instant pour que le palais tombe aux mains des manifestants. Dans cette fureur qui enfle, des responsables de la CGT et des élus communistes gardent quand même la tête froide, négocient avec le procureur, conviennent de faire rejuger l'affaire. Une parodie le cède à une autre : en une audacieuse gymnastique juridique, les mêmes magistrats qui, quelques instants auparavant, avaient condamné, cassent leur arrêt, réexaminent les dossiers et sans crainte de se déjuger concluent qu'il faut libérer les trois prévenus dont la condamnation est accompagnée, cette fois, du sursis.

À l'annonce du verdict, un long cri de victoire monte de la foule rassemblée devant le palais de justice. Est-ce la fin des troubles ? Sans doute. Mais voilà que les manifestants apprennent que les conseillers municipaux communistes réunis en séance à l'hôtel de ville font au même moment l'objet d'un mauvais sort de la part de leurs collègues de droite. Effectivement, la séance du conseil municipal réuni à quelques centaines de mètres à peine du palais de justice se tient dans une chaude ambiance. Dès qu'y a été abordée la délicate question du tarif des transports les conseillers ont perdu tout contrôle d'eux-mêmes. D'abord ont fusé les injures ; bientôt on en est venu aux mains. Présents dans les rangs du public, les partisans des uns et des autres ont rapidement rejoint la mêlée. En quelques minutes, la bagarre est devenue générale.

Très vite les communistes paraissent être en difficulté. Heureusement leur arrivent les renforts rameutés au palais de justice. Trois cents hommes, CRS, gardes mobiles et gardiens défendent le bâtiment de l'hôtel de ville où la bataille fait rage. En quelques secondes ils sont enfoncés. Les manifestants se ruent au premier étage, dans la grande salle où les combattants des deux bords continuent à se colleter. Quelques élus tentent bien de résister à la vague des nouveaux assaillants, mais sans succès. On s'injurie, on échange des horions, les encriers volent à travers la salle. Le maire, Carlini, qui tente de se réfugier dans la salle de l'état civil, est pris au collet. Va-t-on le basculer par-dessus le balcon ou le jeter dans le Vieux-Port ? Ce sont des manifestantes communistes, qui, finalement, s'interposent et le font libérer. Emmenés par Gaston Defferre qui pèse déjà l'avantage qu'il tirera de ces affrontements entre gaullistes et communistes, les conseillers socialistes se sont prudemment éclipsés dès le début des affrontements [1].

---

1. *Le Provençal* du 14 novembre reproduira le texte d'une motion de la fédération socialiste des Bouches-du-Rhône qui dénonce le PC et le RPF « partis totalitaires [...] facteurs de guerre civile » et félicite « chaleureusement ses élus pour l'attitude calme et digne qu'ils ont conservée pendant le déroulement de ces scandales ».

Les troubles ne s'arrêtent que lorsque Jean Cristofol, du balcon, annonce que le maire Carlini vient de démissionner. C'est inexact et Cristofol ne l'ignore pas, mais cela permet aux manifestants de quitter l'hôtel de ville avec le sentiment du devoir accompli. La pression, pourtant, ne retombe pas. La foule où dominent les jeunes se dirige maintenant vers l'Opéra, de l'autre côté du Vieux-Port. Le quartier est traditionnellement celui des boîtes de nuit, des prostituées et des mauvais garçons. La guerre en a à peine atténué la vitalité et la Libération n'a rien changé à ses mœurs. Pour toute une clientèle d'habitués — truands, affairistes, profiteurs —, les difficultés du temps y sont celles d'une autre planète. Pour nombre de jeunes ouvriers marseillais, en revanche, le quartier de l'Opéra dont on dit qu'il abrite de bien sombres trafics est ressenti comme une insulte à leurs soucis quotidiens. Pour les jeunes activistes communistes, enfin, l'endroit est un lieu de débauche d'autant plus choquant que leur parti, comme il le manifestera en d'autres temps, fait au même moment une poussée de puritanisme. Aux couples illégitimes, pourtant nombreux dans le parti, et aux mœurs dissolues de la bourgeoisie, François Billoux oppose l'austérité morale de la révolution et la rigueur des amours prolétariennes.

Tous les ingrédients d'une explosion sont donc réunis au moment où, revigorés par la raclée qu'ils viennent d'administrer aux « élus réactionnaires », les jeunes travailleurs et leurs camarades communistes qui forment le gros de la troupe se répandent dans le quartier de l'Opéra. En quelques secondes les vitrines de dizaines de bars éclatent sous les boulons. Dans l'un d'eux, situé rue de La Tour, les tenanciers déchargent une arme à feu sur les assaillants, blessant mortellement un jeune ouvrier des Aciéries du Nord, Vincent Voulant[1]. Ce dernier aura, deux jours plus tard, des obsèques grandioses. Entre-temps, lancée par la CGT, la grève s'est répandue sur l'ensemble du territoire, dans une France sonnée par cette explosion ouvrière inattendue.

L'événement est si fort que le gouvernement ne trouve d'abord d'autre explication que de désigner des boucs émissaires : les compagnies républicaines de sécurité commandées par des officiers communistes dont le zèle n'aurait pas été à la hauteur des événements. Il est vrai que les communistes sont nombreux dans ces compagnies où, venant des maquis ou des réseaux de résistance, ils se sont engagés à la Libération. Ils apportent dans la police un style qui est loin d'y être traditionnel. Surtout, ils ont des convictions et ne les cachent pas. Quelques mois auparavant, à Marseille justement, quelques-uns d'entre eux ont été surpris alors qu'en uniforme ils collaient des affiches pour un candidat communiste. Interpellés et amenés au poste, ils ont été rapidement relâchés. Mais l'incident a couru toutes les directions de la sûreté nationale et une « huile » est descendue de Paris pour enquêter.

Le soir du 12 novembre, donc, l'affaire semble entendue : le laxisme partisan des CRS serait responsable des débordements marseillais. Deux compagnies, la 151 et la 155, cantonnées à Ollioules et Toulon, sont aussitôt dissoutes. Deux autres, la 152 et la 153, cantonnées à Marseille, sont déplacées. Quelques semaines plus tard, Jules Moch, ministre de l'Intérieur du

1. Le bar appartenait aux frères Guerini. Bientôt l'on affirmera que Vincent Voulant a été tué par Antoine Guerini soi-même, mais rien n'est venu confirmer ou démentir la validité de cette assertion.

gouvernement Schuman, présente à l'Assemblée nationale un projet de réorganisation totale des CRS dont la principale qualité est de dissoudre onze compagnies, supposées noyautées par le PC. Lors de la discussion du projet de loi, Jacques Grésa, député communiste de Haute-Garonne, parlera d'« épuration à rebours », soulignant que les compagnies visées sont d'abord celles où, en 1944, se sont engagés des hommes et des officiers venus de la Résistance et des milices patriotiques [1].

Les événements de novembre 1947 à Marseille, la dégradation de la situation politique, la glaciation en Europe de l'Est qu'annonce, en octobre 1947, la création du Kominform accompagnée de la radicalisation des divergences entre l'URSS et les pays occidentaux changent rapidement le paysage politique national. Marseille en subit le contrecoup : les socialistes locaux qui n'avaient déjà pas soutenu le communiste Cristofol lors de l'élection municipale d'octobre s'affrontent de plus en plus violemment aux communistes. La bataille, incessante, dure des années. Bataille physique, dans la rue ou sur les lieux de travail, autant que politique ; elle imprime pour longtemps un style très particulier au

1. Cf. Maurice Agulhon et Fernand Barrat, *op. cit.*; le projet de réforme des CRS, adopté en décembre 1947, par 413 voix contre 184, constituera un véritable tournant dans la politique policière désormais revenue à une conception plus classique. Des centaines d'hommes quitteront les forces de sécurité tandis que d'autres, qui avaient été écartés à la Libération, reviendront petit à petit aux commandes. Ces départs devaient se poursuivre durant des mois, alors que les CRS étaient durement engagés dans les conflits sociaux de la fin des années 40. Ainsi fera le père de Bernard Deleplace, actuel secrétaire général de la Fédération autonome des syndicats de police (FASP) qui, en 1948, quittera les CRS pour ne pas continuer à affronter les mineurs du Pas-de-Calais, milieu dont il était lui-même issu. Cf. à ce sujet Bernard Deleplace, *Une vie de flic*, Gallimard, Paris, 1987.

socialisme marseillais, mélange d'aspirations démocratiques authentiques, d'allergie aux habituelles pratiques staliniennes, d'anticommunisme virulent et d'opportunisme politique pour justifier les alliances les plus inattendues[1]. Gaston Defferre en fera son fonds de commerce politique, renvoyant dos à dos communistes et gaullistes, habilement définis comme les deux faces d'un même totalitarisme.

Pour l'heure, il s'agit surtout de combattre le communisme qui menace. Et nulle part il ne menace mieux que sur le port dont les 12 000 dockers constituent la colonne vertébrale. Le PCF y est puissant et la CGT y a le monopole de l'embauche. Les vocations ne manquent pas pour appartenir à cette prestigieuse corporation qui fournit au parti communiste les troupes nécessaires à l'encadrement d'un meeting, à la protection d'une réunion ou d'une personnalité. Patrons et armateurs filent doux lorsque le syndicat menace de faire grève. Ils savent que le mot d'ordre a toute chance d'être suivi comme un ordre militaire. Aussi les dockers sont-ils correctement rémunérés : quatre à cinq fois ce que gagne un ouvrier marseillais moyen. C'est le prix à payer pour que la veine jugulaire de la ville ne soit pas coupée. Sans le port où transitent ces produits coloniaux à l'importation et à la transformation desquels Marseille doit une partie de sa prospérité, l'économie s'effondre.

Or, à cette importance économique essentielle du port s'en ajoute bientôt une autre : c'est à Marseille,

1. Le vote, à l'initiative de deux députés des Bouches-du-Rhône, Francis Leenhardt, socialiste, et Germaine Poinso-Chapuis, MRP proche de Gaston Defferre, d'une loi restituant à leurs propriétaires les usines passées à la Libération sous le contrôle des travailleurs n'arrangera évidemment pas le climat entre socialistes et communistes.

plus grand port de la Méditerranée, qu'embarquent désormais les troupes et les matériels envoyés en Indochine où la guerre se développe contre le Vietminh. C'est également par Marseille qu'arrivent les tonnes de matériels américains que déverse sur l'Europe le plan Marshall. En cette chaude période de guerre froide, il n'est pas question de laisser le contrôle du port aux « rouges ». Mais sur qui compter pour faire la besogne ?

Ballotté entre Paris et Marseille, Gaston Defferre est en train de faire ses premiers pas dans la vie politique nationale. Encore maire, déjà député, en voie de devenir le patron de la fédération socialiste des Bouches-du-Rhône, il s'est vu confier en janvier 1946 son premier maroquin ministériel. Félix Gouin, son compagnon de résistance, l'a nommé secrétaire d'État à la présidence du conseil, chargé de l'information. Defferre, dont les amis n'ont aucune idée du fonctionnement de la machine gouvernementale[1], a appelé le même jour Fourcaud, son ancien camarade du réseau Brutus :

— Où s'installe-t-on ? lui demande-t-il, angoissé.

— Mais où vous voulez. C'est à vous de décider.

L'on reprendra les bureaux occupés par le général de Gaulle, à l'Hôtel de Brienne, siège du ministère de la Guerre. Defferre, accompagné de Fourcaud, s'y rend. Les lieux sont déserts, les bureaux sont nus, sans meubles. Seuls demeurent les combinés téléphoniques perchés sur les annuaires posés à même le parquet. Avant de partir, de Gaulle, en une petite vengeance bien

1. Le parti socialiste a été sévèrement épuré à la Libération. Durant la guerre, de nombreux cadres et parlementaires du parti avaient soutenu Pétain ou, au minimum, étaient restés neutres. Les jeunes qui les remplacent n'ont aucune expérience administrative.

mitonnée, a tout fait vider. Defferre, blanc de rage, décroche le téléphone, appelle le Mobilier national :

— Vous avez douze heures pour tout réinstaller, sinon...

Ce qui est fait. Le futur maître absolu de Marseille sait déjà se faire obéir.

Démissionnaire en juin 1946, lorsque le gouvernement Gouin est tombé, il est devenu à nouveau ministre, en décembre 1946, nommé sous-secrétaire d'État à la France d'outre-mer dans le gouvernement Blum. Deux mois plus tard, en janvier 1947, la démission du vieil homme de la SFIO a renvoyé Defferre dans sa ville.

Il a fort à y faire. Il lui faut préparer les prochaines élections municipales, diriger son journal, contrôler la fédération du parti qui n'est pas encore entièrement à sa main. Les Jeunesses socialistes, notamment, donnent du fil à retordre. Traditionnellement plus à gauche que le parti, elles sont en lutte ouverte contre la direction et le premier secrétaire, Guy Mollet. Le 4 mai 1947, le bureau national des Jeunesses socialistes, accusé, non sans raison, de trotskysme, est dissous par le comité directeur de la SFIO [1]. À Marseille, Gaston Defferre normalise rondement : exclus un matin, les membres des Jeunesses n'ont que vingt-quatre heures pour signer une lettre de contrition s'ils veulent pouvoir revenir au sein du troupeau. Le soir même, la direction locale des Jeunesses, où figure notamment Charles-Émile Loo, fait acte d'allégeance. Un à un, chacun réadhère comme on va à Canossa. La fronde n'a

1. Cf. à ce sujet André Essel, *Je voulais changer le monde,* Stock, Paris, 1985 ; militant trotskiste et futur patron de la Fnac, André Essel était l'un des dirigeants de la Jeune Garde socialiste, organisation des jeunes socialistes en rupture avec la ligne officielle du parti.

certes pas été bien forte, mais Defferre a montré qu'il peut, à l'occasion, utiliser les méthodes administratives qu'au nom de la démocratie il condamne chez les communistes.

Lorsque, en octobre 1947, Defferre échoue à la mairie, il sait que son principal problème est maintenant de durer jusqu'aux élections suivantes.

Pour faire parler de soi il n'existe encore rien de mieux que de s'opposer aux maîtres du moment. Au conseil municipal Defferre s'y emploie avec méthode, soulevant n'importe quel incident pour prendre la parole et la garder ; le moindre article du budget fait l'objet d'interminables palabres suscitées tant par les communistes, dont l'opposition est irréductible, que par les socialistes qui se drapent dans le manteau de la compétence pour couper les cheveux en quatre et refuser leur soutien à un maire qui, rituellement, quitte les séances de travail à 17 heures... pour aller servir le thé chez son épouse Anita. Tout Marseille s'en gausse, contribuant à déconsidérer un peu plus une équipe municipale qui apparaît bien vite dépassée par l'ampleur de sa tâche.

Mais c'est contre les communistes que Defferre taille sa réputation. Les incidents avec eux sont innombrables, souvent furieux. Dans une situation politique et sociale tendue, Defferre, dont les amis du gouvernement sont la cible privilégiée des communistes, n'est pas homme à mettre de l'eau dans son vin. En écho des violents débats qui agitent à Paris l'intelligentsia de gauche, *Le Provençal* n'a pas hésité à publier les témoignages de réfugiés qui sortent du goulag et entreprennent de dénoncer un système concentrationnaire que l'on croyait n'être réservé qu'à l'Allemagne hitlérienne. Menacé, il se fait accompagner de quelques amis sûrs et armés qui gardent également les locaux du journal. Dans sa voiture, à portée de main, deux mitraillettes Sten sont entreposées...

Dans les entreprises ou les chantiers navals, les confrontations sont encore plus âpres. Dans un climat exacerbé par la scission syndicale qui sépare la CGT de FO, les communistes mènent des grèves longues, souvent sans issue. À la Société de construction navale, en 1949, cinq cents ouvriers sont licenciés après cinquante jours d'une grève menée contre la guerre d'Indochine et pour les salaires. Amère défaite. Lucien Pucciarelli, métallurgiste et futur rédacteur de *La Marseillaise*, est parmi les dirigeants du mouvement. Il a deux enfants et sa femme est enceinte du troisième. Faute de ressources, toute la famille mange à la soupe du chantier. À sa femme qui, plus attentive que lui aux difficultés quotidiennes, lui fait remarquer que la grève est en train de s'effriter, il lâche, sectaire et inconscient : « C'est avec des femmes comme toi que les maris deviennent un jour des jaunes ! » Il sera parmi les premiers licenciés, marqué à l'encre rouge sur toutes les listes patronales de la région, dans l'impossibilité de trouver du travail autrement qu'en devenant permanent du PCF.

La même mésaventure survient, la même année, à Georges Lazzarino, futur député communiste des Bouches-du-Rhône et futur conseiller municipal de Marseille. Lazzarino travaille aux chantiers navals de Port-de-Bouc où il encadre notamment les jeunes communistes. Après quatre mois d'une grève désespérée, il est licencié avec des dizaines d'autres. Interdit d'embauche, il ne trouve le salut qu'en devenant, lui aussi, permanent du parti.

À longueur de colonnes, la presse communiste

dénonce les « sociaux-traîtres » qui participent au gouvernement, voire le dirigent, oppressent la classe ouvrière et jouent « les laquais de l'impérialisme ». Or l'un de ces traîtres-là, Gaston Defferre, a la prétention de représenter son parti aux obsèques des victimes d'un terrible accident survenu en 1949 à l'usine Saint-Gobain de Port-de-Bouc. Un réservoir d'acide servant à la fabrication des engrais s'est effondré. Son contenu s'est déversé, dégageant rapidement des vapeurs dangereuses. Il y a eu des morts, des blessés par brûlures ou inhalations toxiques. Le jour de la mise en terre, toute la ville s'est arrêtée pour accompagner les victimes au cimetière. Parmi eux il y a le député Gaston Defferre qui ne veut pas laisser le PCF monopoliser la solidarité. Et autour de Defferre se tiennent une douzaine de solides gaillards, tous armés, rassemblés par Louis Rossi qui n'a pas eu besoin d'une grande perspicacité pour prévoir que la cérémonie pouvait mal tourner[1]. Précautions néanmoins insuffisantes. Reconnu, conspué, sérieusement bousculé et menacé de subir un mauvais sort, Gaston Defferre fait face mais doit reculer. Il ne doit son salut qu'à l'intervention du maire communiste de Port-de-Bouc, René Rieubon, qui s'interpose et lui ménage une sortie.

Un incident comparable a lieu aux chantiers navals de La Ciotat, peu après. Venu tenir une réunion à l'appel des militants socialistes de ce fief communiste, Gaston Defferre, recouvert de minium par des militants communistes qui dispersent le meeting à coups de boulons, se barricade dans les locaux de la section

1. « Évidemment, nous n'y sommes pas allés avec un bouquet de violettes », nous a commenté, trente-neuf ans plus tard, l'un des participants à l'expédition, aujourd'hui paisible tenancier de bar à Marseille...

du parti socialiste. Des coups de feu sont échangés. Quelque temps plus tard, il mobilise des dizaines de costauds et prend sa revanche en imposant une réunion de son parti à La Ciotat.

Mais c'est sur le port de Marseille que le combat prend toute sa dimension. Les enjeux y sont, il est vrai, autrement importants, comme en témoigne le vif intérêt qu'y prêtent les Américains. Ces derniers observent avec inquiétude la dégradation de la situation politique française [1]. La force du parti communiste, l'hégémonie de la CGT au sein de la classe ouvrière leur donnent des cauchemars. Avec le pragmatisme qu'il manifestera en d'autres circonstances, le gouvernement américain donne carte blanche à la toute jeune CIA pour, si possible, faire échec à la « subversion » communiste.

La première intervention de la CIA consiste à soutenir la scission syndicale au sein de la CGT qui aboutit à la création de FO. Par l'entremise de Jay Lovestone, responsable des relations internationales de l'American Federation of Labour (AFL), et de David Dubinsky, président de l'International Ladies Garment Union (Syndicat international des ouvriers de la confection féminine), des dizaines de milliers de dollars sont envoyés à la nouvelle centrale syndicale. Lovestone est, selon la terminologie des communistes, un renégat : responsable du PC américain avant guerre, il est devenu un anticommuniste farouche mettant ses connaissances du mouvement ouvrier au service de ses

1. Ils observent avec une inquiétude non moins grande la situation italienne et craignent que les communistes ne remportent la victoire aux élections de 1948. C'est pourquoi la CIA sera autorisée à mener dans ce pays des opérations spéciales de déstabilisation et de propagande. Voir à ce sujet Thomas Powers, *Les Secrets bien gardés de la CIA*, Plon, Paris, 1981.

nouveaux amis. À ses côtés, son adjoint, Irwing Brown, va bientôt prendre en main un secteur encore plus « sensible » : l'organisation des forces anti-communistes dans les ports de la Méditerranée. Vingt ans plus tard, alors que la révélation des opérations secrètes menées par la CIA pour déstabiliser des gouvernements en place suscite aux États-Unis la création de deux commissions sénatoriales d'enquête, un ancien de la « compagnie », Thomas Braden, « lâche le morceau » dans un article du *Saturday Evening Post* titré sans équivoque : « Je me félicite que la CIA soit immorale ».

> « J'avais l'intention, écrit Thomas Braden, d'allouer 15 000 dollars à Irwing Brown, de la Fédération des travailleurs américains. Ils lui étaient nécessaires pour pouvoir payer des groupes de gros bras dans les ports de la Méditerranée qui déchargeraient les livraisons de fournitures américaines, en dépit de l'opposition des syndicats de dockers communistes [1]. »

Irwing Brown, l'homme de Washington, n'a rien d'un clandestin. À la fin des années 40, l'on verra sa silhouette dans toutes les réunions qui, de Marseille à Istanbul en passant par Salonique, Naples, Gênes ou Paris discutent de la mise en place de la nouvelle organisation. À son côté, un revenant : Pierre Ferri-Pisani. Après sa défaite contre Gaston Defferre et ses insuccès électoraux, l'ancien secrétaire général du syndicat des

1. Le même article se félicite du financement par la CIA de syndicats allemands ou encore du financement d'une tournée à Paris du Boston Symphony Orchestra, opération qui fit plus pour le prestige des États-Unis « qu'une centaine de discours de John Foster Dulles ou de Dwight D. Eisenhower »...

inscrits maritimes a quitté le parti socialiste sans fracas excessif. Il y a gardé des relations, conservé quelques rares amis, mais la politique marseillaise ne l'intéresse décidément plus. Pierre Ferri-Pisani a par chance croisé le chemin d'Irwing Brown ; nouvelles perspectives, nouveau destin : il réinvestit son énergie militante en créant le syndicat des marins FO tandis que son ami, Marsily, crée celui des dockers. Tous trois dirigent le Comité méditerranéen des gens de mer[1], affilié à l'Internationale des ouvriers du transport de l'AFL-CIO américaine.

Pas plus que leurs responsables, les objectifs de la nouvelle organisation ne sont mystérieux : il s'agit de nettoyer les quais de l'influence communiste. La solution proposée est classique : elle passe par l'attaque des piquets de grève, l'intimidation des adhérents ou des sympathisants de la CGT, la propagande et les campagnes de presse.

Avant-guerre, déjà, Pierre Ferri-Pisani a organisé les campagnes électorales du parti socialiste. Il s'est à l'époque lié avec les frères Guerini, Antoine et Mémé, dont les hommes ont constitué la piétaille ordinaire des groupes chargés de protéger les meetings du parti, ses campagnes de collage nocturne ou ses actions de commando contre les troupes de Sabiani. Quinze ans plus tard, les frères Guerini sont à nouveau au côté de Ferri-Pisani auquel les lie une véritable amitié. Les temps besogneux des débuts sont loin. Les équipes et les hommes qui, avant-guerre, leur bouchaient l'horizon ont pour la plupart disparu dans la catastrophe de la défaite allemande ; les survivants, souvent exilés en

1. Appelé parfois Comité méditerranéen anti-kominform, nom qui rend bien compte des objectifs de l'organisation.

Amérique du Sud ou en Espagne, se font oublier ou ont discrètement rejoint le camp des vainqueurs dont les Guerini sont la figure de proue. L'empire marseillais de ces derniers s'est agrandi : ils règnent désormais, et de façon incontestée, sur la limonade et la prostitution. Dans leur sillage émergent quelques individus qui feront bientôt parler d'eux, Jo et Noël Renucci, les frères Francisci, l'ex-commissaire de la DST Louis Blémand, d'autres encore, dont on prononcera les noms dans les affaires de drogue, de cigarettes, de jeux et de hold-up qui font l'actualité des années 50 et 60. La plupart auront été, peu ou prou, également impliqués dans les basses œuvres du régime, auxiliaires rétribués des services spéciaux français en lutte contre les nationalistes marocains et algériens, contre leurs fournisseurs d'armes, ou, plus tard, contre l'OAS. Beaucoup d'entre eux connaîtront une mort violente.

Aux sympathies socialistes de leurs débuts, les Guerini ont substitué, après guerre, un engagement aux côtés des gaullistes de Carlini, ce qui n'exclut pas certains arrangements avec les lieutenants de Defferre, Louis Rossi et Horace Manicacci, dont les troupes sont souvent liées familialement aux leurs [1]. D'ailleurs les « divergences » politiques n'interdisent pas les relations d'affaires. On le verra lors de l'épisode du « Combinatie », où, toutes tendances politiques confondues, seront impliqués les soldats des deux armées.

Soucieux d'appuis dans tous les ports de la Méditerranée, Irving Brown ne s'embarrasse pas de scrupules sur la qualité des hommes de main qu'il lève. À Naples

1. Durant les vingt ans qui lui restent à vivre, Antoine Guerini, le chef du clan, très lié avec le député Jean Bozzi, fera toutes les campagnes électorales des gaullistes.

est exilé Lucky Luciano, parrain de la Mafia italo-américaine, expulsé des États-Unis après la guerre. Sa connaissance du Milieu et ses relations politiques ont déjà servi aux services spéciaux américains au début de la guerre. À l'époque, Luciano était emprisonné au pénitencier de Dannemora, condamné en 1936 à trente ans de prison pour proxénétisme. Sollicité dans sa cellule d'où il continue à diriger ses affaires, le parrain a accepté que ses hommes, qui règnent sur les docks de New York, aident à pourchasser les saboteurs fascistes qui gênent l'effort de guerre américain. Puis Luciano qui, avant-guerre, avec Carbone, avait déjà monté un réseau d'approvisionnement de drogue passant par Marseille, a utilisé ses relations siciliennes pour aider les troupes américaines lors de leur débarquement, en 1942, en Sicile. Récompense : Luciano est libéré en 1946, après n'avoir purgé que le tiers de sa peine [1].

Il est expulsé en Italie où, rapidement, Irwing Brown le contacte pour l'embarquer dans la nouvelle croisade. Plusieurs rencontres auront lieu en présence de Ferri-Pisani et de Guerini. À Marseille comme dans les ports italiens, les hommes de main du Milieu, dont plusieurs anciens collaborateurs de la Gestapo, seront donc aux premiers rangs du combat contre le « totalitarisme communiste ». Les moyens financiers ne manquent pas qui permettent à une armée de parasites de vivre grassement et de mener joyeuse vie. Avantage supplémentaire, personne ne regarde de trop près les « affaires » que font parfois ces bons vivants sous le

1. Cf. Alain Jaubert, *Dossier D. comme drogue,* Alain Moreau, Paris, 1973 ; Jo Renucci truand et homme de main des services spéciaux français, impliqué dans plusieurs affaires criminelles de l'après-guerre, sera en France le représentant quasi officiel de Lucky Luciano.

couvert de leurs activités politiques. S'ils ne sont pas outrageusement protégés, ils ne font néanmoins pas l'objet d'une curiosité abusive. Ils en profiteront largement pour jeter les bases de ce qui deviendra la French Connection, réseau d'approvisionnement de drogue tourné vers les États-Unis.

Gaston Defferre observe cette activité avec contrariété. Non qu'il ait des scrupules devant les méthodes qu'utilisent les Américains. Comme eux, en effet, il est convaincu de la nécessité de ne pas laisser aux communistes le contrôle du port. Quatre de ses plus proches collaborateurs, Irma Rapuzzi, Antoine Andrieux, Charles-Émile Loo et Daniel Matalon, viennent de crééer la Société d'acconage et de manutention (Socoma) qui permet aux socialistes d'avoir une activité légale sur le port. La société servira de paravent à l'embauche de jaunes. Bien plus tard, elle servira, d'ailleurs très légalement puisque c'est l'objet de ses statuts, à financer partiellement les activités du parti socialiste.

Mais, Defferre en est convaincu, la Socoma n'est pas une réponse suffisante. Comme FO et les Américains, il organise des troupes qui se frottent à celles de la CGT lors des nombreuses grèves qui, de 1947 à 1950, paralyseront le port. Louis Rossi, son lieutenant, a suffisamment de relations dans le Milieu pour savoir où trouver les hommes nécessaires à un coup de main. Ses compétences sont souvent mises à contribution lorsque devenu, en juillet 1950, ministre de la Marine marchande dans le gouvernement Pleven, Gaston Defferre se heurte aux tentatives du PC et de la CGT d'empêcher l'embarquement des troupes pour l'Extrême-Orient. Il n'a pas pris ses fonctions depuis plus de deux jours que les marins du paquebot *Marseillaise*, en partance pour l'Indochine, mettent, à l'appel de la CGT, sac à terre. En quelques heures les grévistes sont éloignés des quais et, sous la protection des hommes de main de Rossi et de Defferre, remplacés par des jaunes[1]. Le même scénario se reproduit, quelques semaines plus tard, lorsque le personnel de l'*Athos II* refuse de transporter le corps expéditionnaire français en Corée. Là encore, Defferre fait casser la grève. Provocation supplémentaire, il fait traverser les rues de Marseille au bataillon de Corée qui défile musique en tête avant d'aller prendre le bateau[2]. Petit à petit, les marins communistes ou soupçonnés de l'être sont interdits de travail, expulsés du port. La CGT se voit refuser toute négociation par une administration qui a reçu l'ordre strict d'ignorer son existence.

Il n'y a donc pas de divergences entre Defferre et les Américains sur les méthodes à utiliser ou sur les hommes à employer. Non, ce qui agace Defferre, c'est la présence au côté d'Irwing Brown de son vieux rival, Pierre Ferri-Pisani. La lutte pour le contrôle de la fédération du parti dans les Bouches-du-Rhône n'est pas si lointaine qu'elle n'ait laissé des traces. Jamais Defferre n'a pardonné à Ferri-Pisani et à ses amis, non pas d'avoir manifesté des ambitions politiques — homme politique lui-même, il trouve cela assez naturel —, mais d'avoir, pour arriver à ses buts, attaqué sa probité et celle de ses proches. Dès que l'on parle d'argent, Gaston Defferre se raidit. L'accuse-t-on ? Cherche-t-on à lui nuire ? Peu importe, à condition que cela ne soit

1. À la fin de sa vie, Defferre expliquera qu'il était personnellement opposé à la guerre d'Indochine, mais que ministre de la République, sa conception du devoir l'obligeait à appliquer la politique du gouvernement démocratiquement désigné.

2. Avant d'aller se battre en Corée, les soldats s'étaient fait la main en assiégeant, quelques heures plus tôt, les locaux du quotidien communiste *La Marseillaise.*

pas par le truchement de l'argent à l'égard duquel il affecte une indifférence de glace, façon de dire qu'il est, sur ce sujet, inattaquable. Aussi les affiches de Ferri-Pisani le décrivant comme l'homme de paille des milieux d'affaires, le représentant d'obscurs intérêts financiers, lui sont-elles restées dans la gorge. Jamais il n'oubliera.

Le 9 avril 1951, ministre de la Marine marchande dans le gouvernement de Henri Queuille, il envoie au président du conseil une lettre accompagnée d'une note de quatre feuillets qui traitent de l'activité d'Irwing Brown. Officiellement la missive a pour objet d'attirer l'attention du gouvernement sur le congrès organisé, trois mois auparavant, par le Comité méditerranéen des gens de mer d'Irwing Brown, initiative jugée intempestive. Le zèle de l'Américain, écrit Gaston Defferre dans sa lettre, « cause le plus grand trouble et gêne considérablement les efforts que j'ai entrepris pour circonscrire et combattre l'action du Parti communiste ». Et le ministre de la Marine marchande de suggérer une entrevue avec l'ambassadeur des États-Unis pour mettre les choses au clair.

La note qui accompagne la lettre fait une description des activités du parti communiste sur le port de Marseille dans les quatre dernières années. Gaston Defferre y souligne que le calme est dorénavant revenu, grâce à l'administration et, surtout, à l'activité énergique du signataire de la note qui ont « fait appel à des chômeurs décidés à faire respecter la liberté du travail » et à des « éléments parfaitement sains ». Aussi la présence d'Irwing Brown est-elle inopportune à Marseille, d'autant plus — et c'est la véritable raison de cette étonnante lettre — qu'il est entouré d'individus douteux au premier rang desquels se trouve... Pierre Ferri-Pisani

> « secrétaire général du syndicat FO des gens de mer, assez mal considéré chez les marins et dockers marseillais qui l'accusent d'employer des méthodes assez fâcheuses et de vouloir ressusciter à Marseille le sabianisme de triste mémoire ».

Tout aussi fielleuse est la suite de la note. Après avoir évoqué l'existence de Marsily, secrétaire du syndicat FO des dockers, « dont la réputation est détestable », Defferre poursuit :

> « Ferri-Pisani et Marsily, convives attitrés des restaurants les plus chers et des tournées des boîtes de nuit dont M. Irwing Brown est l'organisateur prodigue, sont entourés d'individus classés comme appartenant au RPF ou se livrant en tout cas à une propagande tapageuse en faveur de ce mouvement. Tout cela est plus que suffisant pour discréditer d'avance le mouvement ouvrier non communiste aux yeux des militants ouvriers honnêtes. Les communistes en tirent avantage. Cela est particulièrement inopportun et très dangereux au moment où, grâce à mes efforts et à ceux de mes amis, l'influence du parti communiste dans les milieux maritimes est efficacement combattue. »

L'accueil fait par le président du conseil à cette stupéfiante lettre où un ministre ne cache rien de son rôle de briseur de grève n'est pas connu. Sans doute des discussions se sont-elles ouvertes avec les Américains pour tempérer leurs ardeurs. Mais plus que ces pourparlers, l'évolution politique a peu à peu démobilisé les troupes de choc d'Irwing Brown qui fermera bientôt son bureau européen, laissant Ferri-Pisani désœuvré, dans un état de profonde dépression qui le poussera au suicide quelques années plus tard.

De cette période troublée, Gaston Defferre émergea avec un poids politique accru et des convictions anticommunistes d'airain dont devaient se souvenir la classe politique et les dirigeants économiques de la ville lorsqu'il s'agirait d'élire un nouveau maire.

Jusque-là, Defferre ne s'était pas distingué par un militantisme anticommuniste particulier. Rien dans sa formation politique ni dans sa vie personnelle ne le prédestinait à pincer cette corde. Sa connaissance du surréalisme comme son mariage avec Andrée Aboulker, communiste affichée, l'œcuménisme de la Résistance auraient pu, au contraire, le conduire à une certaine réserve à l'égard de l'anticommunisme débridé qui, en ces années de guerre froide, devint le discours dominant de tout le parti socialiste. Mais il y avait Marseille. Là, les affrontements ne furent pas que verbaux. Et, logique implacable des rapports de force, Defferre comprit très vite que dans cette ville où le PC avait un formidable poids électoral, il n'y avait pas place pour lui s'il n'arrivait pas à conclure une alliance avec des forces de droite. Le PC, même comme repoussoir, devenait la pierre de touche de sa stratégie politique.

De cet instant il ne cessa de manifester ses convictions anticommunistes, parfois de façon surprenante. Ainsi, au début des années 50, lors d'un voyage parlementaire auquel participe Gaston Defferre. Ils sont quatre élus, dont un communiste et André Bettencourt, député indépendant d'Elbeuf, à atterrir sur un atoll du Pacifique où, unique monument, se dresse un gazomètre. Defferre y accote une échelle, monte pour admirer le paysage, entreprend de redescendre lorsqu'un échelon se casse sous son poids. Le député socialiste tombe droit debout, comme un parachutiste arrivant trop vite sur le sol, et se casse les deux talons [1]. La douleur est intense. Il faut plâtrer, ce que fait un médecin sur place. Le voyage continue, mais l'état du blessé empire. Dans l'avion qui mène les voyageurs vers Sydney où une escale est prévue, les pieds de Gaston Defferre, bridés par un plâtre trop serré, enflent. On craint des complications. Décision est prise de débarquer le blessé en Australie afin qu'il s'y fasse examiner. André Bettencourt se propose d'interrompre son voyage pour assister son collègue. Alors Defferre, sans hésitation ni malice : « Non, continuez ; il faut surveiller le communiste » !

1. À la suite de quoi il portera toute sa vie des semelles orthopédiques.

Monsieur le maire

Qui dira que le législateur n'a pas d'imagination ? Scrutin proportionnel intégral ou avec seuil, apparenté ou non, au plus fort reste ou à la plus forte moyenne, scrutin majoritaire, scrutins de liste avec ou sans panachage, tout a été étudié, tout a été utilisé. Ce 26 avril 1953 c'est au scrutin proportionnel de liste avec votes préférentiels et panachage que la France élit ses conseillers municipaux. Un système qui permet à l'électeur de ciseler ses choix avec la finesse du scalpel mais qui fait du dépouillement un casse-tête quasi insurmontable. Qu'importe, c'est ce système-là que les parlementaires ont choisi pour ces deuxièmes élections municipales depuis la Libération.

À Marseille, le dépouillement va durer plusieurs jours. Listes raturées par la procédure du panachage, noms affectés d'un rang préférentiel, votes nuls : aucun scrutateur n'y retrouve ses bulletins. Dans les bureaux de vote que hantent, nerveux, les partisans des listes en présence, à la mairie où se sont rassemblés les socia listes, et à la préfecture où sont centralisés les résultats, l'on s'arrache les cheveux. Si le nombre des voix portées sur les listes est à peu près correctement décompté, le système des votes préférentiels et des panachages est tellement complexe qu'il échappe à tout contrôle sérieux. Les socialistes qui ont ainsi décidé de faire élire, outre Gaston Defferre, Irma Rapuzzi, Antoine Andrieux et Daniel Matalon, mettront la main à la pâte pour que ce dernier, qui n'est arrivé que seizième sur une liste où il n'y a que quinze élus, saute d'un rang et passe in extremis la barre. Quelques centaines de préférences modifiées dans une aimable pagaille permettront la substitution.

Tels qu'ils sont proclamés, les résultats constituent un désaveu pour les gaullistes qui, à l'échelon national, passent de 26% à 10,6%. La droite qui, six ans plus tôt, s'était ralliée au général, le lâche cette fois et réintègre le giron de ses partis classiques. Marseille où la participation électorale est très forte (76,5% des inscrits) n'a pas échappé à la tendance. Les gaullistes, abandonnés par le maire sortant, maître Carlini, qui raccroche définitivement son écharpe municipale, s'y effondrent, ne sauvant du désastre qu'un peu plus de 7% de leurs voix et seulement quatre de leurs élus. Les suffrages de droite se sont répartis sur deux listes : l'une, présentée par Henry Bergasse, ministre des Anciens Combattants, qui, avec 24,6% des suffrages, obtient seize élus ; l'autre, conduite par Émile Blachette, MRP et conseiller municipal sortant, qui obtient 6,6% des voix et quatre élus.

Le grand vainqueur de la consultation demeure le parti communiste. Si dans tout le pays ses résultats connaissent un léger tassement, il manifeste à Marseille, où il maintient ses positions, une belle vigueur. La liste communiste, conduite par François Billoux, recueille 37% des voix et obtient vingt-quatre élus [1].

---

1. Témoignage des tensions internes qui agitent l'appareil, Jean Cristofol, bien que candidat officiel communiste au fauteuil du maire, n'a été présentée par son parti qu'en troisième position.

Quant aux socialistes que dirige Gaston Defferre ils font une remontée remarquée : 24,1 % des voix et quinze élus. Presque autant que Henry Bergasse et six élus de mieux par rapport aux élections municipales de 1947.

Le maire n'en est pas tout désigné pour autant. Le conseil municipal de Marseille compte dans ses rangs soixante-trois membres. Aucune liste n'a suffisamment d'élus pour faire élire maire son candidat à l'issue des deux premiers tours où la majorité absolue est requise. Au troisième tour, la majorité relative suffit. Si chacun va à cette bataille sous sa propre bannière, les communistes sont assurés de gagner. C'est inacceptable pour la droite et c'est inacceptable pour Defferre qui a repoussé sèchement les offres d'union de la gauche que lui a faites le PC.

Après deux tours où chaque liste a présenté son champion, il faut désormais envisager des alliances. Arithmétiquement, le problème est simple : le PC rejeté dans son coin, la droite, toutes tendances confondues, n'a que vingt-quatre élus, soit autant que les communistes. Les socialistes en ont quinze. Accepteront-ils de jouer les appoints en apportant leurs suffrages à un candidat d'union ? C'est tout le problème politique posé.

En fait, l'affaire se joue entre Bergasse et Defferre. Le premier, homme de centre-droit, ancien résistant, a sur sa liste un éventail de tendances politiques qui vont des néo-socialistes à la droite la plus traditionnelle, en passant par les radicaux. L'UDSR, parti auquel appartient François Mitterrand, y a également mis quelques représentants. Non sans mal, d'ailleurs : le parti n'est pas unanime pour s'allier à Bergasse qui insiste pour élargir son audience. Il a fallu faire appel à François

Mitterrand pour arbitrer. Après un entretien avec Henry Bergasse, le futur président de la République incitera ses amis à se porter sur la liste. Ils n'auront aucun élu.

Gaston Defferre a fait toute sa campagne avec un slogan agressif : « Pour Moscou, votez Billoux ; pour les taxes, votez Bergasse ; pour Marseille prospère, votez Defferre[1]. » Maintenant que les résultats sont connus, il ne s'agit plus de faire des rimes, mais de négocier. Heureusement, la rusticité des propos électoraux n'a jamais interdit aux adversaires d'hier les discussions post-électorales. Celles-ci se mènent à la mairie. Chacun des deux leaders s'efforce de convaincre son interlocuteur qu'il a dans sa poche une partie des troupes gaullistes et MRP et qu'il est donc tout désigné pour bénéficier de l'appui de l'autre. On se livre à de minutieux décomptes ; entre chaque réunion on « touche » les élus des autres partis qui observent, impuissants, les grands jouer entre eux. Les promesses tombent dru : une voix contre une écharpe d'adjoint, un appartement, une place pour le cousin ou l'ami. En vérité, les deux adversaires ne sont pas de la même trempe. Henry Bergasse est entravé par l'hétérogénéité de sa liste face à un Defferre dont toute la volonté est depuis six ans tendue vers la mairie. Ce siège il le veut et il s'est donné les moyens de l'obtenir. Louis Rossi et ses hommes campent à la mairie, donnant une impression de force indéracinable. La démonstration se veut une opération d'appui psychologique à l'offensive politique qui se mène à l'étage au-dessus : « Vous ne tiendrez pas face aux communistes », affirme Defferre à Bergasse

1. Cité par Stéphane Albert *op. cit.*

dont la tête commence à tourner et dont les amis ne demandent qu'à comprendre ce langage qui est le leur.

Avant même les élections, Jean Fraissinet, l'un des adversaires de droite les plus acharnés de Defferre, a explicitement admis qu'il faudrait faire la part du feu. Le 9 avril, il a écrit un éditorial remarqué dans *Le Méridional,* son journal :

> « L'idéal serait assurément que des élections municipales fussent apolitiques, que des hommes valables, expérimentés et probes, disposent du temps et de l'indépendance nécessaires, se dévouent pour assumer l'administration de la cité [...] Il faut donc, bon gré mal gré, se contenter de dépolitiser le plus possible la gestion de la cité, de réagir contre les funestes ambitions qui faussent le scrutin et admettre que la participation des SFIO est un mal nécessaire si elle permet d'éviter une administration communiste dont on sait ce qu'elle donne et peut donner. »

« La participation des SFIO ! » Comme si Defferre entendait seulement participer ! La droite, épouvantée par les communistes et son ombre, finalement cède : c'est entendu, Bergasse et ses amis voteront Defferre. Il est d'autant plus enclin à le faire que quelques mois auparavant, Defferre est intervenu à Paris pour qu'il fasse partie d'un ministère. Ému, Bergasse l'en a chaudement remercié. Aujourd'hui, il se souvient et votera Defferre. En échange, le poste de premier adjoint revient à Jacques Rastoin, élu de la liste Bergasse et président de la caisse d'épargne des Bouches-du-Rhône.

Rastoin, c'est un notable. Sa famille est depuis des temps immémoriaux à Marseille. Un ancêtre maître savonnier a été guillotiné sous la Révolution ; un grand-père a déjà été élu adjoint au maire entre 1909 et 1920. Huiliers savonniers élus à la chambre de commerce, parlement de la bourgeoisie marseillaise, les Rastoin sont la caution de droite de cette gauche qui prend la mairie. Certes ce soutien ne passe pas sans crispations. Mais les bourgeois de Marseille savent évaluer une situation : Gaston Defferre, il l'a montré les années précédentes sur le port, ne peut être suspecté de sympathies communistes. Leur soutien d'aujourd'hui, c'est aussi la récompense de son engagement d'hier. Qu'un mouvement revendicatif dur éclate ou que les communistes — c'est à cette époque la hantise de toute la droite — lancent l'insurrection et l'on peut être assuré que Gaston Defferre ne flanchera pas. Peuvent-ils en dire autant d'Henry Bergasse ?

Et puis Defferre n'est-il pas le beau-frère d'André Cordesse, représentant éminent de la bourgeoisie savonnière marseillaise ? Toute secondaire qu'elle soit par rapport aux données politiques, cette alliance est appréciée. Un homme qui est le beau-frère d'un Cordesse ne peut pas être entièrement mauvais [1].

Le 9 mai 1953, Gaston Defferre est élu maire de Marseille, applaudi par les socialistes, mais aussi par de larges secteurs de la droite. Le professeur de Vernejoul qui, six ans auparavant, conduisait la liste gaulliste qui avait battu celle de Defferre, n'est pas le dernier à envoyer ses félicitations au nouveau maire. « Mon cher ami, lui écrit-il le lendemain de l'élection, un seul sou-

1. Il est aussi le mari de Paly Swaters, ancienne épouse du descendant de la famille Paquet, célèbre armateur de la ville, dont la compagnie est maintenant gérée par... Jean Fraissinet. Autant de cousinage par la main gauche qui, même s'ils demeurent du domaine du non-dit, constituent un lien supplémentaire avec la bourgeoisie marseillaise.

1

1. 1944. Marseille libérée. Gaston Defferre (5e à partir de la gauche), président de la délégation municipale, descend la Canebière. A sa gauche, Jean Cristofol, futur maire communiste de Marseille. — 2. 1944. Avec le général de Montsabert, libérateur de la ville. (*Photos : droits réservés.*)

2

3

3. 1945. Président de la délégation municipale. (*Photo : droits réservés.*)

4

5

4. 1946. Avec Norodom Sihanouk.

5. 1947. En famille. *De gauche à droite* : Christian de Barbarin, son beau-fils ; Suzanne Defferre, sa mère ; Gaston Defferre et Louis Noëll, son secrétaire. (*Photos : droits réservés.*)

6

6. 1945. Francis Leenhardt. (*Photo : droits réservés.*)

7

7. 1947. Gaston Defferre conduit par Henri Noguères arrive sur les lieux de son duel avec Paul Bastid. (*Photo A.F.P.*)

8

8. 1947. Réunion de la fédération socialiste des Bouches-du-Rhône. *A gauche*, Horace Manicacci.
(*Photo : droits réservés.*)

9

9. 1947. Gare Saint-Charles, de retour de Paris. *De gauche à droite* : Jean Masse, Pierre Sudreau, Gaston Defferre, Louis Noëll, Xavier Culioli. (*Photo : droits réservés.*)

10

10. 1953. Maire de Marseille. (*Photo : droits réservés.*) — **11.** 1955. Campagne électorale. Gaston Defferre acclamé par les Marseillais. (*Photo A.F.P.*)

11

12

12. 1956. Avec Jacques Chaban-Delmas. (*Photo* Le Méridional - La France.)

13

13. 1958. Charles de Gaulle reçu à Marseille. (*Photo A.F.P.*)

14

14. 1961. Pierre Ferri-Pisani (3e à partir de la droite) au repas de communion du fils d'Antoine Guerini (2e à partir de la droite). (*Photo : droits réservés.*) — **15.** 21 avril 1967. Gaston Defferre se bat en duel avec René Ribière, député gaulliste du Val-d'Oise. (*Photo A.F.P.*)

15

16

16. 1969. Candidat à la présidence de la République, avec Pierre Mendès France. (*Photo A.F.P.*)

17. Juin 1971. Congrès d'Épinay. Avec Charles-Émile Loo. (*Photo Francolon / Sygma.*)

17

18

18. 1971. Voyage au Chili avec François Mitterrand. (*Photo : droits réservés.*) — **19.** 1973. Congrès du parti socialiste. *De droite à gauche* : Robert Vigouroux, Gaston Defferre, Charles-Émile Loo, Irma Rapuzzi. (*Photo A.F.P.*)

19

20

20. 1981. Campagne présidentielle en hélicoptère. (*Photo : droits réservés.*) — **21.** 1982. Ministre de l'Intérieur; après l'attentat de la rue des Rosiers. (*Photo Jacques Esparbie.*)

21

22. 1981. Ministre de l'Intérieur ; présentation de nouvelles armes pour les policiers. (*Photo A.F.P. / Georges Bendrihem.*) — **23.** 1985. Partie de chasse avec Louis Philibert (au centre), président du Conseil général des Bouches-du-Rhône. (*Photo : droits réservés.*)

22

23

24

24. 6 mai 1986, 0 h 30 : Gaston Defferre sort de sa dernière réunion. Cinq heures plus tard il tombe victime d'un malaise. (*Photo A.F.P.*)

25

25. Les obsèques. (*Photo Pascal Parrot / Sygma.*)

26 

26. Gaston Defferre : 1910-1986. (*Photo Pascal Parrot / Sygma.*).

hait : restez maire à Marseille toute votre vie et que celle-ci soit très longue. Je le souhaite pour vous, plus encore pour notre grande ville. » Les photos prises à l'issue du scrutin montrent le nouveau maire radieux, illuminé d'une joie irrépressible lorsqu'il reçoit des mains de ses amis un gros bouquet de fleurs. Il vient de raviver une formule de compromis politique faisant de la droite l'alliée de la gauche et dont la seule cohérence est l'opposition au PC. Ce dernier, à chaque élection, proposera rituellement au parti socialiste de faire l'union de la gauche. Pendant trente ans, le maire de Marseille s'y refusera. Lorsque sous la contrainte des choix politiques nationaux de son parti il changera de ligne, alors commenceront les difficultés véritables.

L'homme qui vient de prendre ses fonctions de maire de Marseille aura quarante-trois ans dans quelques mois. De taille moyenne, toujours vêtu d'une sobre élégance grise, il sait séduire en souriant, c'est-à-dire uniquement quand il le veut. Sa voix attire d'abord l'attention ; une drôle de petite voix dont on ne peut encore dire si elle est pointue ou déjà nasillarde. À son entourage, il donne l'impression d'être blindé à tout, de n'être animé que par la poursuite de ses objectifs. C'est l'image de lui qu'il veut donner ; c'est celle qu'il donne.

Marseille réclame des hommes politiques au tutoiement facile, toujours une bonne blague à la bouche. Defferre s'y plie, sait manier la rondeur, mais qui ne voit pas qu'il s'agit d'une façade ? Au fond de lui, l'homme est secret, peu expansif. Il a choisi une fois pour toutes de régner par la crainte plutôt que par la cordialité. Ses sautes d'humeur sont légendaires, mais il n'est pas sûr qu'elles ne soient mûrement calculées.

Agréable avec un collaborateur qu'il voit en face à face, il peut, quelques instants plus tard, se montrer odieux si un témoin est venu se mêler au duo. La méthode, radicale, suscite une révérencielle crainte, une incertitude psychologique qui fait perdre à l'interlocuteur toute capacité de riposte. Curieusement, peu d'hommes de son entourage, amis ou adversaires politiques, ont su résister à cette manipulation mentale. Peu dupes, beaucoup admirent la force du procédé ; certains l'en haïssent ; tous le craignent.

Defferre est pourtant beaucoup moins sûr de lui qu'il n'y paraît. Par certains côtés, il est même timide. Il a coutume de dire que n'étant pas intelligent il lui faut beaucoup travailler. Il entre dans cet aveu une part de jeu, une façon d'endormir le protagoniste sur ses capacités. La tactique semble bonne puisqu'il l'utilisera plus tard avec les femmes : « Avec moi vous ne risquez rien, je suis à la retraite », leur dit-il dans les dernières années de sa vie alors que son charme est encore très opérationnel. Defferre est en réalité bien plus cultivé qu'il ne l'avoue et, en tout cas, largement plus que ne l'est son habituel entourage composé en majorité de gens assez frustes. Il apprécie la peinture moderne, Apollinaire, et est particulièrement sensible aux surréalistes. Il a une passion pour Eluard dont il garde un poème, plié en quatre dans son portefeuille. Il est aussi amateur de ballet. Il connaît les troupes et les danseurs aux spectacles desquels il assiste chaque fois qu'il le peut. Quand Roland Petit, sans théâtre ni engagement, sera sur le point de quitter la France pour aller, dans les années 60, s'installer en Australie, c'est Defferre qui le retiendra par le bout du collant en lui offrant Marseille comme port d'attache. Mais il lui manque l'éclat qui donne la sûreté de soi, cette façon de briller par l'esprit qu'il admire chez beaucoup d'intellectuels, qui le subjuguera chez Mitterrand et qui, beaucoup plus tard, l'attirera chez sa troisième épouse Edmonde Charles-Roux.

Physiquement il ne manque pas d'allure. Tous ceux qui, quarante ans plus tard, se souviendront de lui tel qu'il était à la Libération diront qu'il était « beau ». De cette époque, les photos montrent un jeune homme mince, fougueux, transfiguré par les circonstances historiques. Être maire de la deuxième grande ville de France à trente-cinq ans — ce qu'il fut — a de quoi enivrer ! Moins de dix ans plus tard, il a encore de nombreux traits de cette époque grisante. La silhouette s'est un peu empâtée, mais il brûle encore en lui la flamme sacrée qui embellit tout ce qu'elle éclaire. Gaston Defferre, pourtant, ne s'apprécie guère. Devenu, en février 1956, ministre de la France d'outre-mer dans le gouvernement Mollet, il choisit comme directeur de cabinet un haut fonctionnaire, de six ans son cadet, Pierre Messmer, futur Premier ministre de la Cinquième République. « Le beau Messmer » soupire souvent Gaston qui aimerait bien avoir le port de tête de cet ancien baroudeur de la France libre.

Soucieux de son physique, il prend garde à son poids. C'est d'autant plus douloureux qu'il est gourmand et gourmet. Il aime les chocolats et a la nostalgie de la cuisine maternelle. Certains jours, lorsqu'il se sent envahi par la mélancolie, il téléphone à sa sœur Monique pour qu'elle lui prépare, selon quelques vieilles recettes, ces plats qu'il viendra prendre chez elle. C'est que chez les Defferre l'ordinaire est, hélas, austère. Defferre n'aime pas les gros. Spontanément, comme choqué par ce que les rondeurs révèlent d'appétit de la vie, il s'en méfie. Or, il est sensuel et comme beaucoup d'entre eux, un rien lui profite. Habité par la peur de grossir, il suit de sévères régimes. On le verra arriver aux banquets avec dans un petit panier ses carottes râpées, ses tomates coupées en rondelles, sans vinaigrette, et sa tranche de jambon découennée. De tout autre on eût ri. De lui on loue la volonté qui le fait résister aux plus fortes tentations, on encense sa rigueur qu'immanquablement on qualifie de « protestante ».

Il n'a pas d'enfants et c'est sans doute chez lui une blessure inavouée. Avant-guerre, sa première épouse, Andrée Aboulker, a subi une intervention chirurgicale pour être enceinte. L'opération n'a pas suffi. Il n'aura pas d'enfant non plus avec l'épouse suivante. Il fait mine depuis d'y être indifférent, se montre volontiers excédé lorsqu'il faut prendre en charge l'enfant d'un de ses amis ou de ses parents. Il peut même leur manifester une froideur non exempte d'une certaine brutalité verbale. Pourtant il a avec eux des facilités de communication qui ne trompent pas : il sait s'en faire entendre, les captiver même, pour peu qu'il surmonte son premier recul. Mais il préfère ne pas en parler. Le sujet est tabou.

La seule passion qu'on lui connaisse, celle qu'il ne cache pas et qui lui coûtera une fortune, est la voile. À peine sorti de la guerre, il a acheté un bateau à l'un de ses anciens confrères avocat. Il se pique de bien naviguer. Ce n'est pas le cas, mais il apprendra. Les débuts sont périlleux. En 1946, parti de La Ciotat à bord de sa nouvelle acquisition, il est dans l'impossibilité de rentrer au port. Les vents contraires et son inexpérience le poussent vers le large alors qu'un important rendez-vous lui impose d'être rapidement à Marseille. Seul le port de Bandol paraît en mesure d'être atteint. Defferre s'y dirige résolument, bien qu'il sache que depuis la fin de la guerre le port n'est pas encore totalement déminé. S'attendant chaque seconde à l'explosion, les riverains verront s'avancer ce bateau fou qui semble ne pas se soucier des mines. Arrivé à quai, deux hommes, le secrétaire de Defferre et un marin, encore tout pétrifiés de l'aventure, en descendent. Defferre, lui, se dirige vers le téléphone d'un café proche et commande qu'on lui envoie une voiture de Marseille. Il arrivera en retard à son rendez-vous.

Il a fait tout cela sans gloriole excessive. Il possède, il est vrai, un avantage sur beaucoup : il est indifférent au risque physique et il n'ignore plus que la lutte politique peut être sanglante. La guerre, la haine de ses adversaires l'ont sans doute définitivement trempé. Il traversera toutes les époques troublées avec un revolver dans sa poche, une mitraillette dans sa voiture et un solide mépris pour ceux qui s'imaginent pouvoir l'intimider par les bombes ou les balles. Dans son bureau de ministre de l'Intérieur, en 1981, trône en bonne place une photo dédicacée de Salvador Allende. À quel héros Defferre rend-il hommage ? Au président du Chili démocratique ? Au socialiste assassiné pour ses idées ? Au combattant mort les armes à la main dans son palais encerclé par les chars des militaires factieux ? À tous sans doute. Mais le combattant armé qu'il n'a jamais voulu cesser d'être est sûrement celui auquel il s'identifie le plus. La lutte, il en est persuadé, n'est jamais totalement finie. En témoigne son fatalisme lorsque la guerre d'Algérie terminée et l'OAS décapitée, son chauffeur juge désormais inutile de transporter des armes dans la voiture. Il lève les yeux, et, mi-malicieux, mi-résigné, laisse tomber : « Ce n'est jamais terminé... » Il redira, une fois encore, cette conviction ce soir de mai 1986, dans les locaux de la fédération socialiste où il vient d'être battu par son adversaire Michel Pezet. Louis Philibert, président du conseil général des Bouches-du-Rhône, vient lui toucher la main alors qu'il quitte les lieux. Il est 0 h 30. Defferre, les traits tirés et le regard un peu perdu, répond mécaniquement : « Allez, le combat ne s'arrête jamais. » Quelques heures plus tard, il était mort.

En 1953, le nouveau maire de Marseille n'est pas, à proprement parler, une personnalité nationale. Il n'appartient pas à cette génération d'avant-guerre des grands caciques du parti socialiste à qui le président de la République demande souvent de former le gouvernement. Non, son groupe est celui des jeunes loups, celui où les vieux chefs puisent un ministre ou un secrétaire d'État pour vivifier la meute des anciens.

Depuis 1946, Defferre a ainsi été distingué trois fois. Par Félix Gouin, d'abord, comme secrétaire d'État à la présidence du conseil chargé de l'information, à qui il sert tout à la fois d'homme de confiance et « d'œil de Moscou » à la radio. C'est Defferre en effet qui est chargé de veiller au ton de la « voix de la France » qu'est alors la radio d'État. C'est lui aussi qui répartit la pénurie de papier entre les dizaines de journaux qui n'en ont jamais assez. C'est lui, enfin, qui fera voter par le Parlement les règles controversées d'attribution des journaux de la collaboration.

Il a ensuite fait partie du météorique gouvernement de Léon Blum, entre décembre 1946 et janvier 1947, comme sous-secrétaire d'État à la France d'outre-mer. Enfin, en juillet 1950, Queuille, puis Pleven qui lui succède, l'ont choisi comme ministre de la Marine marchande, fonction qui échoit souvent à un Marseillais. Le secteur est sinistré : la flotte est à bout de souffle, réduite des deux tiers, et les chantiers navals sont obsolètes. Defferre présidera au lancement de paquebots, débloquera des crédits pour en faire construire de nouveaux, préconisera un système d'aides financières et douanières de façon à préserver l'activité des chantiers navals français déjà bien menacés par des prix en moyenne supérieurs de 40% à ceux pratiqués par nos concurrents internationaux. Surtout, on l'a vu, il se montre sur les docks et les bateaux ministre de choc contre la CGT et le PC. Au terme de son mandat ministériel, en juillet 1951, sa notoriété extra-marseillaise sera honorable, sans plus.

Il a su, pourtant, faire parler de lui à l'occasion d'un scandale sur lequel les journaux ont fait de nombreux articles : le « scandale des vins ». C'était en 1946. Le pays manque encore de tout, de ravitaillement comme de matières premières. Le rationnement prolonge les pénuries de la guerre. Cette année-là, les besoins en vin ne seront pas couverts par la production nationale et les importations d'Algérie n'arriveront pas à combler le déficit. Il paraît impossible de garantir les deux litres de vin mensuels promis par le gouvernement à chaque consommateur. C'est alors que le 28 juillet 1946, Pierre Malafosse, maire de Béziers et directeur du service des boissons au ministère du Ravitaillement, est limogé par son ministre, Yves Farge, proche du parti communiste. Une plainte contre X sera déposée pour infraction à la législation du ravitaillement, trois mois plus tard.

Né à la fin du dernier siècle à Salon-de-Provence, ancien membre des Jeunesses socialistes, enseignant, homme d'affaires, journaliste, Yves Farge est un résistant de la première heure. À la Libération, il sera nommé commissaire de la République à Lyon. Il ne manque ni de courage physique, ni de panache. L'un de ses premiers gestes, lorsqu'il est arrivé à Lyon, a été de prendre une mesure conservatoire en... mettant sous les verrous toutes les anciennes autorités de la ville. Lorsque de Gaulle arrive à son tour dans la cité rhodanienne, Yves Farge lui présente les résistants alignés au garde-à-vous.

— Et les autorités ? interroge le chef de la France Libre.

— Elles sont en prison, mon général [1] !

Les accusations d'un tel ministre ne passent jamais inaperçues et la presse n'hésite pas à leur faire la publicité qu'elles méritent. Selon Farge, la fraude porte sur plusieurs centaines d'hectolitres et Malafosse, issu d'une vieille famille de négociants en vins, en aurait couvert la revente au marché noir. L'opération aurait rapporté une fortune colossale à ses initiateurs. Ces derniers, justement, qui sont-ils ? Les journaux lancent des noms, ceux de négociants, d'intermédiaires, d'armateurs, dont celui d'un certain Dogliani qui a pour collaborateur Henri Loo, membre important du parti socialiste marseillais [2]. Bientôt « sortent » les noms d'hommes politiques, ceux de Félix Gouin et de Gaston Defferre.

Malafosse, Gouin, Defferre : trois hommes politiques originaires du Midi, vieux amis de la Résistance et du parti socialiste, tous trois membres du groupe des

---

1. Toutes ces précisions, ainsi que celles concernant le scandale des vins sont empruntées à Georgette Elgey, *La République des illusions*, Fayard, Paris, 1969.

2. Et père de Charles-Émile Loo, futur patron de la fédération socialiste des Bouches-du-Rhône, député et trésorier national du parti, proche collaborateur de Gaston Defferre.

dix-huit fondateurs du *Provençal* dont Malafosse et Gouin possèdent chacun vingt-deux actions. Les liens entre Defferre et Malafosse sont particulièrement forts depuis l'audacieux coup de main monté par Defferre et son ami André Boyer pour le faire évader alors qu'il était détenu par la police de Vichy. À la Libération, pour défendre Malafosse attaqué par la quotidien communiste *Rouge-Midi* qui l'accuse d'avoir favorisé des opérations de spéculation immobilière à Béziers, Defferre a revêtu une dernière fois sa robe d'avocat, est allé plaider et a gagné le procès. Sa mise en cause après celle de Malafosse est donc logique. D'autant qu'à Marseille la lutte politique est exacerbée. Defferre s'oppose aux communistes, ferraille contre la droite dont l'un des porte-parole, le député Jean Fraissinet, est particulièrement virulent, mais il se bat aussi contre une partie des cadres de son parti qui mettent en cause sa mainmise sur *Le Provençal.* Pour ces derniers, cette obscure histoire de vin est, si l'on ose écrire, pain bénit, une illustration supplémentaire de l'affairisme dont ils accusent leur adversaire.

Les accusations de malhonnêteté financière ont toujours paralysé Defferre. Elles le laissent d'abord pantois, dans un état quasi cataleptique, dont il ne sort qu'en prenant une initiative tonitruante qui fait plus de bruit qu'elle n'a d'efficacité réelle. Il n'en paraît que plus maladroit, surtout si ses amis sont ceux par qui le scandale arrive. Lors de l'affaire des fausses factures, en 1983, il paraîtra d'abord désarmé. Puis il fera une grosse colère, clamera partout son innocence, annoncera qu'il porte plainte et fera mine, contre toute vraisemblance, de ne pas connaître le plus prestigieux des inculpés, Nick Venturi.

Près de quarante plus tôt, l'affaire des vins le terrasse. Elle le laisse assommé, dans un état de telle détresse que ses proches craindront qu'il ne se suicide, emporté par cette nouvelle épreuve qui survient si peu de temps après le départ de sa première épouse. Puis il se ressaisit, réfute avec vigueur toutes les accusations le concernant, parle « d'imputations calomnieuses », évite de s'étendre sur ses liens avec Henri Loo et soutient avec prudence Malafosse : « Je ne sais pas si Malafosse a commis des actes malhonnêtes. J'ai de la peine à le croire », écrit-il dans *Le Provençal*[1]. Il a, à l'évidence, moins de peine à en envisager la possibilité. De ce jour, manifestation de sa prudence maladroite, Gaston Defferre prendra ses distances avec Malafosse. Il évitera également de rencontrer Suzanne Boyer, veuve de son compagnon de résistance, qui est hébergée à cette époque par Pierre Malafosse.

Il n'en est pas quitte pour autant. Au printemps suivant il est à nouveau mis en cause par la presse. *L'Aurore* publie une caricature qui le montre barbotant dans une tonneau de vin en compagnie de Félix Gouin. Rage de Defferre qui remâche sa vengeance et se persuade que seul un duel peut laver l'offense. Le geste est anachronique, peu ancré dans la tradition culturelle socialiste, mais sa théâtralité séduit Defferre qui, quelques jours plus tard, croise à l'Assemblée nationale, où il suivait les débats, Paul Bastid, directeur politique du quotidien.

— C'est vous, Bastid ? siffle Defferre déjà dressé sur ses ergots.

— Oui, pourquoi ?

Il n'a pas le temps d'en dire plus qu'il reçoit la gifle que Defferre brûlait de lui donner.

---

1. Cité par Stéphane Albert, *op. cit.*

— Cela vous apprendra à être directeur politique d'un torchon !

— Je vais vous envoyer mes témoins, s'étrangle Bastid.

— J'y compte bien !

En effet. L'offensé choisit les armes : ce sera des pistolets. Non pas ces armes à feu modernes, mais de traditionnels pistolets de combat tels que les ont popularisés le cinéma et le roman. De ces engins, l'on dirait aujourd'hui qu'ils sont « rétro ». Ils n'en sont pas inoffensifs pour autant. Bien utilisés, ils peuvent encore tuer leur homme.

Pas facile de trouver de tels instruments en 1947, à Paris. Les armureries, les salles d'armes n'ont plus rien de tel. Après de fébriles recherches, l'on découvre enfin deux pistolets acceptables à Bruxelles, grâce à la sœur de Paly Defferre qui vit dans la capitale belge. Defferre s'entraîne. L'un de ses collègues, député martiniquais qui semble versé dans l'art du duel, lui progigue quelques conseils, lui explique comment se tenir, la jambe en avant, effacé devant l'adversaire, le bras non armé le long du corps. Sous l'œil attentif de son épouse [1], Defferre répète à la maison, avec une brosse à habit en guise de pistolet.

— Non, ce n'est pas comme cela qu'il faut faire, ton pied est mal disposé, corrige sa femme.

Gaston rectifie la position, et recommence l'exercice.

Arrive le jour du combat. Maître Moro-Giafferri, célèbre avocat d'origine marseillaise, a été choisi pour

1. De nombreux amis sont intervenus auprès d'elle pour qu'elle incite Gaston à ne pas se battre. Paly Defferre les a renvoyés : « C'est normal qu'il se batte, leur a-t-elle dit. Il a été insulté. » Les amis sont partis effarés.

être l'arbitre de la cérémonie qui se déroule à Rambouillet, dans le parc de la propriété de Jacqueline Thome Patenôtre, qui sera la première femme française à être élu maire. Defferre, assisté de son témoin, Henri Noguères, s'engouffre dans une traction noire 15 CV toute neuve — le modèle vient de sortir des chaînes — et arrive à Rambouillet. Sur le pré l'attend son adversaire, entouré de ses témoins et du médecin. Ce dernier n'a accepté de venir que si, en échange, on lui procurait un bon qui lui permette de réquisitionner la voiture qu'en ces temps encore difficiles il ne peut se procurer autrement. Les combattants se mettent en place, s'éloignent dos à dos, se retournent, tirent leur unique projectile et se ratent. La balle de Paul Bastid est allée se perdre dans les arbres ; celle de Gaston Defferre est passée près de l'oreille de son adversaire. Tout le monde se montre satisfait et repart aussitôt. Le soir, un dîner réunit les témoins dans un célèbre restaurant parisien. « Si j'ai bien compris, lâche insolemment Mme Noguères, on a quand même aperçu une balle... »

Tartarin ou capitaine Fracasse ? Un peu de tout cela avec, en sus, une bonne pincée de Citizen Kane. Le maire que Marseille vient de se donner est aussi patron de presse. Plus exactement : patron d'une entreprise de presse. Car la presse en tant que telle n'intéresse pas Defferre. Il en a besoin comme instrument de sa carrière politique, sans plus ; jamais il ne tentera de construire un empire. S'il a créé *Le Provençal*, c'est qu'à Marseille où se concurrencent plusieurs quotidiens locaux il paraît impensable de faire une carrière politique sans disposer d'un journal. Si, plus tard, il crée une agence de presse, l'ACP, c'est par seul calcul gestionnaire, parce qu'il pense qu'il fera ainsi l'économie de dépenses inutiles. Si enfin, dans les années 70, il prend le contrôle du *Méridional*, c'est pour empêcher que le titre ne tombe dans la besace d'un concurrent qui pourrait venir lui manger la laine sur le dos. Il poursuivait le même objectif lorsqu'il a racheté, en 1954, *Var-Matin*. Une fois pour toutes, Defferre a choisi de faire sa carrière comme homme politique, pas comme homme de presse. C'est pourquoi il a toujours refusé d'acheter des journaux dont il n'avait pas l'utilité immédiate. Il refusera ainsi de prendre le contrôle de *Nord-Matin*, quotidien lillois proche de la SFIO qui, faute de mieux, se laissera racheter par Robert Hersant.

Le Provençal ne perdra jamais son côté utilitaire au détriment, souvent, de sa qualité journalistique. Dans les premières années du règne, c'est au journal que tout se décide, tout s'organise, tout se fait. Y compris les campagnes électorales qui sont dirigées des bureaux du quotidien. Une bonne partie de l'appareil politique personnel du maire y est rémunéré. Horace Manicacci, le fidèle des débuts, y est directeur général ; Xavier Culioli, l'homme de l'ombre, y a son bureau ; Louis Rossi, l'homme de main, y est salarié. L'infrastructure du journal, ses voitures, ses secrétaires, ses presses, sont utilisés pour les campagnes. Au point qu'à ces moments-là, on installe un standard réservé à Defferre qui n'est ainsi pas gêné par l'encombrement des lignes téléphoniques. Aucun des actionnaires ne trouve à redire à cette agitation extra-éditoriale. Il est vrai qu'ils ne sont guère sollicités. Le journal est déficitaire et la charge financière en pèse tout entière sur André Cordesse et Paly Defferre, la riche épouse du maire, qui sont chargés de combler les déficits. L'épouse de Gaston Defferre y laissera une bonne partie de sa fortune.

Les pertes s'accroissent encore avec les batailles qui opposent Defferre au PC. Comme tous leurs camarades du Livre, les ouvriers du *Provençal* adhèrent à la CGT. Le syndicat est omniprésent, fort, structuré, usant avec générosité du droit de grève pour faire aboutir ses revendications. Defferre qui n'a cessé de se colleter avec le PC est persuadé que les grèves qui affectent son journal sont politiques. On veut le mettre à genoux ? On va voir ! En novembre 1951, alors qu'une nouvelle grève paralyse l'imprimerie du *Provençal*, il *lock-out* tout le monde. La grève, qui affecte également *Le Méridional* de Jean Fraissinet, dure trente-cinq jours. Les hommes de Rossi et de Venturi occupent les locaux, préventivement ; Jean Perrier, directeur technique du journal, et André Poitevin, son directeur administratif, dorment sur place. Dans la journée ils font le tour des ouvriers les plus tièdes, engagent de longues palabres pour les convaincre d'arrêter le mouvement. Au vingt-huitième jour, ils trouvent une quinzaine de jaunes qui acceptent de sortir une feuille commune aux deux journaux en grève. Sur une face de la feuille s'étale le titre du *Provençal*; sur l'autre, celui du *Méridional*; des deux côtés on dénonce la grève et on vitupère la CGT. Les grévistes hésitent. Au trente-cinquième jour, ils reprennent le travail sans avoir rien obtenu. Defferre prend la balle au bond et n'hésite plus : c'est le moment de faire le nettoyage. Il ne tient compte ni de l'ancienneté, ni des charges de famille. Une centaine d'ouvriers, sur les six cents que compte l'entreprise, sont licenciés. Ce sont, selon Defferre, les « meneurs », tous adhérents actifs du Syndicat du Livre, la plupart membres du PC. Épuisés par la longue grève, leurs camarades ne réagissent pas. Defferre en profite pour susciter la création d'un syndicat FO qui devient son seul interlocuteur. À sa mort, la CGT n'avait pas repris pied au *Provençal.*

Le journal a beau être normalisé, Defferre n'en est néanmoins jamais très loin. Lorsqu'il est à Marseille, il s'y rend tous les jours aux alentours du déjeuner. Le cérémonial de ces années-là ne varie pas : en quittant la mairie qui n'est alors qu'à quelques centaines de mètres des bureaux du *Provençal,* Defferre fait prévenir par téléphone de son arrivée imminente. Depuis qu'il s'est cassé les talons lors d'un voyage aux antipodes, il éprouve de la peine à monter les escaliers. Longtemps, d'ailleurs, il marchera avec une canne dont il frappe, impatient, la porte de l'ascenseur lorsque celui-ci tarde à venir. Excédé, il a un jour décidé qu'il en aurait l'usage exclusif quand il arrive. C'est pourquoi le concierge de la mairie téléphone au journal dès que le « patron » quitte l'hôtel de ville. Aussitôt un ascenseur est bloqué, dans lequel il s'engouffre pour monter à son bureau, au deuxième étage, situé à côté de celui de son rédacteur en chef Léon Bancal et celui du directeur général en titre, Horace Manicacci.

Grand et massif, avec un accent corse prononcé, Manicacci possède un humour qui fait la joie de son entourage, même si ses détracteurs assurent qu'il est involontaire. Ayant constaté un jour une baisse de diffusion dans un village des Hautes-Alpes il fait part de sa préoccupation : « La situation est mauvaise. Dans ce village les ventes ont baissé de 50 %. Nous vendions deux exemplaires, nous n'en vendons plus qu'un » ! Le retard des trains qui affecte les ventes le rend tout aussi soucieux. Dans le Gard, le problème est chronique. Au point que Manicacci fait un jour une intervention auprès des responsables de la SNCF. Le lendemain, triomphant, il fait part de son initiative à la rédaction :

« Je puis vous assurer que désormais le train partira à l'heure. Avec ou sans journaux » !

Au journal, alors qu'il déjeune sur le pouce d'un cornet de frites ou d'un sandwich, Defferre préside la conférence de rédaction. La cérémonie est vite expédiée et le maire peut alors s'en aller vers d'autres activités. Il ne reprend contact avec son journal que le soir, vers 23 heures, lorsqu'il appelle le rédacteur en chef pour s'enquérir des titres choisis pour la « une » et, éventuellement, en fonction des préoccupations politiques du moment, les modifier. Jamais, durant plus de quarante ans, il ne manquera ce rendez-vous. Où qu'il soit, à Paris ou à l'étranger, à proximité de Marseille ou à l'autre bout du monde, il téléphone pour connaître les titres. Parfois il s'embrouille dans les fuseaux horaires, téléphone à l'aube alors que le journal est déjà tombé, s'emporte de ne pas avoir été consulté. Mais toute sa vie il respectera le rite. Qu'il soit dans une réception officielle, chez des amis ou au spectacle, député ou ministre, on le verra, lorsque l'heure approche, s'éloigner silencieusement, s'enquérir de la présence d'un téléphone pour appeler Marseille et son journal. Parfois il téléphone au domicile d'un de ses journalistes, l'interroge sur ses affaires particulières, donne ses instructions, conseille telle action ou en interdit d'autres. Initiatives communes à tous les directeurs de journaux, mais qui prennent une dimension délicate lorsque, après 1981, c'est le ministre de l'Intérieur qu'est devenu Defferre qui les prend.

En ces années 50, Marseille est à reconstruire et il ne reste pas un sou vaillant en caisse. Lorsque Defferre est arrivé à la mairie, il a demandé à l'inspection des finances de faire ce qu'on n'appelle pas encore un audit. Le fonctionnaire dépêché par Paris, un inspecteur nommé Dubois-Taine, a vite fait le tour du problème : la situation est tout simplement catastrophique. Les déficits cumulés du budget municipal sont vertigineux alors que le centre de Marseille abrite encore des bidonvilles, que les canalisations d'eau potable sont rares et vétustes, que le tout-à-l'égout est inconnu dans plusieurs quartiers et que les hôpitaux sont quasi inexistants.

Le maire sortant, Carlini, poursuivi par une opposition qui ne lui concédait aucun répit, a fait tourner à coups d'expédients une maison ruinée. Depuis deux ans, le budget n'a pas été voté. En 1952, les crédits destinés à l'aide sociale ont été amputés de moitié. Le préfet a refusé d'en approuver le budget. L'année suivante, celui-ci a été présenté avec un déficit de 903 millions. Le préfet, encore une fois, a refusé la copie. Depuis, les fonctionnaires sont payés avec l'argent des emprunts levés pour des grands travaux qui ne se font pas. Chaque mois, le préfet, après avoir pris ses instructions auprès de son ministre, en débloque une partie pour couvrir les besoins les plus criants. À Paris, on trouve la situation délicate, mais, pour des motifs d'opportunité politique, on évite de faire des vagues. Marseille, tenue en laisse, attend son chèque mensuel en s'enfonçant dans le désastre.

Des mesures d'urgence s'imposent. Un rapide contrôle a révélé l'existence de services aux effectifs pléthoriques et aux fonctions indéterminées. Ce sont, en fait, les hommes de main de Carlini, mauvais garçons plus ou moins impliqués dans le Milieu, qui ont à la mairie une couverture honorable. Certains sont officiellement chargés d'empêcher que les Marseillais ne jettent par la fenêtre leur poubelle pleine, le fameux

« paquet marseillais », pratique encore en vigueur à cette époque. D'autres font carrière dans des emplois réservés. Des handicaps, médicalement constatés, les empêchent de faire face à la plupart des contraintes de leur métier, mais ils n'en continuent pas moins d'être utilisés aux mêmes tâches. Des boueux sont ainsi, pour cause de faiblesse lombaire, interdits de soulever des charges lourdes ; des charpentiers qui ont le vertige ne peuvent monter sur une échelle. Beaucoup d'entre eux exploitent en réalité un bar dans le quartier de l'Opéra.

Avec brutalité et sans complexes, Defferre licencie. Plusieurs années seront nécessaires pour dégraisser les effectifs, réviser les conditions d'attribution des marchés, rabattre les prétentions des fournisseurs qui ont pris l'habitude de vendre leurs services au prix fort, revoir le contenu des conventions. L'argent manque pour prendre les mesures les plus urgentes. Il faut aller à Paris pour négocier avec le ministre des Finances, Edgar Faure, une avance de trésorerie que consentirait l'État. Flanqué d'Irma Rapuzzi, le nouveau maire de Marseille essaie de convaincre son ami Edgar Faure qu'il est en mesure de rembourser en deux ans l'avance de 712 millions qu'il lui demande. Le ministre est sceptique :

— Qu'est-ce qui t'arrive, Gaston ? Qu'es-tu allé faire dans cette galère ? Ta carrière va s'écrouler. Marseille est un tombeau. Suis mon conseil : défile-toi. Tu as fait l'inventaire ? Ne persiste pas. Les millions que tu me demandes, je ne les ai pas. Et puis, même si je les avais, je ne te les prêterais pas. Ce serait un mauvais service à te rendre.

Defferre est furieux, menaçant, persuasif, dépité. Faure suçote sa pipe, essaie d'éviter l'orage, propose de transiger :

— Bon ; je te prête 300 millions.

— J'ai besoin de 712 millions, hurle Defferre en se levant.

Irma Rapuzzi reste coite sur sa chaise. Pourvu que le « patron » ne sorte pas réellement, se dit-elle. Mais Defferre se ravise, revient à la charge. Faure, à bout d'arguments, cède enfin :

— Je regretterai cela toute ma vie, lâche-t-il dans un soupir. Je suis trop sentimental.

Comme promis, l'avance a été remboursée en deux ans. Elle aura permis d'entreprendre les travaux les plus urgents, de mettre en route les plans pluri-annuels de développement que Marseille, première du genre, inaugure avec l'aide du commissariat au Plan.

Defferre se veut un grand bâtisseur. Marseille est pauvre, désuète ; la ville manque de logements, de canalisations, d'écoles, d'hôpitaux, de voiries, de terrains de sport, d'équipements de toutes sortes. Le défi est à la mesure de l'ambition du maire. Il travaille d'arrache-pied pour le relever, y parvient souvent. Sous son règne, l'on construit des avenues, des viaducs, une corniche, un métro ; il fait percer des tunnels, entreprend, plus tard, une vigoureuse politique culturelle en rénovant théâtres et édifices restés à l'abandon. Marseille restera des années durant une ville en chantier. L'arrivée de 240 000 rapatriés donne un coup de fouet supplémentaire à la construction. La croissance de la ville oblige à de nouveaux travaux d'infrastructure, impose de nouvelles charges financières. Partout l'on construit. Plus tard, l'on verra que le phénomène n'a pas toujours été maîtrisé, que la fièvre bâtisseuse laisse parfois place à des maladies urbaines plus pernicieuses sur fond d'insécurité, de mal de vivre et d'engorgement automobile. L'on constatera aussi que le « tout-béton » n'empêche pas toujours le centre d'une ville de perdre sa vitalité, que des immeubles vides attirent immanquablement ceux qui ont besoin de logement, que l'immigration crée parfois de délicats, voire de violents problèmes. Plus tard seulement... Defferre devra alors faire face à un défi d'une tout autre nature. Et il manquera d'en perdre son trône.

Pour l'heure l'enthousiasme domine, suscitant une énergie qui rend la marche en avant irrésistible. Le maire mène sa boutique d'une poigne de fer. Lorsqu'il est ministre, il délègue largement ses responsabilités à des collaborateurs choisis. Maire, il contrôle tout, au point que, parfois, le système s'engorge.

Deux hommes sont ses premiers relais dans l'administration municipale : Jean Poggioli et Jean Calvelli. Le premier, bombardé secrétaire général de la mairie, est l'ancien préfet de l'Indre. Il est arrivé directement de Châteauroux, a de l'expérience et c'est la première fois que la mairie de Marseille, plus habituée à engraisser des prébendiers qu'à rétribuer des professionnels compétents, s'offre un haut fonctionnaire pour faire tourner son administration.

Directeur de cabinet du maire, Jean Calvelli, qui a la haute main sur le secrétariat particulier, sort d'un autre moule. Vieux militant socialiste, il a été, avant-guerre, secrétaire fédéral. Il est petit, parle d'une voix si menue qu'on le croit aphone. À son retour de Buchenwald où il a été déporté durant la guerre il était si transparent qu'on a cru qu'il passerait. Grâce à une volonté d'acier il s'est remis et a rejoint le clan de Ferri-Pisani dont il était un proche. Mais Defferre a su habilement le « retourner », ce qui a précipité la perte de l'ancien secrétaire du syndicat des inscrits maritimes. Calvelli est depuis devenu le complice obligé de Defferre. Rien ne se fait à la mairie sans qu'il ait été consulté. Homme politique, il est à la tête d'un cabinet qui comptera près d'une quarantaine de personnes, gère les promotions, s'occupe des affaires délicates, est le paravent efficace entre le vulgaire et le noble. Il a mauvaise réputation auprès des conseillers municipaux qui le surnomment Louis XI, il est craint mais il a la faveur du prince. Il sera directeur du cabinet jusqu'en 1979 et mourra un an plus tard, remplacé par l'adjointe qu'il a lui-même formée, Simone Orsoni, femme à la lippe revêche mais à l'autorité efficace. De Calvelli à Orsoni : Gaston Defferre sera resté en de bonnes mains.

Le maire s'appuie enfin sur un homme dans lequel il a une confiance aveugle : Louis Rossi. Ce dernier est élégant, chaleureux et ... analphabète. Irma Rapuzzi, ancienne institutrice, sans doute la plus cultivée des gens qui constituent la première phalange de Defferre, lui donnera des cours. Tout fruste qu'il soit, Louis Rossi dégage une telle impression de sûreté que sa seule présence apaise Defferre. Rossi a été de tous les coups durs : la Résistance, les combats de la Libération, la prise du *Provençal*, les bagarres sur les docks, la protection des meetings contre les communistes, les campagnes électorales. Il sera celui qui, à Marseille, luttera efficacement contre l'OAS lorsque l'organisation secrète y multipliera les attentats. À cette époque, la tête de Defferre a été mise à prix et la police ne semble pas pouvoir trouver les poseurs de bombes. Rossi recrute autour du maire une garde prétorienne et passe à la contre-attaque. De nouvelles bombes éclatent, qui, cette fois, font voler en éclats les bars de tenanciers proches de l'OAS. Lâchée par les bistrotiers qui n'entendent pas faire les frais d'une guerre totale, l'OAS marseillaise suspend rapidement ses attentats.

Rien ne peut être refusé à un homme comme Rossi. De fait, la porte du maire lui est ouverte à n'importe quelle heure. Il vient parfois chez Defferre, quelquefois accompagné de Nick Venturi, son neveu et son second. Tous deux entrent dans le bureau, s'assoient sur une banquette, à gauche de la porte d'entrée, papotent à voix basse tandis que le maire continue son travail, levant de temps en temps la tête pour savoir de quoi il retourne. Puis tous deux repartent, aussi discrets qu'ils étaient venus. Rossi meurt d'un cancer en 1964, veillé par Nick Venturi qui l'a assisté durant toute sa maladie. C'est la seule fois où l'on a vu Defferre pleurer en public. « J'ai perdu mon talisman », dira-t-il, inconsolable, à quelques intimes. Ces deux hommes que les circonstances avaient fait naître dans deux univers d'une totale dissemblance et qui ne durent leur rencontre qu'à des circonstances exceptionnelles avaient été de véritables compagnons.

Dur avec ses collaborateurs, dur avec lui-même — il se réveille aux aurores —, Defferre traite son conseil municipal comme un pion mène ses potaches. Pas question de chuchoter dans les rangs ! Durant les séances personne d'autre que lui ne décide de qui parle. Pas question de fumer non plus : Defferre est non fumeur et n'entend pas qu'en sa présence on soit autre chose. Lorsqu'il s'adresse à un conseiller municipal, celui-ci se lève, bafouille une réponse, comme un gosse pris en faute au fond de la classe. Avec les années, même les conseillers communistes ont pris le pli, terrorisés comme les autres. Opposants politiques, ils sont tenus dans l'ignorance du contenu des dossiers et de la marche des services. Leur participation se réduit à la manifestation d'un accord dont Defferre, qui dispose d'une large majorité, se soucie comme de sa première motion de congrès. Isolés, marginalisés, ces communistes qui ont fait trembler la bonne bourgeoisie tremblent à leur tour. Defferre est-il bien ou mal luné aujourd'hui ? C'est la seule question que, semblables en cela à tous leurs collègues, ils se posent quand s'ouvre une séance du conseil.

De ces élus trop obéissants, le maire se moque ouvertement, avec le même malin plaisir qui, histoire de faire sentir sa poigne, le pousse à donner à ses collaborateurs rendez-vous à l'aube ou le samedi matin. Les communistes sont sa cible préférée ; comme les autres ils ne bronchent pas lorsque le sarcasme defferrien s'abat sur eux.

— Vous êtes instituteur ? demande un jour Defferre à l'un des élus du groupe communiste.

— Oui, monsieur le maire.

— C'est bizarre. On dit que les instituteurs sont intelligents et, pourtant, vous êtes communiste !

Pris ainsi à partie, le malheureux ne dit rien et se rassoit. Sa seule consolation est que Defferre sait se montrer autant, sinon plus désagréable avec les conseillers socialistes. Un jour d'été, l'un de ceux-ci assiste au conseil municipal en sandale et sans cravate. Defferre l'aperçoit, le foudroie du regard et ordonne : « Allez vous rhabiller ! » Piteux, le conseiller quitte la salle des délibérations sans que personne ait bronché.

De tels incidents font la joie des chroniqueurs qui assistent aux séances des conseils municipaux. Ils ne sont pourtant que le reflet d'une conception du pouvoir. La dureté des temps, l'ampleur des problèmes posés, les traditions municipales marseillaises qui laissent une large part à l'amateurisme ont sans doute rendu inévitable cette façon de conduire la cité. Mais ce qui était autorité est devenu bientôt autoritarisme. Et ce qui se voulait organisation n'est plus que du quadrillage. Le maire a ses représentants dans chaque corporation, dans chaque communauté. Les chauffeurs de taxis ont ainsi à leur tête un des responsables de son service d'ordre ; les juifs et les Arméniens, communautés ethniques les plus influentes parmi les minorités marseillaises, ont leur courroie de transmission dans l'entourage immédiat du maire. On crée les comités d'intérêt de quartier (CIQ) censés faire converger vers la mairie les revendications des populations. Les CIQ ont bientôt leur représentant au sein du conseil municipal, devenant eux-mêmes, non plus la structure de participation des habitants, mais un marchepied vers le pouvoir, premier échelon d'une carrière élective. L'intégration des intérêts d'un parti à ceux de la mairie, tout entiers concentrés dans les mains d'un seul homme, n'est pas très loin, toutes proportions gardées, de ce que Defferre appelle le « totalitarisme soviétique ». Mais, on l'aura compris, Defferre n'est pas partisan de la démocratie lorsqu'il s'agit de gérer « sa » mairie.

On imagine ce qu'un tel système peut couvrir de services donnés et rendus, ce qu'il peut sécréter de compromissions et de passe-droits. Autant que l'honnêteté des hommes, leur environnement et leur mode d'organisation politique est ici en cause. Defferre peut être d'une intransigeance totale quant aux affaires d'argent, il ne pourra éviter que son système ne sécrète de déplorables dérapages. La corruption n'est jamais le fruit de la transparence démocratique.

Daniel Matalon

Georges Grosson a la tête prête à éclater. Voilà des heures qu'il court de bar en bar à la recherche du « patron », sans le trouver. À chaque nouvelle halte, il lui faut trinquer avec les amis qui l'accompagnent et qui semblent avoir, eux, une solide résistance. Des amis ? Disons plutôt des relations. À vrai dire il ne les connaît que depuis ce jour, depuis l'après-midi pour être précis, lorsqu'ils sont venus l'avertir que le « patron » désirait le voir. Le « patron », c'est Jean Fraissinet, l'un des chefs de file de la droite marseillaise, propriétaire du *Méridional* et important armateur. Grosson doit en convenir : ce Fraissinet est une tête à qui il ne peut rien refuser. Il a demandé qu'on vienne le voir ? Alors, lui, Grosson, modeste éleveur de porcs et candidat dans le quatrième secteur de Marseille, sur la liste de Rénovation municipale que soutient Fraissinet contre Gaston Defferre, n'a pas à discuter. Et, d'ailleurs, il ne discute pas. Est-ce sa faute à lui si, malheureusement, le « patron » ne se trouve dans aucun des bars où les amis qu'il a envoyés disent qu'il devrait se trouver ?

Heureusement, les amis en question sont chaleureux. Nombreux et un peu costauds, certes, ce qui oblige à se serrer dans la voiture, mais ce sont eux qui, gentiment, insistent pour payer dans chaque bar. Maintenant, pourtant, Geroges Grosson est fatigué. Il irait volontiers se coucher après cette journée bien arrosée à courir derrière une ombre. On lui demande de signer un papier ? Qu'est-ce donc que cette signature ? Qu'importe, il signe. Demain, il sera toujours temps d'éclaircir cette affaire.

De quoi s'est, le lendemain, souvenu Georges Grosson ? De peu de chose sans doute. Sa « gueule de bois », seule, lui a rappelé qu'il avait passé une journée ininterrompue de libations. Ce sont ses amis — les vrais, pas ceux de la veille — qui lui ont appris la suite de l'histoire. Alors qu'il dormait d'un lourd sommeil d'ivrogne, les complices de Gaston Defferre ont apporté à la préfecture la lettre qu'ils venaient de lui arracher et dans laquelle il assurait ne pas maintenir sa candidature pour le deuxième tour des élections municipales. Quatre autres de ses colistiers de la liste de Rénovation municipale s'étant, eux, volontairement désistés, celle-ci était définitivement hors course dans le quatrième secteur, laissant face à face les représentants de Gaston Defferre et les communistes alliés aux dissidents socialistes de Daniel Matalon.

Le dimanche suivant, Defferre, qui avait fait campagne en se présentant comme le meilleur rempart contre le communisme, ralliait à lui une partie des voix de droite orpheline d'une liste et devançait les communistes. Daniel Matalon, ancien compagnon de combat de Gaston Defferre, aujourd'hui socialiste dissident, seul candidat qui aurait pu ravir au maire de Marseille son sceptre, était battu et Georges Grosson, celui dont l'intempérance avait permis à Defferre de vaincre, y gagnait son sobriquet. Désormais, on ne l'appellerait plus que « Grosson-sans-cédille ».

Ce dimanche 21 mars 1965, au soir du deuxième tour des élections municipales, Gaston Defferre avait vraiment senti le vent du boulet. Pour obtenir cette troisième réélection consécutive il avait fallu jouer de toutes les recettes de la tradition électorale marseillaise : gros bras, campagne de diffamation, fausses nouvelles, débauche d'affiches. Il avait aussi fallu innover en recourant à l'enlèvement et à l'extorsion de signature. Mais le résultat était là : gagné ! La mairie de la deuxième ville de France dirigée par un maire socialiste alors que le général de Gaulle régnait sur la France, cela méritait d'être signalé.

Mars 1965. Cela fait bientôt sept ans qu'à Paris de Gaulle gouverne sans partage ; en province, quelques rescapés du raz de marée gaulliste de 1958, dont Defferre, tentent de préserver leur territoire de la contagion. Ah, certes, il faut composer, jouer au plus fin, ne pas affronter de face un adversaire qui dispose au sein de l'électorat national d'un soutien dont peu d'hommes politiques ont pu se prévaloir. Mais Marseille a ses particularismes et son maire est habile. La ville a toujours eu ses conservateurs indépendants, bourgeois bien assis qui regardent avec méfiance ces traîneurs de sabre gaullistes, roturiers douteux toujours entre deux coups de main. Parfois elle les utilise mais jamais les gaullistes ne prendront durablement pied à Marseille. Avec sûreté, le maire joue des divisions de ses adversaires, fait alliance avec l'un, évite l'autre, et se maintient à son poste en exploitant son traditionnel filon, le « danger » que représentent les communistes, de loin la plus importante des familles de la gauche.

En 1953, c'est déjà ainsi qu'il a, pour la première fois, enlevé la mairie. Il lui a suffi d'agiter le chiffon rouge pour que, pris de peur, le candidat de la droite, Bergasse, parti pourtant favori, saute dans les bras de celui qui paraissait seul avoir la carrure pour lutter contre les communistes. Six ans plus tard, en mars 1959, les mêmes réflexes ont joué et Defferre a été réélu.

Et pourtant, en 1959, il a bien cru qu'il ne passerait pas la barre. C'est que l'élection intervient dix mois après le retour au pouvoir du général de Gaulle. Les temps sont alors peu cléments pour les hommes politiques qui ne sont pas des inconditionnels de l'homme du 18 juin, pour ces partis déconsidérés pour n'avoir pas su régler l'épineux dossier algérien. Or, moins d'un an auparavant, Defferre n'était-il pas ministre de la France d'outre-mer dans ce gouvernement Guy Mollet paralysé autant par ses conflits internes que par le poids des problèmes qu'il affronte ? N'était-il pas l'un des porte-parole parmi les plus connus de la SFIO ? N'est-il pas, à ce titre, l'exemple même du politicien dont l'existence justifie aux yeux des gaullistes et, maintenant, de la majorité des Français, le retour au pouvoir du général ?

Defferre doit son dernier maroquin ministériel au succès du Front républicain qui, en janvier 1956, a hissé Mollet jusqu'à l'Hôtel Matignon. Il est notoire que Defferre aurait plutôt préféré voir comme président du Conseil Pierre Mendès France. De nombreuses réunions, tenues entre Mollet, Mendès et Defferre, dans les quatre semaines qui ont précédé la formation du nouveau gouvernement, n'ont pu malheureusement aboutir à ce que souhaitait le maire de Marseille. Pour former le gouvernement, René Coty, président de la République, a finalement fait appel au premier, plutôt qu'au second, au grand dépit du troisième.

Quant à Defferre, il aura, quoi qu'en pense Guy

Mollet qui aurait aimé pouvoir se passer de ses services, la France d'outre-mer.

Le domaine qui lui échoit n'est pas simple à gérer. Bien qu'en quelques années la gangrène algérienne ait tout contaminé, vie politique nationale, moral des troupes et honneur de l'armée, certains au gouvernement et dans l'administration ne sont pas aveugles au point de ne pas craindre que l'exemple algérien ne se transmette à ces pays d'Afrique noire où, hors de tout contrôle et au nom de la France, les administrateurs coloniaux font encore donner le fouet dans les champs de coton. Ne pas se laisser entraîner dans une logique de répression coloniale en Afrique noire : tel est l'un des objectifs partagés par plusieurs responsables politiques en ce début d'année 1956, lorsque Guy Mollet confie le dossier à Gaston Defferre.

Les deux hommes ne s'apprécient guère. Ni l'histoire, ni les origines, ni la culture ne les rapprochent. Mollet est du Nord, de ce Pas-de-Calais où l'adhésion au parti des socialistes est pour beaucoup un geste aussi naturel que celui de respirer. L'école, l'organisation de jeunesse, le club sportif, la mutuelle et même la fanfare sont autant d'expressions de cette culture ouvrière encore si vivace. Ici le congrès de Tours a coupé dans le vif d'un tissu ouvrier véritable, séparé des familles entières, dupliqué les organisations et leurs satellites. Ici la mairie n'est pas, comme à Marseille, lieu de pouvoir et de redistribution, mais fortin d'appui à la grève dont la mythologie associée à celle de la mine hante encore les mémoires. En demeure, à Lille, une surprenante coutume : à la fin de chaque réunion du conseil municipal, le maire fait circuler parmi ses adjoints un plateau de tartines beurrées [1].

1. Cité par Jean-François Bizot, *in Au parti des socialistes, Plongée dans les courants d'un grand parti,* Grasset, Paris, 1975.

Rien de tel à Marseille où Gaston Defferre est dans son fief à l'image de sa réputation : pragmatique et favorable à une alliance avec la droite modérée, politique qu'il pratique sans honte. Mollet, même si l'Histoire ne le retiendra pas ainsi, a la réputation de représenter l'aile gauche du parti, d'être un homme de culture et de conviction marxiste, favorable à l'union avec les communistes. Ceci est suffisant pour le séparer de son camarade du Sud. Les divergences nées de la lutte politique quotidienne feront le reste. Mollet et Defferre sont définitivement brouillés.

À peine formé, le gouvernement subit sa première crise. Le 6 février 1956 — décidément une bien mauvaise date pour la République ! —, Mollet s'envole pour Alger où il va installer le général Catroux, nouveau ministre résident. Fureur des Algérois pour qui le général n'est qu'un bradeur. Accueilli sur le Forum, devant le monument aux morts, par une pluie de tomates mûres, Mollet rembarque précipitamment tandis que Catroux démissionne.

Defferre est alors pressenti pour le remplacer.

— Je suis d'accord mais, avertit le maire de Marseille, à condition d'avoir la totale responsabilité de l'ouverture du feu en cas de troubles.

Autrement dit : à condition que l'on me donne les moyens de ramener à la raison les activistes européens qui sabotent toutes les possibilités de compromis. Mollet fait aussitôt marche arrière. Defferre ne sera « que » ministre de la France d'outre-mer.

Durant les seize mois que survivra le gouvernement Mollet, les escarmouches et les conflits à l'intérieur du gouvernement, à propos de l'Algérie, ne cesseront. Rapidement Mollet obtient des parlementaires, communistes compris, les pouvoirs spéciaux qui lui permettent d'envoyer le contingent en Algérie, donnant définitivement à la population algérienne le sentiment d'être un pays occupé par une armée étrangère. Rappelé lui-même comme lieutenant, le polytechnicien Jean-Jacques Servan-Schreiber passe par Marseille pour s'embarquer. Il fait un saut par la mairie, n'y trouve pas Defferre, son ami depuis plusieurs années, laisse un mot : « À bas Mollet ! À bas Defferre ! Signé : un rappelé. » Defferre a compris que le message de complicité est le reflet d'une réalité bien moins affectueuse. En conseil des ministres, avec Mendès, ministre d'État sans portefeuille, il critique la fuite en avant d'une politique qui ferme la voix au dialogue ; Mollet, soutenu par Robert Lacoste, le ministre résident à Alger que Defferre a failli être, rétorque que la victoire militaire est un préalable.

Les conseils résonnent d'insultes que s'envoient à la figure les protagonistes. « Va te faire enculer ! » lance un jour Lacoste à Defferre ; « Je t'emmerde ! » rétorque sans ménagement ce dernier[1] !

On s'injurie tout autant lorsque, en octobre 1956, l'avion qui transporte, entre Rabat et Tunis, Ben Bella et plusieurs responsables du FLN, est arraisonné par la chasse française. Et l'on s'injurie toujours quand, en mars 1957, le général de Bollardière, dans une lettre ouverte publiée par *L'Express*, dénonce la torture que pratiquent en Algérie les soldats français. Au conseil des ministres, Mollet demande qu'on envoie le général en forteresse. Defferre, assisté d'un Garde des sceaux nommé François Mitterrand, prend sa défense et

1. Franz-Olivier Giesbert, *François Mitterrand ou la tentation de l'Histoire,* Le Seuil, Paris, 1977, cité par Stéphane Albert *in op. cit.*

menace de quitter le gouvernement si une sanction frappe l'officier général. Il aura gain de cause.

Curieusement, Defferre, en désaccord à peu près complet sur la gestion du dossier qui va emporter la Quatrième République, peu complaisant à l'égard de Guy Mollet qu'il ne supporte guère, ne démissionnera pas. Alain Savary, secrétaire d'État aux Affaires marocaines et tunisiennes, a rendu son tablier après l'arraisonnement de l'avion de Ben Bella ; Mendès a fait de même cinq mois auparavant. Mais Defferre reste à son poste. Moins par loyalisme envers Guy Mollet que par fidélité à son parti dont le chef est également le président du conseil. Le même mécanisme joue d'ailleurs en d'autres circonstances. Au congrès du parti, à Lille, en juillet, il s'abstiendra de prendre position à la tribune contre la politique du gouvernement auquel il appartient, même s'il signe une motion critique à l'égard de la majorité. Semblable en cela à de nombreux communistes, Defferre a l'esprit de parti dans le sang. « On a toujours tort de quitter son parti », dit-il souvent ; « On n'a jamais raison contre le parti », disent les communistes à la même époque.

Et puis, il faut en convenir : Defferre aime être aux affaires et entend bien y rester. Homme de pouvoir, dirigeant d'un parti qui dispose du plus important groupe parlementaire, il estime être à sa place pour diriger le pays. D'autant qu'il y fait œuvre utile.

Quelques troubles à Dakar, au moment du scrutin de janvier 1956, puis au Cameroun, ont souligné l'urgence de réformes que les spécialistes de l'Afrique noire réclament depuis longtemps. Les rapports s'amoncellent sur le bureau du ministre : il faut faire vite si l'on veut dissiper le malaise déjà perceptible et éviter une situation à l'algérienne. C'est cette volonté d'avancer rapidement qui est à l'origine de la loi-cadre que Defferre présente devant les parlementaires dès mars 1956.

« La gravité et l'urgence des questions d'Afrique du Nord ne doivent pas nous faire commettre la faute d'attendre pour définir une politique en Afrique noire, à Madagascar, en Océanie, déclare le ministre devant les députés, le 21 mars 1956. Nous devons faire la preuve que nous savons délibérer, décider et agir autrement que sous la contrainte des événements, que nous sommes capables d'avoir une perspective à long terme. »

L'Algérie est vraiment au détour de chaque débat. Le projet de loi sur la légalité duquel les constitutionnalistes s'interrogent autorise le gouvernement à mettre en œuvre des réformes par décrets. Il sera définitivement voté, le 19 juin 1956, avec le soutien de quatre cent soixante-dix députés. Cent cinq députés votent contre, dont un tout jeune parlementaire aux idées déjà bien tranchées, Jean-Marie Le Pen. Soixante et onze décrets d'application suivent qui organisent les réformes promises aux nationalistes africains dont plusieurs siègent au parlement. Étape importante sur la voie de l'indépendance, les décrets donnent aux États d'Afrique occidentale et équatoriale un statut d'autonomie assez poussé. Pour avoir passé en Afrique une partie de sa jeunesse, Defferre sait mieux que personne l'inéluctabilité du mouvement qu'il imprime aux événements. Toute sa vie il gardera une fierté particulière pour la loi-cadre, « sa » loi.

« Guy Mollet ? C'est mon meilleur agent électoral » aurait un jour laissé tomber de Gaulle en commentaire des déclarations « laïques » du chef de la SFIO. La politique algérienne de ce dernier aurait pu justifier le même jugement. Le socialiste André Philip avait décrit avec pertinence la paralysie algérienne qui frappait le gouvernement Mollet : « La droite se tait parce que ses idées sont au pouvoir, la gauche se tait parce que ses hommes y sont [1] ». Profitant des silences et des paralysies des uns et des autres, le général pousse alors son avantage. En mai 58, balayée par une guerre qu'elle n'a pas su gagner ni militairement, ni politiquement, la Quatrième République s'effondre et fait à nouveau appel au général de Gaulle.

Ce dernier a trop de mépris pour « les partis » et le concept qui les décrit pour ne pas hérisser un homme comme le maire de Marseille qui est entré en parti politique comme on entre en religion. De Gaulle entend de plus réformer la constitution. Ses idées, qu'il avait déjà exprimées en 1946, lors du célèbre discours de Bayeux, sont peu appréciées des partisans du régime parlementaire qui craignent que, selon le mot de Mitterrand, derrière le général ne s'engouffrent bientôt les colonels.

La SFIO est en crise, incertaine sur l'attitude à tenir. Ses dirigeants adoptent des positions divergentes. Si l'ancien président du conseil Guy Mollet s'est rallié à de Gaulle qui l'a nommé ministre d'État dans son gouvernement, Defferre est de ceux qui s'élèvent avec véhémence contre l'investiture du général lorsque celui ci, le 1er juin 1958, se présente devant l'Assemblée

---

1. Cité par Stéphane Albert *in op. cit.*

nationale. Mais à défaut d'une discipline impossible à faire prévaloir dans un parti éclaté, Defferre manifeste quand même sa fidélité à sa chère SFIO : il ne rejoint pas les camarades qui indignés de la « trahison » de Mollet quittent la vieille maison et vont fonder le Parti socialiste autonome [1].

Trois mois plus tard, celui qui apparaissait comme l'un des chefs de file de l'opposition à de Gaulle a changé d'avis et, comme la majorité de son parti, appelle maintenant à voter « oui » au référendum constitutionnel du 28 septembre. La volte-face stupéfie tout le monde politique. Defferre, qui affirmait se méfier des dérives caudillistes du général de Gaulle, explique désormais que seul un pouvoir « fort et stable » est capable de régler le problème algérien, d'appliquer une « politique libérale dans les territoires d'outre-mer et en Algérie » !

Sans doute le sentiment d'être dans l'impasse explique-t-il partiellement cette nouvelle chanson. Sans doute l'espoir d'une solution serait plus grand si le gouvernement était moins soumis aux petits aléas de la cuisine parlementaire. Defferre, tous comptes faits, apprécie assez qu'une autorité soit efficace. Il sait être pragmatique. Au surplus, comme beaucoup de socialistes qui se rangent derrière le général, il croit peu aux menaces que de Gaulle ferait peser sur les libertés publiques. Ce qui sépare les deux hommes est moins affaire de conviction que, encore une fois, de culture.

Autant d'éléments qui militent en faveur d'un ralliement. Et pourtant, ce n'est pas ici l'essentiel. Car ce qui explique avant tout le retournement de Defferre

1. Le PSA donnera bientôt naissance au PSU en se réunissant à quelques petits groupes.

est sa crainte — majeure — de perdre la mairie s'il n'épouse pas la vague gaulliste qui emporte le pays.

Au cours de l'été les élus de droite qui lui sont alliés au conseil municipal sont venus le trouver. Il n'est pas possible, lui ont-ils dit en substance, que vous persistiez dans une attitude systématique de refus à de Gaulle. Ce serait une catastrophe pour Marseille. Le marché — car c'en est un — est clair : le ralliement à de Gaulle ou la rupture de la coalition municipale.

La menace doit être prise au sérieux. Dans quelques mois ont lieu de nouvelles élections municipales. Si la partie de la droite qu'il a réussi à neutraliser en la « gelant » dans son camp fait sécession et rejoint le reste de la famille que dirige l'armateur Jean Fraissinet, la division des voix de gauche, partagées entre socialistes et communistes, conduira inéluctablement à sa défaite. À moins de faire l'union de la gauche, ce que réclame inlassablement le parti de Maurice Thorez. Mais de cela, Defferre ne veut pas. Ce serait un suicide politique pour lui qui ne conçoit son avenir municipal que dans une alliance avec la droite. Il n'a dans ces conditions pas le choix : la seule solution demeure, pense-t-il, le ralliement à de Gaulle. Le virage est brusque mais qui s'en formaliserait alors que la majorité des dirigeants de la SFIO a fait, ou est en train de faire, le même mouvement ?

Le jour où il a pris la décision d'appeler à voter « oui », Defferre a envoyé un télégramme à son ami Henri Noguères, associé avec lui dans l'agence de presse ACP : « Rendez-vous d'urgence Marseille. » Noguères a sauté dans le train, a roulé toute la nuit, est arrivé au matin à La Blancarde, petite gare à l'écart de Marseille où la rencontre sera plus discrète. Les deux hommes sont montés dans la voiture de Defferre et ont roulé dans la campagne.

— Comme cela, a expliqué le maire, si l'on s'engueule, ce n'est pas la peine que tout Marseille soit au courant !

Puis il en est venu au fait :

— Je vais appeler à voter « oui » au référendum.

Noguères en a hoqueté de stupéfaction.

Defferre lui a alors raconté la démarche de ses conseillers municipaux, le dilemme dans lequel il se trouve, son choix de sauvegarder sa mairie :

— Tu sais à quel point elle compte pour moi. J'ai donc décidé de faire voter pour de Gaulle. Autant le faire avec les honneurs. Tu as des amis chez eux, arrange-moi une entrevue avec le général.

Noguères a refusé et a laissé la corvée à l'un de ses associés. De ce jour, et jusqu'en 1974, Defferre et Noguères, brouillés, ne se sont plus revus. Mais Defferre est arrivé à ses fins. De Gaulle, venu à Marseille après son triomphe référendaire — 71,5 % des exprimés ont voté « oui » —, y a reçu un triomphe. On a vu sa haute silhouette descendre la Canebière avec à son côté un maire souriant, sinon totalement rasséréné, du moins convaincu d'avoir sauvé l'essentiel.

Quelques semaines plus tard, les résultats des élections législatives de novembre l'ont conforté dans l'opinion qu'il avait bien fait de ruser. Pour la première — et la dernière — fois depuis 1945, il y a été battu. Il le pressentait : le climat était peu favorable à la gauche. Pour tenter d'échapper au destin, il a changé de circonscription, s'allouant d'autorité celle de son adjoint, Jean Masse, à Château-Gombert. Cette circonscription, a-t-il pensé, est un fief socialiste où il sera facilement réélu. Elle est d'abord et surtout un fief massiste. Le père Masse, le plus célèbre bistrotier de Château-Gombert, y régnait déjà avant-guerre. Son fils, Jean, député et conseiller général, a pris la succession ; son petit-fils, Marius, prendra en 1988 celle de Jean. Sur un tel territoire, n'est pas élu qui veut.

Jean Masse a bien sûr protesté contre ce rapt électoral. Defferre n'en a tenu aucun compte : Masse, il l'a gardé en travers de la gorge, était du côté de Ferri-Pisani en 1946. Depuis, il est revenu dans le giron de l'orthodoxie defferrienne, mais il est des manquements qui ne s'oublient pas. Au premier tour de l'élection, Defferre devance d'un millier de voix son principal concurrent, le gaulliste Pascal Marchetti, greffier au tribunal. L'élection semble acquise. Mais au second tour, c'est l'échec : lui rendant un chien de leur chienne, des communistes ont manifestement aidé à faire mordre la poussière au premier en votant pour le second. Dans le secret de l'isoloir, des socialistes semblent en avoir fait autant, mettant à exécution la consigne rappelée avec une évidente rancune par les affiches anonymes placardées sur tous les murs de la circonscription : « Pour Masse en masse ; pour Defferre rien à faire. » Le soir du dépouillement, il manque deux cent cinq voix à Defferre pour être élu. Le préfet fait comprendre que ce minime écart peut être discrètement rectifié. Defferre refuse. Il aura moins de scrupules en 1983, pour défendre sa mairie menacée par Jean-Claude Gaudin.

De cet échec législatif[1] qui frappe les meilleurs porte-drapeau de la gauche, il sort conforté dans la justesse de son soutien à de Gaulle. S'il s'était obstiné

1. En avril 1959, Defferre sera élu sénateur. Réélu au palais du Luxembourg en septembre 1962, il récupère son siège de député le 25 novembre de la même année et réintègre alors le Palais-Bourbon.

dans une opposition de principe, le résultat n'aurait-il pas été pire ? N'aurait-il pas définitivement compromis toute chance pour la bataille municipale de mars 1959 ? Quoi qu'il en soit, il en est certain, celle-ci sera serrée. Aussi Defferre ne néglige-t-il aucun détail. Chaque candidature est soupesée au trébuchet et la liste est composée avec un soin de dentelière. Aucune voix ne doit lui faire défaut, toute occasion d'élargir l'assise de sa candidature doit être saisie. Lorsque le gouvernement, en pleine période de préparation des élections municipales, supprime une pension aux anciens combattants, Defferre exploite aussitôt le tollé provoqué par la mesure. L'un de ses émissaires est envoyé prendre langue avec un certain Baptistin Granon, inconnu jusque-là des milieux politiques mais fort estimé des anciens combattants dont il préside, dans les Bouches-du-Rhône, la fédération des associations. Quelques jours plus tard, Baptistin Granon, « ancien combattant, grand mutilé, commandeur de la légion d'honneur à titre militaire », fait son apparition sur la liste municipale de Gaston Defferre, en septième position sur soixante-trois candidats, c'est-à-dire assuré d'être élu. Il sera à nouveau candidat, six ans plus tard, présenté cette fois avec un titre moins ronflant : « retraité ». Cette année-là, le gouvernement n'avait pas indigné les anciens combattants...

Autant de précautions qui portent leurs fruits : Defferre est réélu maire de Marseille le 17 mars 1959. La partie de la droite, menée par Jacques Rastoin, qui lui est alliée depuis 1953 a présenté sa liste, mais il est convenu qu'elle fera l'union avec celle de Defferre dès la première séance du conseil municipal. Deux autres listes de droite, gaullistes « officiels » et gaullistes « dissidents », sont également en lice. Pascal Marchetti, le tombeur de Defferre à l'élection législative de 1958, qui dirige la première, a décroché cinq élus. Son soutien est nécessaire à l'élection de Defferre comme maire. Trois postes d'adjoint, quelques avantages de fonction et une négociation nocturne menée dans l'appartement d'un ami commun auront raison des timides réticences de Pascal Marchetti.

Six ans plus tard, aux élections municipales de mars 1965, il faut à nouveau se battre pour garder cette mairie avec laquelle Gaston Defferre s'identifie complètement. Cette fois, c'est du sérieux. Un concurrent, un vrai, s'oppose à lui. Il est socialiste, dispose de solides appuis au sein de la fédération, s'est allié aux communistes et est un excellent orateur : Daniel Matalon part à la conquête de l'hôtel de ville et Defferre n'est pas assuré d'en sortir vainqueur.

Depuis 1959, année de la précédente élection, le paysage politique s'est sensiblement éclairci. L'affaire algérienne est réglée et, depuis 1962, année où le peuple français en a accepté le principe par référendum, le président de la République est élu au suffrage universel. De Gaulle sera-t-il candidat en décembre 1965, année où l'on procédera au baptême du nouveau mode d'élection ? Nul ne le sait. Goguenard, le général s'amuse à maintenir le flou sur sa résolution. Chaque conférence de presse est pour lui l'occasion de lancer de sibyllines petites phrases que les commentateurs dissèquent aussitôt. Autant interroger les astres pour y percevoir les intentions d'un sphinx. Celles de Defferre, en revanche, sont claires : depuis le 18 décembre 1963, soit près de deux ans avant l'échéance, il est candidat à la présidence de la République.

Les élections municipales de mars 1965 n'en sont pour lui que plus importantes. Qu'il soit battu à Marseille, et c'est sa crédibilité présidentielle qui sera atteinte, sans doute définitivement. Defferre n'a qu'une recette, à Paris comme à Marseille : seule une alliance de la gauche socialiste et du centre peut battre de Gaulle ou ses représentants. À Marseille, cela implique de resserrer les liens tissés avec les secteurs non gaullistes de la droite locale et d'aller à la bataille municipale sur une liste commune. Pour n'être pas originale, cette figure politique va toutefois provoquer un brutal conflit au sein de la fédération socialiste, suscitant une alliance électorale entre les communistes et un socialiste dissident, Daniel Matalon. Aucune élection n'est à priori gagnée. Celle-ci, Defferre le craint, encore moins qu'une autre.

Depuis toujours, entre Matalon et Defferre, le courant ne passe pas. Ces deux-là ne se sentent pas. À moins qu'ils ne se sentent que trop bien, tels deux crocodiles qui ont la malchance de partager le même marigot. De quatre ans le cadet de Defferre, Matalon est né à Salonique, dans une petite famille juive de commerçants en grain. Il est arrivé en 1918 dans la cité phocéenne, y a grandi, a adhéré en 1936 à la SFIO. Il partage alors les convictions de l'aile gauche du parti, fortement influencée par les trotskistes que regroupe Marceau Pivert. Il passera la guerre discrètement, caché un certain temps par Irma Rapuzzi, sans jamais croiser Gaston Defferre.

Transitaire de formation et de métier, il monte en 1947, à la demande du patronat marseillais, la Socoma, société destinée à lutter contre les influences communistes sur le port en embauchant des dockers non syndiqués à la CGT. Accessoirement, la société deviendra l'une des premières pompes à finances du parti socialiste marseillais. L'accompagnent dans l'aventure de la

Socoma Antoine Andrieux et Irma Rapuzzi, tous deux futurs sénateurs des Bouches-du-Rhône, anciens amis des Jeunesses socialistes. Charles-Émile Loo viendra un peu plus tard. Matalon, Andrieux, Rapuzzi et Loo : un quatuor dont Marseille entendra parler.

Matalon, un à un, grimpe les échelons : conseiller municipal en 1953, conseiller général en 1955, député en 1962. Un parcours de jeune cacique. En 1950, il a succédé à Gaston Defferre à la tête de cette prestigieuse dixième section où le futur maire a lui-même adhéré lorsqu'il est venu à la SFIO, en 1933.

Connaît-on jamais l'origine des conflits, le détail qui fait basculer un équilibre ? Defferre, selon une démarche qu'il empruntera à nouveau vingt ans plus tard en s'affrontant à Michel Pezet, a-t-il soupçonné une infidélité ? A-t-il craint pour son hégémonie ? A-t-il voulu éviter que Matalon, orateur brillant et esprit pointu, ne lui fasse un jour de l'ombre ? Ou, tout simplement, n'a-t-il pas supporté l'idée même d'un dauphin lié, circonstance aggravante, à Guy Mollet, son ennemi préféré ? Il est bientôt question d'écarter Matalon de la mairie en ne le représentant pas sur la liste socialiste aux élections municipales de 1965. Matalon y voit alors, à juste titre, une tentative de marginalisation et se rebelle.

Les hommes politiques ont la pudeur d'expliquer leurs conflits d'ambition par de nobles raisons. Il faut une cause politique à leurs disputes. La délicate question des alliances allait faire un prétexte fort convenable pour habiller le différend. Plutôt que de faire liste commune avec la droite, propose Matalon, présentons une liste homogène ou, mieux, une liste d'union avec le PC. Une idée proprement saugrenue. Jusqu'alors, jamais Matalon n'avait trouvé à redire à l'alliance avec la droite, ligne officielle du socialisme municipal marseillais. Jamais non plus il n'avait manifesté ses préférences à l'égard d'une liste d'union de la gauche. Mieux, en dirigeant la Socoma et en se heurtant au parti communiste lors de la bataille pour le contrôle du port, Matalon avait pris une part active à l'affrontement socialo-communiste. Sa proposition ne pouvait être qu'un prétexte politique. C'est bien ainsi qu'elle fut prise. Et c'est le seul moment où l'on parla un peu de politique. Le reste appartient au domaine des coups fourrés.

Durement pris à partie par Defferre et les siens, Matalon n'est pas isolé pour autant. Les sédiments successifs de militants brimés par l'autoritarisme du maire lui fournissent ses premiers partisans. D'autres, sincèrement attirés par une perspective politique nouvelle, viennent bientôt le rejoindre. Des secteurs entiers de l'appareil du parti ne sont pas indifférents au bras de fer qui s'engage, espérant, sans trop le proclamer, que le challenger va, cette fois, battre le tenant du titre. De son côté, Defferre sait pouvoir compter sur quelques gros bataillons, notamment les hommes de Nick Venturi. Selon une recette très stalinienne, il a confié à Charles-Émile Loo le soin de mener la bataille contre celui qui, plus que son associé au sein de la Socoma, est aussi un ami et son frère en franc-maçonnerie. Loo, discipliné, a acquiescé.

Section par section, on met aux voix les deux lignes. L'assemblée générale des militants de la dixième section, où le résultat de vote pèsera son poids symbolique, est particulièrement attendue. C'est là que Matalon dispose des plus nombreux soutiens et qu'il contrôle l'appareil. La réunion où assistent près de deux mille militants est convoquée dans une salle louée pour la circonstance, les salons Michel, rue Aldebert. Les hommes de Matalon sont déployés devant le bâtiment, s'apprêtant à contrôler les entrées. Mais la salle dispose d'une sortie de secours par où, le matin même, se sont discrètement engouffrés Nick Venturi et ses costauds. Lorsque les portes sont ouvertes, Matalon et les siens ont la surprise de voir que les locaux sont déjà occupés, bourrés de militants plus ou moins à jour de leurs cotisations. Le débat est rondement mené. Très vite les coups pleuvent. De part et d'autre on se collette sans retenue ; des revolvers sortent même des poches, heureusement sans être utilisés, tandis que la bataille s'étend à la rue. Alors que Matalon, vaincu sous le nombre, est expulsé de la tribune, Defferre prononce l'excommunication : l'ancien camarade est devenu un dissident. Il ne sera pas sur la liste municipale.

Ces péripéties n'ont, bien sûr, pas échappé au parti communiste qui compte bien exploiter à son profit la crise que traverse son cousin socialiste. L'occasion est trop belle. Une rencontre met en présence Matalon et une délégation du parti dirigée par Georges Lazzarino, secrétaire fédéral du PC. On tombe rapidement d'accord : l'ancien adjoint de Defferre et les siens feront liste municipale commune avec le PC. Il n'a pas été nécessaire de discuter longuement d'un programme municipal : l'objectif essentiel de cette réunion étant de se répartir les sièges, une vague plate-forme promettant surtout la construction de logements pour les familles à revenus modestes a fait l'affaire.

Pour Defferre, la passe est dangereuse. Une réforme électorale vient d'abolir le scrutin proportionnel dans les villes de plus de trente mille habitants et de découper les villes de Paris, Lyon et Marseille en secteurs.

Dans chacun d'eux, l'élection se fait désormais au scrutin majoritaire de liste : celle qui obtient la majorité enlève tous les sièges du secteur. Marseille en compte huit. Dans chacun d'eux une liste d'Union des forces démocratiques (UFD) présentera ses candidats, communistes et socialistes dissidents mêlés. Dans quatre secteurs, ce sont les communistes qui sont têtes de liste ; dans les quatre autres, la place a été réservée aux socialistes dissidents. L'affiche est belle : Daniel Matalon dirige la liste d'union dans le quatrième secteur ; Marius Massias, conseiller municipal sortant, vice-président du conseil général et secrétaire de la neuvième section socialiste, mène la liste UFD dans le cinquième secteur [1]. Dans le deuxième secteur, dont la liste est dirigée par le député communiste Paul Cermolacce, Francis Siffredi, secrétaire de la quatrième section socialiste figure en seconde position. Edmond Briole, conseiller municipal sortant, et Jean Blanc du Collet sont les deux autres socialistes qui mènent les listes d'union, respectivement dans le premier et le troisième secteur. Même Jean Masse que Defferre, le temps d'une élection perdue, avait dépouillé de sa circonscription en 1958, a failli, lui aussi, faire partie de l'aventure. Il a même donné son accord de principe. Mais au moment de sauter le pas, il a été convoqué par Defferre et a dû subir un sermon menaçant. Tel un gamin pris en faute, Masse s'est ravisé. À la dernière minute.

Maigre consolation pour le maire de Marseille. L'état

1. Comme les Masse, les Massias sont une quasi-dynastie socialiste : Guillaume Massias, père de Marius, a été adjoint au maire en 1929 ; Marius Massias est resté conseiller municipal durant vingt-quatre ans et conseiller général durant dix-huit ans ; son frère, Léon Massias, avocat, a été conseiller d'arrondissement avant-guerre ; quant à Guy Massias, fils de Marius, il est lui aussi, depuis 1983, conseiller municipal.

des forces politiques, la présence de deux listes de droite, l'hégémonie du parti communiste dans plusieurs quartiers de la ville, l'écho que rencontre la tentative de Matalon rendent la défaite plausible. La dispersion des voix socialistes égarées par le conflit ajoute à l'incertitude. Le conseil fédéral des amicales laïques ne vient-il pas de rendre publique une motion où il considère que « toute union avec la droite, gaulliste ou non, est une erreur » ? Seul Matalon semble confiant. « Si nous approchons de la barre, a-t-il avoué à ses colistiers, plusieurs des élus de Defferre nous rejoindrons. J'ai déjà pris contact avec eux. » Ils sont d'autant plus prêts à retourner leur veste qu'ils ont reçu des assurances : en cas de victoire, l'accord avec les communistes le prévoit, le poste de maire reviendra à un socialiste, Marius Massias. Lui, Matalon, sera premier adjoint. Le premier communiste dans l'ordre des responsabilités ne sera que deuxième adjoint.

La campagne fut rude ; sans doute l'une des plus animées qu'ait connue Marseille depuis longtemps. Les meetings des « renégats » — le titre leur avait été décerné par Defferre, mais, maintenant, ils le revendiquaient — faisaient salle comble, rythmés par les cris de « Matalon, maire de Marseille » ! Des équipes sillonnaient la ville en tous sens, recouvrant les affiches des concurrents encore plus rapidement qu'ils n'avaient placardé les leurs. Parfois elles se rencontraient dans la rue et, immanquablement, on en venait aux poings.

Certaines initiatives furent plus subtiles. Telles celles prises par Defferre, en sous-main, de présenter dans quelques secteurs des listes au profil politique imprécis. Elles devaient se retirer après le premier tour en appelant à voter pour Gaston Defferre. On encore celle de susciter ces retraits individuels de candidats, « sous-marins » inscrits sur des listes des gaullistes et qui, brusquement, appelaient à voter pour Defferre, leur théorique adversaire, accroissant le trouble de l'électorat. C'était, pensait-on, un moyen de gagner quelques dizaines de voix supplémentaires. Maigres résultats pour investissements massifs, mais Gaston Defferre en était là : aucune voix ne pouvait être négligée.

Contre les listes de Gaston Defferre et celles de l'UFD, la droite aligne une coalition de gaullistes, menés par Joseph Comiti, de nostalgiques de l'OAS, représentés par l'armateur Jean Fraissinet, et de politiciens d'une droite plus classique que dirige Francis Ripert. De cet amalgame hétérogène émerge Jean Fraissinet. Sa haine à l'égard de Defferre est entière et inextinguible. Que ne ferait-il pas pour le faire battre ? Lorsqu'il a appris que Defferre présenterait cette fois des listes composées en alliance avec des bourgeois de la ville, il est entré dans une violente fureur. D'une part, il le sait, parce que la présence de notables sur la liste du maire sortant donne de la crédibilité à l'unique ressort de la campagne municipale de Defferre : le « péril communiste », enlevant le monopole de cette bonne carte aux candidats de la droite. D'autre part, parce que ces candidatures bourgeoises émanent, pour certaines, de ses amis. De gens de son monde tout au moins, comme ce Jacques Rastoin à qui, une fois encore, est promis le poste de premier adjoint, et que Fraissinet connaît de longue date et tutoie. Ou de ce petit jeune prometteur, qu'il connaît moins mais dont on lui a parlé, professeur d'histoire-géo de l'enseignement libre, âgé de vingt-cinq ans, un certain Jean-Claude Gaudin. Comment ce petit qui est de sensibilité Algérie française, ce qui ne semble pas gêner Defferre, se retrouve-t-il sur le même bateau qu'un socialiste ? Comment peut-il accepter de contribuer à son succès ?

Énigme proprement scandaleuse. Car, plus que tout, Fraissinet veut la peau de Defferre. Pour cela, il est prêt à s'allier avec le diable ou ses représentants sur terre, les communistes. D'ailleurs il a déjà donné des gages : ne pouvant conclure d'alliance publique avec les « rouges » il se contentera de financer discrètement la campagne de leurs alliés en versant des subventions à Matalon. Une banque marseillaise de crédit, sur les conseils de Fraissinet, suivra son exemple et versera, elle aussi, son écot.

Au soir du premier tour, le 14 mars 1965, les résultats sont encourageants : dans trois secteurs sur huit, les listes UFD sont en ballottage favorable ; dans le quatrième secteur, Matalon, en tête de tous les candidats, dépasse son concurrent defferriste de 188 voix. La seule liste a être élue dès le premier tour l'est dans le huitième secteur : c'est celle de l'UFD dirigée par le député communiste François Billoux. Pas de doute, Defferre est en mauvaise posture.

Vient maintenant le temps des stratèges du second tour. D'abord régler les désistements, surtout dans ce quatrième secteur, circonscription de Matalon, où tout peut se jouer. Que les neuf élus y soient d'un bord ou d'un autre et la future majorité du conseil municipal en est changée. Tout l'effort des defferristes va donc se porter sur ce secteur. Outre leur liste, conduite par Étienne Girbal, un MRP spécialement choisi pour ne pas effrayer l'électeur modéré, il y a face à Matalon une liste de droite que dirige Francis Ripert, et une autre menée par un modeste candidat nommé Marcotorchino, au nom d'un éphémère Rassemblement démocratique et national. Que ces deux dernières listes se retirent et le combat se réduit à un duel Matalon-Girbal ; c'est là une figure classique de la tactique électorale defferrienne, une situation dans laquelle le maire de Marseille se sent à l'aise : le suppôt des communistes contre le champion de la liberté.

Marcotorchino, dont la liste a pourtant obtenu 15 % des suffrages, ne fait aucune difficulté : le lendemain du premier tour, il se retire moyennant un dédommagement pour ses frais de campagne. Les membres de la liste Ripert sont en revanche divisés : quatre d'entre eux sont favorables au retrait ; les cinq autres, chauffés à blanc par Fraissinet et Comiti, qui n'ont cure de faire gagner Matalon si cela doit assurer la défaite de Defferre, annoncent qu'ils se maintiennent. Comment les defferristes peuvent-ils obtenir le désistement supplémentaire qui seul permettra d'invalider toute la liste ? Une solution : l'enlèvement d'un récalcitrant. Ce sera Grosson qui, soûlé et inconscient, signera sa démission.

À l'heure où les candidatures du second tour doivent être déposées, chaque groupe campe dans la préfecture, devant le bureau des élections. Les communistes comme les partisans de Defferre sont en nombre. Avant de pénétrer dans la préfecture, Charles-Émile Loo a lancé à l'un de ses adjoints, désignant ses hommes du doigt :

— Il faut les foutre à poil !

Et sous les yeux ébahis de Georges Suffert qui, journaliste, suit pour *L'Express* la campagne électorale, chacun a déposé dans un sac son pistolet puis a passé le portail de la préfecture !

Quelques minutes avant la clôture des listes, une

cohorte de militants de la SFIO sont venus apporter les désistements attendus dont celui, extorqué, de Grosson. Curieuse pratique qu'un désistement déposé par les candidats de la liste adverse ! Le lendemain Grosson, dégrisé, ira déposer un recours devant le tribunal administratif. Il sera débouté au motif que son recours est irrecevable dans la forme !

Semaine agitée que ces sept jours séparant le premier du deuxième tour. Le gaulliste Comiti, qui sent Defferre chanceler, a rencontré, à plusieurs reprises, Matalon et ses partisans pour combiner l'attaque finale. Mais, trop confiant, il s'en est vanté auprès du préfet des Bouches-du-Rhône dont le directeur de cabinet, un sous-préfet du nom de Pierre-Henry Rix, indigné de cette alliance contre-nature, est aussitôt allé se confier à Defferre. Le lendemain *Le Provençal* a titré toute sa « une » sur une « collusion entre les communistes et Comiti ». Des affiches ont été collées qui dénoncent le surprenant « pacte clandestin ». Comiti et les communistes ont aussitôt porté plainte en diffamation contre Gaston Defferre et ce dernier, pour faire bonne mesure, a pris le premier prétexte pour porter plainte à son tour contre les communistes.

On plaidera à la veille du second tour. Defferre compte bien exposer son témoin à la barre, le bavard sous-préfet Rix. Ce dernier promet de venir, mais Comiti et les siens le laisseront-ils déposer ? Ne tenteront-ils pas, comme Gaston, orfèvre en la matière, le craint, de l'enlever avant le procès ? Mieux vaut être prudent : alors que le témoin, calfeutré chez lui, passe une nuit anxieuse, une équipe d'hommes de la mairie, déguisés en employés des eaux, montent la garde devant son domicile, tapis sous une tente de chantier montée à la hâte au-dessus de providentiels travaux. Le tribunal, dans sa sagesse, renverra les adversaires dos à dos. Tout cela, estime-t-il, ne sort pas des amabilités habituelles que l'on échange en période électorale.

Le soir du second tour, Defferre l'emporte dans cinq secteurs sur huit, atteignant de justesse la majorité. Marius Massias et six autres conseillers sont les seuls socialistes dissidents à être élus. Ils vont former au conseil municipal un groupe qui n'est pas au bout de ses peines. Defferre sait être mesquin avec délice. Massias demande-t-il des bureaux pour son groupe ? Le maire leur rétorque qu'élu avec les communistes il n'a qu'à utiliser ceux des communistes. Et lorsque ayant obtenu deux bureaux, Massias fait ouvrir une ancienne porte murée afin d'accéder à ses locaux sans traverser ceux du parti communiste, Defferre fait aussitôt remurer ce qui vient d'être déblayé !

La « bataille des maçons » ne sera qu'une des multiples escarmouches de cette guerre d'usure. L'essentiel, pour Defferre, demeure Matalon. Battu en 1965 à l'élection municipale, ce dernier compte bien prendre sa revanche en 1967, à l'élection législative. Le 1er décembre 1966, quatre mois avant le scrutin, Matalon sort un quotidien pour préparer le terrain. *Midi-Provence* évite d'annoncer prématurément la couleur et se présente d'abord comme une feuille d'information. Defferre ne s'y trompe évidemment pas. Le nouveau quotidien aura le plus grand mal à s'imposer sur le marché. Lorsqu'il avait fait acte de candidature, en 1965, Marius Massias, qui dirigeait une petite entreprise de transport de presse avait, du jour au lendemain, perdu le marché du *Provençal* qui assurait 50 % de son chiffre d'affaires. Cette fois, on fait prévenir les commerçants que donner de la publicité à *Midi-Provence* serait considéré comme une marque de défiance à l'égard du maire ; de même, les cinémas ont été avertis qu'y annoncer leurs spectacles risquait de leur coûter quelques avantages fiscaux. Quant aux kiosquiers, des commissionnaires à la dialectique persuasive leur ont expliqué où était leur intérêt. Résultat : *Midi-Provence* n'est pas formellement interdit mais les vendeurs de journaux, prudents, évitent de le mettre à l'étal.

Le quotidien ne durera que le temps de la campagne électorale. Matalon, de plus en plus isolé, perd son siège de député que lui ravit Charles-Émile Loo. Il perdra son fauteuil de conseiller général, quelques mois plus tard, lors de nouvelles élections cantonales. PC et SFIO mènent alors à Paris des discussions unitaires. Pour le PC dont l'union de la gauche est l'axe stratégique du moment, ces rencontres sont vitales. Defferre, qui fait de la défaite de Matalon une affaire personnelle, a su convaincre les communistes qu'abandonner leur ancien allié rendrait leurs arguments plus convaincants lors des prochaines discussions unitaires nationales. Matalon devra donc se battre contre un candidat communiste mais aussi contre un adversaire inattendu, chirurgien, que le maire de Marseille présente alors sur les fonts baptismaux de la politique : Robert Vigouroux.

La campagne connaît une curieuse tonalité. Matalon, dont le canton abrite une partie de la communauté juive de Marseille, fait distribuer un tract reproduisant une lettre que lui a envoyée le consul général d'Israël au lendemain de la guerre des Six Jours. « J'ai été très touché de la façon avec laquelle vous vous êtes mis à notre disposition pour aider l'État d'Israël en tant que juif et socialiste », y écrit le diplomate. La riposte est immédiate : un tract distribué par « les membres de la communauté juive de Sainte-Marguerite » révèle que

Matalon, bien que juif, n'est jamais allé en Israël tandis que Vigouroux, non seulement s'y est rendu à plusieurs reprises mais, de plus, et contrairement à son adversaire, a une épouse juive ! N'est-pas une excellente raison de voter pour lui ?

Patron de presse

De mémoire d'homme d'affaires, jamais sans doute négociation ne se noua en un endroit plus insolite que dans cette vespasienne jouxtant les bureaux de la société Delaroche, à Lyon.

La famille Brémond, à la tête du puissant groupe de presse contrôlant *Le Progrès de Lyon* et *Le Dauphiné libéré*, était réaliste : *Le Méridional*, quotidien marseillais qu'elle avait acquis cinq ans plus tôt, lui coûtait de l'argent, beaucoup d'argent. Pour réduire la charge financière, elle avait accepté le principe d'un couplage des petites annonces avec son concurrent du bord politique opposé, *Le Provençal*. C'est ce qui la réunit, un jour de 1970, dans un bureau lyonnais, aux négociateurs du *Provençal*.

André Poitevin, directeur général du *Provençal* menait pour le compte de Gaston Defferre les pourparlers. Pris d'une envie fort naturelle, il sortit un moment de la salle de négociations. Jean Brémond, patron du *Méridional*, l'avait précédé aux toilettes.

Face au mur et côte à côte, les deux hommes continuaient leur discussion :

— Combien de temps vas-tu accepter de perdre du fric dans cette histoire ? demanda Poitevin.

Brémond était conscient du problème. Il avait

acheté *Le Méridional* en mars 1966 à son ami Fraissinet, ennemi personnel du maire de Marseille, et depuis, les déficits n'avaient cessé de se creuser. Le bilan de l'exercice 1969 faisait apparaître une perte de plus des trois quarts du capital social et celui de l'année suivante ne s'annonçait guère meilleur. Le journal vivotait, n'arrivant pas à trouver sa clientèle, alors que lui, Brémond, avait déjà fort à faire à gérer *Le Progrès de Lyon* et *Le Dauphiné libéré.* La question de Poitevin était-elle une proposition de rachat ?

Elle l'était. Avant de se rendre dans la cité lyonnaise, le directeur du *Provençal* s'était fait remettre les chiffres significatifs. La diffusion du *Méridional* s'y révélait médiocre. Peut-être que ses propriétaires, hommes d'affaires avisés et, surtout, lyonnais, dont aucun des intérêts vitaux ne se trouvait à Marseille, accepteraient-ils de s'en séparer ? La réunion commencée pour décider d'un couplage publicitaire se terminait sur les prémices d'une vente.

L'affaire fut ensuite rondement menée. Le 24 février 1971, *Le Provençal* signait avec *Le Méridional* un accord portant sur l'impression et le couplage de la publicité. Les deux journaux décidaient également de créer une rédaction commune pour les informations locales des éditions régionales, organisaient une distribution conjointe des deux titres, regroupaient leurs services techniques et commerciaux. L'accord signé pour une durée de vingt ans prenait effet à partir du 1er février 1971.

Sous l'apparence d'une décision de coopération entre *Le Provençal* et *Le Méridional*, Gaston Defferre venait de prendre le contrôle du deuxième grand quotidien de Marseille. Au grand dam de Jean Fraissinet qui attaquait aussitôt le contrat en justice.

Lorsqu'en 1966, il avait vendu son journal à la dynastie Brémond, Fraissinet y avait mis deux conditions, toutes deux incluses dans le protocole d'accord : d'une part, il gardait durant dix années la possibilité de s'exprimer dans son ancien journal ; mais, surtout, durant la même période, les nouveaux propriétaires n'avaient pas le droit de revendre *Le Méridional* à Gaston Defferre. Il ne s'était pas écoulé cinq ans que cette dernière condition venait d'être joyeusement violée.

Officiellement, bien sûr, on y avait mis les formes puisque la société Delaroche restait propriétaire, jusqu'en 1976, des actions du *Méridional*, l'accord conclu avec *Le Provençal* n'étant qu'une promesse de vente. Mais personne, et surtout pas Fraissinet, ne s'y était trompé : Gaston Defferre, son ennemi intime, venait de le jouer.

Les avocats allaient avoir du travail.

L'opération d'absorption à laquelle vient de procéder Defferre n'est pas réellement originale. Fraissinet lui-même avait agi de façon similaire, une vingtaine d'années plus tôt, en fusionnant *Le Méridional* et *La France du Sud-Est*, deux quotidiens de droite nés de la Libération [1].

Le premier numéro du *Méridional* est sorti des presses le 11 septembre 1944, soit trois semaines après *Le Provençal*, dirigé par des journalistes résistants de tendance MRP. Son directeur, Alexandre Chazeaux, élu MRP aux municipales de 1945, sera, huit ans plus tard, l'un de ces conseillers municipaux de la droite

1. Toutes les précisions concernant la presse marseillaise sont extraites de Robert Villena, *Presse et Politique à Marseille de la Libération à nos jours*, thèse d'État à paraître.

modérée qui apportent leur soutien à Gaston Defferre. En remerciement, ce dernier en fera son adjoint à l'urbanisme et au logement social.

Contrairement au *Provençal* ou à *La Marseillaise, Le Méridional* n'est pas l'héritier d'un journal de la Résistance. Pour s'installer il n'a pu, comme ses confrères, réquisitionner matériel ou locaux appartenant à la presse collaborationniste. Le nouveau quotidien est en fait un journal quasi familial dont le capital provient de la liquidation des biens des organisations chrétiennes de résistance, de dons et d'un prêt bancaire. Quant à sa ligne politique, elle découle de ses choix économiques. Dans les premiers mois de son existence, *Le Méridional* se veut organe « objectif » et « impartial », indépendant des pouvoirs. Il manifeste néanmoins une grande sensibilité à l'égard de quelques sujets comme par exemple l'école libre dont le journal défendra avec vigueur le principe lorsque la municipalité envisagera, un moment, de supprimer ses subventions.

Sous la direction de son rédacteur en chef, Pierre Train, ancien journaliste de *Marseille-Matin, Le Méridional* diffuse à l'époque quelque 45 000 exemplaires, auxquels s'ajoutent les 17 000 exemplaires de l'édition vespérale, *Dernière heure.* Ce n'est guère suffisant pour survivre. Le 15 décembre 1947, Jean Fraissinet se rend acquéreur de 75 % des parts du *Méridional* et en apure le passif qui, pour la seule année de 1947, se monte à 33 millions.

Dernier-né de la presse quotidienne marseillaise après la Libération, *La France du Sud-Est* (que tout le monde nommera rapidement *La France*) sort son premier numéro le 10 octobre 1944. Ses fondateurs viennent, comme ceux du *Méridional*, de la rédaction de *Marseille-Matin.* Un rapport des renseignements généraux signale à leur sujet qu'ils ont été « dédouanés de justesse ». De fait, la ligne politique du journal est bien plus droitière que celle que défend *Le Méridional*; au cours des ans, elle suivra les évolutions politiques de la droite, passant tour à tour du gaullisme au libéralisme traditionnel. Curiosité très marseillaise, certains des rédacteurs de *La France* sont en réalité des salariés du *Provençal* qui paie ainsi sa quote-part au soutien d'une presse anti-communiste, alors que *La Marseillaise*, quotidien fondé à la Libération par les communistes, est à l'époque, et de loin, le plus important des journaux distribués dans la région. À la fin des années 40, *La France* n'est toujours pas arrivée à prendre réellement son envol. Elle est alors l'objet de la convoitise de *L'Aurore* qui envisage un moment de s'arroger le titre. Devant le tollé soulevé par ce projet dans la presse régionale, le quotidien parisien devra renoncer. Le sursis est néanmoins bref : le 7 juillet 1952, Jean Fraissinet, encore lui, prend le contrôle de *La France*. Quelques mois plus tard, en janvier 1953, *Le Méridional* et *La France du Sud-Est* fusionnent pour donner naissance au *Méridional-la France* que tout le monde appellera désormais *Le Méridional*.

Voilà Jean Fraissinet à la tête d'une importante entreprise de presse régionale. Adversaire politique naturel de Gaston Defferre, il en est quelquefois l'allié lorsqu'il s'agit de lutter contre les communistes. À plusieurs reprises, malgré leurs nombreuses et quotidiennes divergences, les directeurs du *Provençal*, du *Méridional* et de *La France* se sont d'ailleurs rencontrés dans le bureau du préfet socialiste Baylot. Croisé de l'anticommunisme et futur préfet de police de Paris impliqué dans plusieurs des affaires des années 50, ce dernier est alors en poste à Marseille où il se fait les dents en coordonnant contre *La Marseillaise* les actions de chacun des journaux.

Fraissinet est sans doute moins truculent que l'énergique préfet, mais, sur le fond, il en diffère à peine. Né en 1894, il est l'héritier d'une dynastie d'affairiste marseillais qui connaissent leur apogée sous la Troisième République. Les Fraissinet sont déjà d'importants armateurs lorsque leur dernier rejeton, Jean, en 1922, épouse la fille de Paul-Cyprien Fabre, elle-même héritière d'une grande famille de l'armement marseillais. Voilà les deux compagnies regroupées sous le même pavillon. Bientôt s'y ajoutent la compagnie Paquet, puis les Chargeurs réunis. Dans son autobiographie significativement intitulée *Au combat à travers deux guerres et quelques révolutions* [1], Jean Fraissinet écrit :

> « J'avais ainsi en quelque temps rassemblé sous mon sceptre de bois les trois vieux armements marseillais qui s'étaient jadis livrés à une concurrence cordialement acharnée. »

Combattant, Fraissinet l'est dans l'âme. Patron de combat comme inlassable militant politique de la droite la plus musclée.

> « Ma conviction était que, tout en se montrant équitable et compréhensif devant les légitimes aspirations des navigateurs, écrit-il dans son autobiographie, il ne fallait jamais céder au chantage des animateurs du syndicalisme politisé, méconnaissant les impératifs de la concurrence internationale et des prix de revient. »

---

1. Éditions La Table ronde, Paris, 1968.

Une doctrine que, tout compte fait, le patron de presse Defferre applique lui-même sans complexes au sein de son entreprise.

Fraissinet a aussi été soldat. En 1914, il s'est engagé dans une arme nouvelle, l'aviation, terminant la Grande Guerre comme officier pilote, médaillé de la croix de guerre avec sept citations.

Mais sa véritable passion demeure la politique et la presse dans lesquelles il va engloutir une bonne partie de sa fortune.

À Marseille, dans les années 30, une feuille tient le haut du pavé : *Le Petit Marseillais.* Dirigé par Bourrageas dont l'envergure financière vaut bien celles des Fraissinet, le quotidien a été fondé en 1868, époque où il ne coûtait que un sou, ce qui en faisait le journal le meilleur marché du moment. En 1930, son caractère populaire affirmé en fait le journal le plus lu de la cité phocéenne. Un autre journal, fondé en 1827, *Le Sémaphore*, quotidien dans lequel a écrit Émile Zola, appartient au même Bourrageas et représente les vues de cette droite traditionnelle que sont les armateurs de Marseille.

Le Petit Marseillais est sans grands scrupules dans le racolage des lecteurs. Chaque exécution capitale est l'occasion d'un reportage complet et détaillé sur les derniers moments du condamné, ses derniers mots, le rappel de l'affreux crime qui lui vaut la guillotine, toutes choses qui attirent le chaland et augmentent le tirage. Pro-mussolinien avant-guerre, *Le Petit Marseillais* va épouser les engagements de la collaboration et devenir, en 1942, le porte-voix du PPF, parti fasciste que dirige Jacques Doriot et qu'incarne, à Marseille, Simon Sabiani [1]. C'est dans les locaux du *Petit Marseil-*

1. Gilbert Rochu, *Marseille, les années Defferre*, éditions Alain Moreau, Paris, 1983.

lais que s'installera, à la Libération, *La Marseillaise* que fondent les communistes.

Jean Fraissinet va faire ses premières armes de patron de presse en se heurtant d'abord au *Petit Marseillais.* Au début des années 30, Simon Sabiani, « socialiste-communiste » qui n'est pas encore le doriotiste qu'il ne va pas tarder à devenir, a fondé, lui aussi, un journal : *Marseille-Matin.* Le quotidien connaît des difficultés, ce qui permet à Jean Fraissinet, peu regardant sur les divergences politiques qui l'opposent alors à Sabiani d'en prendre rapidement le contrôle. La guerre suivie de la débâcle trouvent *Marseille-Matin* naturellement pétainiste. Son patron, qui s'est à nouveau engagé dans l'aviation durant la « drôle de guerre », a été nommé, après l'armistice, membre du conseil national de Vichy, et a adhéré à la Légion française des combattants, charges dont il démissionne en 1942. Cette année-là il tente de rejoindre Londres, se ravise, tandis que son journal continue de paraître, ce qui deux ans plus tard, à la Libération, motivera son interdiction définitive. Interpellé par la Gestapo, relâché, Fraissinet connaît à nouveau la prison en 1944 lorsqu'on vient lui demander des comptes sur son passé pétainiste. On l'a interpellé à Marseille et on le conduit à la préfecture où sont regroupés tous les suspects. Rendant compte dans sa biographie de cet épisode pénible, Fraissinet écrit avec élégance : « J'ignorais que le commissaire de la République — il s'agit d'Aubrac — était communiste et nanti d'une épouse prénommée Lucie, réputée héroïne et devenue Robespierre femelle » !

Tel est l'homme : d'une pièce, excessif, haineux, vindicatif mais terriblement accrocheur. Assigné à résidence durant une année, il reprend bientôt ses activités de patron de presse en rachetant *Le Méridional* et *La France*, s'investissant à nouveau dans le combat contre les « rouges ». Chantre de l'Occident, il est, bien sûr, adversaire des institutions parlementaires de la Quatrième République, pourfendeur de la décadence de la civilisation chrétienne dont le relâchement des mœurs constitue l'avant-goût, partisan frénétique du transfert à Douaumont de la dépouille du maréchal Pétain, propagandiste de Pierre Poujade qui s'est fait élire, en 1956, à l'Assemblée nationale à la tête d'une cinquantaine de braillards d'où émerge Jean-Marie Le Pen. Élu lui-même député en 1958, son flirt avec de Gaulle aura la durée de sa prise de conscience que le général n'est pas disposé à garder l'Algérie française. Tout naturellement, Fraissinet soutient alors l'OAS — ce qui lui vaudra une inculpation —, ferraille énergiquement avec le pouvoir gaulliste dans des éditoriaux incendiaires. Il se retire de la vie publique en 1967, dépité de n'avoir pas su faire entendre aussi haut qu'il l'aurait souhaité cette voix qui était la sienne, celle d'une extrême droite chrétienne et pétainiste, traditionnelle dans le paysage politique français.

Durant plus de vingt ans, Marseille résonnera des querelles de Fraissinet avec Gaston Defferre. Hors quelques rares périodes d'armistice — notamment en 1953, lorsque le premier soutient le second dans la conquête de la mairie qu'il croit en danger de retomber entre les mains de l'ancien maire communiste Cristofol —, la guerre est sans merci, produisant parfois de surprenants renversements d'alliances. En 1965, durant la campagne des élections municipales, Fraissinet n'hésite pas à financer Matalon, allié des communistes mais irréductible adversaire du maire de Marseille considéré cette fois comme l'ennemi principal qu'il faut définitivement abattre.

De telles batailles ne se mènent pas dans les coulisses. À Fraissinet qui l'attaque, Defferre rétorque en évoquant le trajet de son adversaire durant la deuxième guerre mondiale, n'omettant jamais de rappeler son passé pétainiste. La polémique est acerbe, chaque fois à la limite de la diffamation. Les deux lutteurs n'en ont cure : ils assènent leurs coups comme des bûcherons, sourds à tous les conseils de prudence que leur prodiguent les notables marseillais, amis de l'un comme de l'autre, qui redoutent les conséquences politiques de ces écarts de langage.

C'est ainsi que le 1er octobre 1954, Henry Bergasse, ancien ministre dont les amis politiques de la droite marseillaise sont venus appuyer Defferre pour la conquête de la mairie, dix-huit mois plus tôt, prend sa plus belle plume pour écrire à Defferre, « dans l'intérêt d'une bonne entente en vue de l'administration de la ville de Marseille », ce qu'il pense de ces stériles disputes. *Le Provençal* s'est en effet permis de traiter Fraissinet de « témoin indifférent » pendant la « drôle de guerre », ajoutant que, plus tard, il s'était « installé dans une profitable collaboration avec l'occupant ».

« Nous n'entendons en rien diminuer les mérites patriotiques du maire, remarque Henry Bergasse dans sa lettre, [...] mais nous ne voulons pas voir ternir la bonne entente qui préside à cette administration, par des polémiques dont l'acerbité prend un caractère excessif. J'ai tenu [...] à vous faire connaître notre sentiment par une lettre privée, de façon à ne pas mêler le public marseillais à une question dont il se désintéresse et, en outre, pour ne pas gêner l'œuvre déjà si efficace d'une municipalité d'union. Mais nous souhaitons très vivement que vous attachiez à notre protestation le caractère sérieux qu'elle comporte, afin que s'apaisent au plus tôt ces diatribes essentiellement nuisibles à la cause de Marseille qu'ensemble nous défendons. »

Un bristol plus cordial accompagne cette missive solennelle : « Ajoutez-y l'expression de mes sentiments bien amicaux », y a écrit Bergasse, comme s'il avait voulu limiter la portée de sa prestation officielle.

Vaines mises en garde. Defferre et Fraissinet, les deux enfants terribles de la politique marseillaise, ne perdront jamais une occasion de se combattre.

C'est dire combien l'ancien patron du *Méridional* a dû, en 1971, se sentir floué en voyant son bien tomber, malgré les précautions prises, dans les mains de l'ennemi. Il poursuivra en justice. Sans succès puisque la vente ne sera pas remise en cause. Lorsqu'il meurt, le 23 mai 1981, alors que le gouvernement socialiste de Pierre Mauroy où Gaston Defferre est ministre de l'Intérieur prend ses fonctions, Fraissinet est quasiment oublié. *Le Méridional* qui avait abrité ses éditoriaux les plus brûlants ne consacre à cette disparition que quelques lignes sans saveur avec, en guise d'illustration, une photo où l'armateur serre la main de... Charles de Gaulle, autre ennemi irréductible. Seul Jean-Claude Gaudin rend un hommage soutenu à « cet homme qui parlait haut et clair de la France, de son âme, de son drapeau ».

Ce *Méridional* dont Gaston Defferre, le 24 février 1971, s'est assuré le contrôle, n'est pas bien vaillant mais le maire de Marseille a quand même le sentiment d'avoir fait une excellente affaire. Maintenant qu'il gère les deux principaux quotidiens de sa capitale, il va pouvoir faire des économies d'échelle, rationaliser et, même, s'il s'y prend bien, gagner de l'argent. Pas question, comme quelques esprits simples le lui suggèrent, de changer la ligne politique du journal qu'il vient d'acquérir. Au contraire : *Le Méridional* doit rester *Le Méridional*. Il a sa clientèle ; il doit la garder, l'accroître même. L'affaire qui vient de se conclure n'a d'autre objectif qu'économique : drainer vers les caisses du maire de Marseille ce lectorat de droite qui pour ne jamais lire *Le Provençal* peut quand même contribuer à sa prospérité en continuant d'acheter *Le Méridional*.

De fait, cette acquisition nouvelle sera pour Defferre l'occasion, premier patron de presse à se lancer dans l'aventure, de commencer l'informatisation de sa rédaction. *Le Provençal* vivait dans les locaux de l'ancien *Petit Provençal*, près du Vieux-Port, dans un immeuble bourgeois à l'entrée flanquée de dodues cariatides. *Le Provençal* et *Le Méridional* s'installent bientôt dans de nouveaux bâtiments édifiés dans le nord de la ville, le Centre méditerranéen de presse, cube de verre et d'acier construit spécialement pour la circonstance. Les deux journaux sont tirés sur les mêmes machines de la même imprimerie ; même si l'on y accède par deux entrées différentes, les rédactions sont toutes deux installées dans le même immeuble ; les services techniques et administratifs sont identiques ; les petites annonces et la publicité également.

Le contenu des deux journaux est en revanche radicalement différent. Lorsqu'il en a pris le contrôle, Defferre a licencié la presque totalité du personnel administratif et technique du *Méridional*, ainsi qu'une bonne centaine de journalistes, mais il a maintenu l'indépendance politique du titre. Situation surprenante : une cinquantaine de journalistes avec, à leur tête, un rédacteur en chef, Gabriel Domenech, qui deviendra député du Front national, sont payés par le groupe Defferre pour fabriquer un brûlot contre leur patron, maire et bientôt ministre. On ne peut se faire de procès à soi-même. Defferre, impénitent plaideur qui multiplie les poursuites contre les journaux qui le diffament, ne peut, lorsqu'il s'agit de « son » *Méridional*, qu'envoyer un droit de réponse que, scrupuleusement, le journal publie. Avant de reprendre, le lendemain, ses attaques acerbes.

Il en sera ainsi jusqu'à la mort de Defferre, malgré les pressions de toutes sortes qui l'encouragent à bâillonner ce journal qu'il possède mais qui se montre à son égard d'une hostilité de plus en plus agressive. Defferre se montre intransigeant : « Il est préférable, dit-il souvent, d'avoir un journal d'opposition qui nous appartient plutôt que d'avoir sur son territoire un Hersant, ce qui serait pire. » Contrôler *Le Méridional* signifie en effet fermer à d'autres la possibilité de s'installer dans la région et, surtout, éviter l'inflation de pagination que produirait la présence d'un journal véritablement concurrent.

Ne pas tolérer que des intrus viennent faire de l'ombre sur son propre territoire : c'est pour Defferre un perpétuel souci. Depuis qu'il a construit *Le Provençal*, il n'a eu d'autre ambition que d'en faire avant tout un organe de soutien à son combat politique. Dans les premières années, tout occupé à la conquête de l'hôtel de ville et à sa carrière ministérielle, il n'en a suivi la gestion que de loin. Son épouse et son beau-frère, André Cordesse, en comblaient les déficits, réinjectant de l'argent frais à la demande. Puis il a compris qu'il devait surveiller cela de plus près. Dès lors il n'a négligé aucune occasion d'asseoir et de renforcer la puissance de son titre.

C'est l'époque où Vincent Delpuech, ancien patron du *Petit Provençal* traînant derrière lui une cohorte de possédants qui hantaient avec lui les mêmes conseils d'administration, se bat avec la dernière énergie poür être indemnisé de ses biens « hors presse » saisis à la Libération. Sénateur et trésorier du parti radical, Delpuech agite la menace d'un méchant procès. Mais plus encore que sur la justice, il compte sur ses amis, qu'il a nombreux, pour demander des comptes à Defferre qui s'est emparé du *Petit Provençal* à la libération. Mitterrand lui-même a été sollicité. Pour faire contre-feu, Léon Bancal, rédacteur en chef du *Provençal* et, surtout, président du puissant syndicat des quotidiens régionaux, est allé le voir à son tour. À peine sorti de l'entrevue, il envoie son rapport à Defferre :

> « J'ai vu Mitterrand [...] Je lui ai fait comprendre qu'il était indispensable que la mauvaise plaisanterie du procès soit réglée à notre avantage [...] Il en est convenu et m'a affirmé sa bonne volonté et son désir de nous être agréable. [...] J'ai nettement indiqué qu'à aucun prix nous n'accepterions (ni la Fédération) [1] que V.D. — Vincent Delpuech — fasse reparaître *Le Radi*[2]. Et je lui ai donné la preuve que ce canard était tombé dans la mare en même temps que les autres et ne s'était pas envolé en novembre 42. Il m'a dit : “D'accord.” »

1. Il s'agit de la fédération des Bouches-du-Rhône de la SFIO.
2. Souligné ainsi dans la lettre ; il s'agit du *Radical*, journal d'avant-guerre dont Delpuech avait également le contrôle.

Defferre rencontrera un à un les administrateurs des sociétés de presse concernés. La transaction qu'il leur propose est avantageuse, nettement plus que ses interlocuteurs pouvaient l'espérer. Mais elle comporte une condition, toujours la même : que les indemnisés s'engagent sur l'honneur et par contrat à ne « pas fonder à Marseille, et par conséquent de ne pas diriger un quotidien ou périodique, tant d'information que de doctrine ou de parti politique ». L'engagement est valable dix ans. Defferre, magnanime, a consenti à laisser hors du cadre de l'accord les organes de presse « de caractère scientifique, agricole, professionnel ou autre de même nature ». Trop contents, les anciens propriétaires signent. Tous les patrons de la presse régionale qui, peu ou prou, font face aux mêmes problèmes d'indemnisation viendront bientôt demander conseil à Defferre qui a su si finement mener sa barque. Ainsi se constituent des monopoles régionaux dont les effets se font toujours sentir quarante ans plus tard.

Le même souci d'éviter ou de distancer la concurrence pousse Defferre à ne pas négliger une pratique qui, des années plus tard, fera l'objet de maints rapports officiels : la publicité clandestine. Les amis et les obligés que le patron du *Provençal* possède à la radio et à la télévision sont mis à contribution. Dans leurs interviews, ils sont priés de citer abondamment le journal ; toute foire ou exposition locale est l'occasion de faire filmer les installations du *Provençal* dont le nom apparaît en toile de fond, comme s'il faisait partie du paysage. Dans les années 60, un journaliste de télévision à qui Defferre a reproché son manque de zèle dans l'accomplissement de cette mission se justifie par lettre :

« J'espère qu'il est hors de votre esprit de penser que je néglige mon rôle à la télévision. Je n'ai jamais éprouvé le besoin de vous faire la longue énumération de tous les petits contrôles efficaces que j'ai pu exercer, car je n'ai aucun mérite à faire quelque chose d'aussi normal. [...] Rien n'est négligé en ce domaine ! »

Le système est solide. Il va bientôt s'enrichir d'accords de zones qui permettent aux patrons de la presse régionale, nonobstant toute loi anti-cartels, de se distribuer les aires de diffusion, limitant ainsi les gaspillages qu'une concurrence sauvage n'aurait pas manqué de produire. Le premier accord de ce type est signé, à l'initiative de Gaston Defferre, avec *Le Dauphiné libéré* qui accepte de se retirer des Basses-Alpes en échange d'un retrait réciproque du *Provençal* qui quitte la Drôme et l'Ardèche. En 1967, *Le Midi libre* accepte à son tour de ne pas diffuser son titre dans les Bouches-du-Rhône si *Le Provençal* lui renvoie l'ascenseur dans l'Hérault. Ce qui est fait.

Avec *Nice-Matin*, en revanche, il faudra des mois de guerre suivis de délicates négociations pour que les deux partenaires aboutissent, en 1965, à un accord similaire. C'est que le journal de Bavastro a tenté de s'implanter à Toulon, ville que Defferre, dont le groupe contrôle déjà *Var-Matin*, considère comme un fief inviolable. Pour riposter, *Le Provençal* a fait une percée éclair jusque dans les Alpes-Maritimes, arrosant Nice, Grasse, Cannes, et Monte-Carlo d'une édition départementale spécialement conçue pour l'occasion. *Nice-Matin* a alors répliqué en augmentant sa pagination. L'inflation menace et la situation risque d'échapper à tout le monde. Un accord sanctionné par le retrait des deux parties sur leur base de départ vient enfin mettre fin au conflit.

Bavastro est un teigneux; Defferre ne l'est pas moins. Jamais ils ne parviennent à terminer un repas ensemble : l'un des deux, rageur, quitte toujours la table en jetant sa serviette et en se promettant de faire payer à l'autre son outrecuidance. En 1972, *Nice-Matin* qui semble vouloir reprendre les hostilités pousse une pointe jusqu'à Toulon. La guerre va-t-elle se rallumer ? Pas encore : avant même que Defferre ait lancé sa contre-attaque, Bavastro se replie, comme s'il n'avait voulu que sonder les défenses de l'adversaire. Mais il est tenace. En 1981 il réussit enfin une percée victorieuse et impose sa présence à Toulon. En échange, il s'engage à ne pas transgresser vers l'ouest une ligne imaginaire tracée à la verticale de Hyères. Faute de quoi, la poudre, ou plutôt l'encre, parlera.

Toulon : la frontière, les premières marches de l'empire. En 1954, Gaston Defferre et Francis Leenhardt y ont acheté un petit journal, *La République*, qui appartenait à la fédération socialiste du Var Le journal se vend à 12000 exemplaires et les comptes sont difficiles à équilibrer. Quelques années plus tard, en riposte à *Nice-Matin* qui tente de s'implanter dans le département avec une édition intitulée *Nice-Matin-Var*, *La République* change de nom et devient *Var-Matin-République.* Le martèlement répété de titres aux consonances voisines est destiné à brouiller l'esprit du lecteur et à l'attirer au détriment du concurrent. Mais plus que ces puériles ficelles, ce sont surtout les accords de cohabitation conclus entre *Nice-Matin* et le groupe

Provençal qui feront, quelques années plus tard, la différence.

En attendant, *Var-Matin* prend son envol. La société qui préside à son existence est à l'époque formellement dirigée par Francis Leenhardt ; Jacques Defferre, frère cadet de Gaston, en est le directeur général. C'est lui qui, en fait, dirige la maison.

Avec Francis Leenhardt, Gaston entretient des relations tourmentées. Les deux hommes, qui se connaissent depuis l'adolescence et sont tous deux de bonnes familles protestantes, sont en réalité bien moins amis que complices. L'un a servi la carrière de l'autre, et réciproquement. Si, malgré tempêtes et crises, le couple dure, c'est que chacun a compris que son intérêt commande de ne pas trop fréquenter l'autre. Élu les premières années en plein centre des Bouches-du-Rhône, Leenhardt s'est d'ailleurs peu à peu porté vers l'est du département pour aller se présenter à La Ciotat-Cassis, puis, plus tard, dans le Vaucluse.

Des observateurs complaisants tiennent Defferre et Leenhardt pour les Castor et Pollux de la politique marseillaise. Ils sont en vérité aussi dissemblables que possible. Sur le plan psychologique, ils sont aux antipodes. On s'étonne toujours que Leenhardt, fin et détaché, se soit lancé en politique où il ne faut craindre ni le gros trait, ni la passion. De fait, il subit difficilement le magistère de Gaston dont l'autoritarisme l'excède. Toute sa vie il gardera les traces des déceptions, petites et grandes, accumulées au long de sa cohabitation avec le maire de Marseille. Fondateur du *Provençal* et un temps président de son conseil d'administration, Leenhardt se voit inviter par Defferre à lui céder la place lorsque ce dernier est battu à l'élection législative de 1958. L'arrangement, précise Defferre, ne durera que le temps qu'il mettra à reconquérir son siège de député. Leenhardt s'exécute, non sans en ressentir quelque amertume : il sait déjà qu'il ne récupérera plus jamais ce qu'il vient d'abandonner. De même, la défaite électorale de Defferre permet à son camarade de devenir un temps président du groupe socialiste à l'Assemblée nationale. À nouveau en selle, Defferre lui reprend aussitôt la place. Pour l'écorché vif qu'est Leenhardt, ce sont des petites choses qui blessent. Inversement, il est probable que Defferre ait été excédé des scrupules de chipoteur que manifeste souvent son ami.

Petit à petit leurs relations se dégradent et les reproches se font nombreux. Tout devient prétexte à lettres acerbes, comme chez deux amoureux en passe de rupture. Lettre de Leenhardt à Defferre, datée du 2 mai 1952, à propos d'un compte rendu fait dans *Le Provençal* :

> « Je constate qu'aussi bien le discours de Peyrassol que le compte rendu du *Provençal* de ce matin ont escamoté la part déterminante qui me revient et minimisé mon mérite. Je considère que cela est incorrect et je tirerai profit de cette leçon pour d'autres circonstances ; Cordialement. »

Lettre du même au même, une semaine plus tard, à propos d'une molle intervention en faveur d'un ami :

> « Cette histoire aurait dû être terminée depuis longtemps. Tu me l'as promis plusieurs fois. Ma patience est tout à fait épuisée. Amitiés. »

Deux ans plus tard, ce sont les divergences politiques qui font leur œuvre. Le débat sur la Communauté européenne de défense (CED) divise les socialistes français. Gaston Defferre est favorable à une intégration militaire européenne ; Francis Leenhardt y est opposé. Le 29 juin 1954, il démissionne du bureau fédéral des Bouches-du-Rhône, expliquant dans une lettre à Defferre que son geste est la conséquence des manœuvres bureaucratiques constatées dans les réunions des sections lors des votes sur la motion de congrès consacrée à la CED. « Menaces », « achats de cartes » — déjà ! —, « pressions », « mépris de la vérité » sont quelques-unes des raisons avancées à l'appui de sa décision. Le 8 juillet, Gaston Defferre répond sur le ton d'un peloton d'exécution qui tire une salve. Un véritable déballage de linge sale où l'on sent percer le dépit amoureux en même temps que sont évoquées quelques sombres histoires de détournements de fonds, sujet qui fera passer à Defferre, trente ans plus tard, de bien désagréables moments :

« Mon cher député,

J'ai trouvé, en rentrant à Marseille, ta lettre du 29 juin par laquelle tu m'adresses ta démission du Bureau fédéral.
Je te donne acte de cette démission. Tu avais d'ailleurs eu la délicate attention d'envoyer la copie de cette lettre à plusieurs camarades, si bien que la plupart des délégués au congrès national en ont eu connaissance avant moi. Je communiquerai ta démission ainsi que le texte de ma réponse, puisque

tu as tenu à donner à cette affaire une certaine publicité, aux membres du Bureau fédéral.

Je dois d'ailleurs dire qu'étant donné le peu de temps que tu as consacré au Bureau fédéral, ton absence ne nuira en rien à son activité. Ceci n'est pas un fait nouveau, tu as toujours, dans ce domaine comme, hélas ! dans beaucoup d'autres, manifesté un caractère plus velléitaire que réalisateur. Tu as, en effet, été candidat au Bureau fédéral une première fois il y a quelques années ; tu devais organiser des groupes d'études : résultat, néant ; tu as été candidat il y a deux ans, tu devais t'occuper d'organiser la propagande : résultat, néant. Cette année, le résultat a été le même. Je suppose que tu trouveras à cela quelques bonnes explications qui, dans ton esprit, ont plus de valeur ou d'importance que n'en a la conscience que tu devrais avoir de tes obligations à l'égard du Parti.

Je ne peux, en aucune façon, accepter tes affirmations au sujet des "pressions ou des menaces ou des achats de cartes" qui auraient été faits à l'occasion du vote sur la CED.

Si de pareilles manœuvres ont eu lieu, ce n'est pas de la part de mes amis et encore moins, bien entendu, de ma part, mais de la part de tes amis sur le choix desquels tu n'as jamais été très difficile. Des événements récents l'ont encore prouvé, notamment en ce qui concerne certains entrepreneurs qui ont commis les détournements à l'encontre de collectivités locales.

En vérité, ta rancœur d'avoir été littéralement écrasé dans le vote sur la CED est telle que, comme tous les faibles, tu passes de l'abattement à la colère et tu accuses à tort et à travers. [...]

Réflexion faite, quand on se rappelle le procédé que tu as employé pour entrer dans le Parti, après avoir soigneusement pris soin, pendant l'époque de la Résistance et dans les mois qui ont suivi la libération, au moment où on pouvait penser qu'il était plus habile d'être apolitique, démontre bien qu'au fond ta seule préoccupation c'est ton intérêt personnel et que tu n'as aucun attachement profond ni sincère pour le Parti et pour ses militants.

J'espérais qu'en vivant dans le Parti tu finirais par comprendre ce qu'est l'idéal socialiste. Hélas ! je m'aperçois que je m'étais trompé et que j'avais eu tort de te faire confiance.

En vérité, ce que tu voulais, c'est dominer la Fédération des Bouches-du-Rhône. Tu as cru, à une certaine époque, que c'était arrivé. Depuis, par tes agissements, par ta déloyauté, par ton goût de l'intrigue, tu as tour à tour écœuré la plupart des camarades qui s'étaient groupés autour de toi. Tu te trouves isolé, tu n'as que ce que tu mérites, mais tu n'as pas le courage de le supporter et tu cherches à en faire retomber la responsabilité sur les autres en lançant contre eux des accusations infamantes alors que tu n'as à t'en prendre qu'à toi-même de la situation dans laquelle tu te trouves. [...]

Je te prie de croire en mes sentiments socialistes. »

Que faut-il répondre à un tel mitraillage ? Leenhardt ne répondit pas. Avec les mois, chacun fit mine de n'avoir ni écrit, ni lu cette stupéfiante lettre. Tous deux reprirent leur progression de concert. Mais entre les deux hommes une cassure définitive s'était installée. Il est sans doute imprudent d'en déduire les divergences qui, des années plus tard, à propos de la gestion de

Var-Matin, opposèrent Gaston Defferre à Anne-Marie Laffont, fille de feu Francis Leenhardt. De même de tels écrits ne peuvent rendre compte des conflits judiciaires qui opposèrent les héritiers Leenhardt aux héritiers de Gaston Defferre, en 1987 et 1988, pour le contrôle du *Provençal* et de son groupe. Mais il est naturel de penser qu'un climat plus serein entre les fondateurs du *Provençal* aurait pu, après leur mort, favorablement influencer leurs descendants.

D'autant que l'héritage de *Var-Matin* contient aussi les rapports, d'abord distants, puis franchement haineux, qui lient les deux frères Defferre. Déjà, enfant, Jacques ne faisait pas partie de la même bande que Gaston : petit dernier des quatre enfants Defferre, il était toujours fourré dans les jupes de Monique, la sœur cadette, alors que Gaston était inséparable de la sœur aînée, Maire-Louise, que tout le monde prénomme Maryse. Parti en 1937 administrateur colonial en Indochine, Jacques Defferre a passé une bonne partie de la guerre dans un camp, prisonnier des Japonais. Lorsqu'il est rentré en métropole, après la guerre, il a connu des moments difficiles. Sans y mettre une excessive chaleur, Gaston a plus ou moins tenté de faire jouer ses relations politiques pour lui faciliter une promotion que ses titres ne rendaient pas évidente. En juillet 1954, Robert Buron, nouveau ministre de la France d'outre-mer, a été sollicité. Mais la commission d'avancement s'est malheureusement réunie quelques jours avant l'accession du ministre à ses nouvelles fonctions. Elle n'a donc pu tenir compte de l'auguste intervention. Un peu penaud, et conscient de l'instabilité politique qui rend éphémères les ministères de ces temps troublés, Buron glisse un mot à Gaston Defferre : « Avec mes regrets, Si je dure je ferai mieux.

Amicalement à toi. » Jacques, finalement, reçoit la responsabilité de la gestion quotidienne de *Var-Matin*. En quelques années il va en faire « le journal de Toulon », seul véritable titre du département.

En 1984, *Var-Matin*, prospère, tire à près de 100 000 exemplaires quotidiens. Francis Leenhardt est décédé l'année précédente ; sa fille, Anne-Marie, est directrice générale, nommée par le nouveau PDG, Jacques Defferre. Sous sa direction, le journal, quelques années auparavant, a installé à Ollioules, dans la banlieue toulonnaise, une imprimerie ultra-moderne. D'autres investissements, en matériel informatique notamment, ont suivi. La diffusion est bonne, la publicité rend bien et les résultats financiers sont au diapason.

Il n'en va pas exactement de même au *Provençal*. Pour les besoins de sa modernisation, le groupe s'est lourdement endetté, émettant, en 1982, 40 millions de francs d'obligations convertibles. La moitié de cette somme a été souscrite par le financier Jean Riboud ; 5 autres millions ont été fournis par un huilier, Edmond Lecourt. Cette souscription a été imposée au moment où le journal subit une relative désaffection de ses lecteurs. L'idée est donc toute simple et germera naturellement dans la tête de Defferre : pourquoi ne pas réitérer avec *Var-Matin* l'opération menée, treize ans plus tôt, avec *Le Méridional* ? Concentrer les moyens de production et d'impression sur le même site que celui où se fabriquent *Le Provençal* et *Le Méridional* permettrait, en licenciant quelque cent quinze employés, de faire de substantielles économies. Une fusion encore plus poussée de tous les titres du groupe, perspective qui ne saurait être négligée à priori, permettrait d'économiser encore plus.

Hélas, Jacques Defferre ne veut rien entendre. Le calcul économique qui justifie l'opération lui paraît douteux, tandis que les conséquences politiques le font frémir. Si le projet que caresse son frère voit le jour, c'en est fini de l'indépendance du titre comme c'en est fini de son indépendance à lui. Jamais, tant qu'il sera P-DG, il n'autorisera la fusion projetée.

Gaston et Jacques sont tous deux entêtés et le conflit est inévitable. Gaston a rapidement pris sa décision : si Jacques ne plie pas, il sera démissionné de son poste de P-DG lors de la prochaine assemblée générale de la société République SA qui contrôle *Var-Matin*. La majorité qu'y possède Gaston fait de cette démission une simple formalité.

Le 25 juin 1984 l'assemblée générale se réunit à Marseille. Ce jour-là, trois administrateurs sont renouvelables : Christian de Barbarin, fils de Paly Swaters, épouse divorcée de Gaston Defferre, Anne-Marie Laffont, fille de Francis Leenhardt, et Jacques Defferre. Avant l'ouverture de la réunion, Defferre s'entretient en tête à tête avec Anne-Marie Laffont. Le reste, c'est Jacques Defferre lui-même qui, le lendemain, debout, avec à son côté son épouse, l'a raconté ému à ses cadres réunis pour un apéritif d'adieu à l'hôtel Novotel, à Ollioules :

> « J'ai fait remarquer que nous n'étions plus partisans de la peine capitale. Hier, en assemblée générale, on a fait exception et on a fait tomber une tête. C'était amusant parce que cinq minutes avant, mon voisin à qui je demandais une cigarette m'a dit : "Tiens, c'est la dernière." J'ai répliqué : "C'est la cigarette du condamné" et tout le monde a plongé le nez dans ses papiers. [...]

Quand je suis parti hier à l'assemblée, je n'en savais pas plus que vous. Je savais qu'il y avait une réunion, je savais qu'il y avait trois administrateurs renouvelables, je savais seulement qu'il y avait quelques possibilités d'une charrette avec deux éliminations par non-renouvellement. [...] Je ne savais pas hier matin ce qui m'attendait. J'ai été assez stupéfait lorsque avant l'assemblée, il y a eu un tête-à-tête entre la personne qui était visée comme moi [1] et le leader du groupe [2]. Ça a duré longtemps. On a fait sortir l'une par une porte et on m'a fait entrer par l'autre porte ; et on a commencé à me travailler : "Voilà, on ne peut plus continuer comme ça. Il faut choisir maintenant. Tu es président renouvelable. Tu choisis : ou bien tu es en accord complet sur la concentration avec *Le Provençal*, à étudier, sans avoir à donner une réponse immédiate, une concentration dans tous les domaines, surtout et y compris la composition et le tirage. Ou bien, si tu refuses, c'est la porte !"
Inutile de dire que j'étais sutpéfait. [...] Ça a duré quarante-cinq minutes. J'ai dit que mon choix était fait, que je n'hésiterai pas une seconde, que je ne pouvais pas envisager cela. [...]
On m'a alors dit que la personne qui était passée avant moi avait tout accepté. J'ai dit : "Ce n'est pas possible." On m'a répété : "Si, si, elle a tout accepté." Et j'ai dit : "Je déplore que tu emploies des procédés de police qui sont connus depuis l'antiquité et qui consistent à interroger l'un des deux coupables dans une pièce, et au bout d'un moment quelqu'un entre

1. Il s'agit d'Anne-Marie Laffont-Leenhardt.
2. Qui est évidemment Gaston Defferre mais dont son frère veut ignorer le nom.

et dit : “Ce n’est pas la peine que tu continues à nier puisque l’autre a avoué !”
Bref l’assemblée s’est tenue avec deux heures de retard, avec des algarades comme vous pouvez imaginer. [...] Et pour qu’il soit coupé court à tous les mensonges effrontés que je suis désolé de démentir, comme dans les termes que j’ai employés hier, personne n’a rien dit. Le principal intéressé n’a pas réagi et m’a même dit : “Toutes vos calomnies et toutes vos réflexions me passent au-dessus de la tête.” Ce à quoi j’ai répondu : “Ça prouve que vous ne l’avez pas très élevée !” »

Dans cette fraternelle ambiance, Jacques Defferre est débarqué de son poste de P-DG par 631 actions contre 369.

Son frère lui avait proposé de maintenir ses appointements jusqu’à la fin de ses jours. Jacques Defferre, bloqué dans son refus, a préféré partir la tête haute, sans rien devoir à celui qui, aujourd’hui encore, suscite chez lui une rancune qui semble devoir être inextinguible [1].

Les projets caressés par Defferre n’ont finalement jamais vu le jour. Sans doute conscient du malaise qui risquait d’en résulter, il a préféré surseoir. Sa mort, suivie des procès engagés après la vente du groupe à Hachette, ont jusqu’à aujourd’hui laissé tout en suspens.

1. Sollicité pour participer à l’élaboration de ce livre, Jacques Defferre, seul de toute la famille du maire de Marseille, a refusé avec véhémence et hauteur son témoignage.

Aventures présidentielles

Georges Izard était un grand avocat, ami d'enfance de Jean Moulin, académicien, cofondateur d'*Esprit.* Autour de sa tombe, en 1973, ils furent nombreux, juristes, hommes politiques, hommes d'Église ou journalistes à venir lui rendre hommage. Gaston Defferre était de ceux-là. Et aussi François Mitterrand. Ce dernier se pencha vers Françoise Giroud, désigna des yeux Defferre qui se tenait à quelques mètres de lui, et à mi-voix : « Il a changé, hein ? C'est Edmonde. »

Changé ? En effet. Edmonde le sortait, lui faisait vivre la vie parisienne. Aux yeux de ses amis, elle avait transformé Gaston. Lui qui, auparavant, se levait avec les poules, se couchait maintenant à une heure avancée de la nuit, après être allé dîner en ville, dormait tard, fréquentait les réceptions mondaines. Durant la campagne de 1969, lors d'une interview à la radio, il avait fièrement déclaré :

> « Je me suis fixé une règle de vie : je ne sors jamais. Je ne vais jamais dans un dîner, jamais dans un déjeuner, je refuse toutes les invitations. J'arrive à concilier toutes mes obligations au journal, à la mairie, au Parlement, en me levant très tôt, en me couchant très tard, en travaillant beaucoup, en ne pre-

nant mes repas qu'en cinq ou dix minutes et en ne sortant jamais[1]. »

Comme tout cela était lointain.

Son évolution politique n'était pas moins surprenante. D'un anticommunisme de combat, il avait insensiblement glissé vers une tolérance teintée d'une pointe de méfiance. Il avait même, désormais, quelques relations communistes. Des artistes, certes, mais communistes quand même. Cela aussi, il le devait à Edmonde.

Defferre avait rencontré sa nouvelle compagne en 1966, lorsque la ville de Marseille avait tenu à honorer d'une médaille le prix Goncourt décerné à l'un des siens. Bien qu'héritière d'une grande famille marseillaise, Edmonde Charles-Roux n'était pas revenue dans la ville depuis 1944, date à laquelle elle l'avait quittée pour rejoindre l'armée de de Lattre et terminer la guerre en Allemagne. Vingt ans plus tard, elle rentrait au pays pour recevoir des mains d'un maire qu'elle n'avait jamais croisé la grande médaille d'honneur de la ville. La cérémonie avait été suivie d'un déjeuner, dans la magnifique maison des Defferre, sur la Corniche, d'où l'on apercevait les îles du Frioul et le château d'If. L'on avait discuté surréalisme ; Gaston soutenait qu'Éluard était le plus grand, Edmonde en tenait pour Breton et Aragon. Tous deux s'étaient revus. Gaston Defferre avait finalement divorcé et épousé Marie-Charlotte Elisabeth Paule Edmonde Charles-Roux le 30 octobre 1973. Plus assuré de son destin politique, il

1. Cité par Roger-Gérard Schwartzenberg, *in La Guerre de succession*, PUF, 1969.

avait, cette fois, accepté une cérémonie religieuse. Tout avait eu lieu en Avignon, dans la discrétion.

Les ancêtres d'Edmonde s'étaient sans doute retournés dans leur tombe en constatant que leur parente, héritière d'une célèbre lignée qui avait donné à Marseille financiers et armateurs et, à la France, un ambassadeur, flirtait avec les communistes. Car Edmonde était un « bas rouge », l'un de ces compagnons de route du parti communiste, nombreux après la seconde guerre mondiale. Cela n'enlevait rien à son éducation ni à l'élégance Faubourg Saint-Germain variante Chanel qu'elle affectionnait jusqu'à avoir rédigé une biographie de la célèbre demoiselle. Il fallait en convenir : Edmonde Charles-Roux avait peut-être de curieuses idées pour une dame de son état mais elle gardait une classe folle. Au point qu'en sa présence l'on était gêné de proférer des gros mots. Son entourage racontait, anecdote significative, qu'assistant à un match de football où l'arbitre se faisait traiter « d'enculé », elle s'était penchée vers son voisin : « Mais que disent-ils ? » Confus, ce dernier avait bafouillé : « Ils disent que l'arbitre a des mœurs douteuses, Madame. »

Il n'empêche : à l'instigation d'Aragon et à ses côtés, elle signait et faisait signer des pétitions pour la paix. Sous son influence, Gaston Defferre avait perdu ses préventions les plus vives. Il est vrai que les communistes qu'Edmonde fréquentait étaient assez différents de ceux auxquels, en des époques plus troublées, il s'était affronté. Ceux-là étaient tous gens fins et cultivés, intellectuels ouverts qui ne tentaient pas, tâche de toute façon aléatoire, de le convertir. Ils arrivaient dans sa vie au moment où le plus lourd étant reconstruit, il avait en tête des projets culturels nouveaux. Les intellectuels communistes qu'Edmonde lui présentait étaient des interlocuteurs avec lesquels il était possible d'en discuter.

La contagion culturelle joua. Comme jouèrent les contraintes politiques. La voie qu'avait tenté d'ouvrir Defferre, celle d'une alliance entre socialistes et réformistes de droite, combinaison politique qui faisait merveille à Marseille, semblait définitivement bouchée. L'union de la gauche que défendait Mitterrand l'avait remplacée. Defferre avait construit son destin politique en s'opposant à cette dernière stratégie mais il avait dû, finalement, s'y rallier. Par nécessité désabusée autant que sous l'emprise de la séduction qu'exerçait sur lui Mitterrand.

Curieux couple. Ces deux-là n'étaient pas intimes. Trop de choses les séparaient : l'histoire, la culture, l'intelligence. L'un avait des racines protestantes, l'autre catholiques ; l'un était membre du parti socialiste jusqu'au bout des ongles, l'autre n'était qu'un converti de fraîche date ; l'un était un homme d'action souvent trop pressé, l'autre était un politicien prudent qui méditait longuement ses coups avant de montrer un bout de moustache. Mais ils s'étaient fréquentés durant de si longues années, avaient si souvent fait partie des mêmes aventures politiques, s'étaient, par nécessité, si souvent entraidés.

Defferre était fasciné par Mitterrand, par sa capacité à résister dans les situations apparemment les plus désespérées. Après l'affaire de l'Observatoire, provocation policière où Mitterrand s'était laissé trop complaisamment entraîner, la classe politique unanime l'avait décrété mort. Erreur : Mitterrand était revenu. Comme il était revenu du faux pas commis en mai 1968, en se portant prématurément candidat à la succession de de Gaulle. La droite avait alors exulté : le voilà bien le censeur du Général prêt à commettre, à la faveur de la grève et de l'émeute, ce coup d'État qu'il accuse de Gaulle d'avoir perpétré en 1958. Dans les rangs socialistes l'attitude de Mitterrand avait été tout aussi sévèrement jugée. Au cours d'une réunion des élus et des responsables nationaux de la SFIO, tenue, début juin, à Paris, Defferre était monté à la tribune pour prononcer l'une de ces phrases définitives qu'il n'hésitait pas toujours à utiliser : « Eh bien, je vais le dire puisque personne ne le dit à ma place : Mitterrand est le fossoyeur du socialisme en France ! » Rien de moins.

C'était encore récent. Le « fossoyeur » avait pourtant, une fois de plus, surmonté sa solitude et son désarroi. Defferre imaginait combien les épreuves avaient dû lui coûter ; il évaluait ce qu'il aurait fait à sa place, s'identifiait à la situation. Il en ressentait cette solidarité que partagent ceux qui ont vécu des combats similaires. Peu à peu leurs rapports avaient évolué. Le maire de Marseille avait constaté que le chemin de l'union de la gauche préconisé par Mitterrand était désormais le seul praticable. Il s'y était rallié, en maugréant, souvent agité par le doute. Des années plus tard, il n'était toujours pas totalement convaincu de la justesse de ce choix, même s'il avait décidé de suivre aveuglément Mitterrand.

Ce dernier avait la langue douce et le verbe convaincant. Defferre était sous le charme, empressé désormais à être le plus proche compagnon d'armes de celui qui n'était pas encore le président Mitterrand. « C'est le plus fort, avec lui nous allons gagner », confiait-il souvent à son entourage qui devait bien l'admettre : Gaston était mordu. Au point d'en perdre une partie de sa personnalité, de se conduire de façon totalement inattendue. En 1971, il devait se rendre au Chili avec une délégation du parti socialiste conduite par son tout nouveau premier secrétaire François Mitterrand lorsque sa mère mourut. Defferre évoquait fréquemment cette femme exceptionnelle à qui, disait-il, il devait beaucoup. Il s'en était occupé jusqu'à ses derniers instants. Mais sa mort risquait d'annuler ce voyage auquel il tenait tant. En vingt-quatre heures Defferre régla les formalités, fit transporter le corps de sa mère de l'hôpital de Marseille à Nîmes pour l'y faire enterrer dans le caveau familial. Puis il partit pour Santiago.

Oui, Defferre avait changé.

Sur le plan personnel mais encore plus sur le plan politique. Aujourd'hui, il était l'un des plus importants personnages d'un parti socialiste lancé dans l'aventure de l'union de la gauche. Hier, avec une conviction identique, il avait incarné une démarche politique qui était à l'exact opposé de celle-là : l'alliance de la SFIO avec une partie de la droite. C'est même pour défendre ce choix qu'il s'était, en 1963, porté candidat à la présidence de la République.

En 1963 la France est en paix. La guerre d'Algérie est terminée, le franc est stable et le pays connaît une expansion sans précédent depuis la fin de la guerre.

À l'Élysée un vieux général encore vert dirige d'un ton patelin et ferme à la fois un pays qu'il n'imagine pas sans lui. Profitant de circonstances historiques exceptionnelles, il s'est taillé sur mesure une constitution qui l'a placé à la tête de l'État, doté de pouvoirs sans commune mesure avec ceux qu'exerçaient ses prédécesseurs. En 1962, un référendum est venu parachever son œuvre, l'élection du président de la République se fera désormais au suffrage universel. La prochaine échéance aura lieu en décembre 1965.

En élisant leur président au suffrage universel les Français bouleversent durablement leur paysage politique. Finis les délices du Congrès où sénateurs et députés réunis sous les ors du palais de Versailles votaient dix fois et plus pour désigner un président potiche. Finies les subtiles manœuvres de couloir. Le nouveau type de scrutin radicalise le débat, réduit à une alternative simple une question complexe : l'un ou l'autre, ou, version gaullienne, moi ou le chaos.

Quelques observateurs, parmi lesquels Pierre Mendès France, ont aussi noté que le nouveau système, compte tenu du poids respectif des forces politique, interdit quasiment à un candidat de gauche d'être élu, ce qui n'est peut-être pas sans rapport avec son choix. Un candidat communiste ? C'est bien sûr hors de question. Un socialiste ? Pour être élu il lui faut l'appui des communistes, ce qui risque de faire fuir les électeurs du centre. La quadrature du cercle. À moins de présenter un candidat socialiste qui tout en ayant un label de gauche ne puisse pas être taxé de sympathie communiste et soit capable de rassembler les voix du centre avec, éventuellement, celles de la droite antigaulliste. C'est l'origine politique de la candidature de Gaston Defferre en 1963.

Cela fait plusieurs mois qu'au club Jean Moulin l'on discute de cette élection présidentielle dont l'impact sur la vie politique du pays est délicat à apprécier. Rassemblement d'intellectuels et de hauts fonctionnaires fondé en 1958, pour réagir à l'arrivée annoncée imminente des parachutistes d'Alger, le club se veut le porte-parole d'une gauche moderniste, hors des partis dont les nécessaires références doctrinales lui apparaissent comme souvent trop rigides. Contrairement aux partis de gauche, Jean-Moulin a appelé à voter « oui » au référendum du 28 octobre 1962 qui a décidé de l'élection du président de la République au suffrage universel. Plusieurs de ses membres, et non des moindres, en sont depuis longtemps de fervents partisans.

L'idéal, pense-t-on au club, serait que Mendès se portât candidat. Mais l'ancien président du conseil y est, par principe, résolument opposé : la réforme constitutionnelle ne lui agrée pas, et il ne l'entérinera pas de façon sournoise en faisant acte de candidature. Quels sont alors les autres partants possibles ? Mitterrand ? La question ne se pose même pas. Isolé, traînant depuis l'attentat de l'Observatoire une trouble réputation, le futur candidat unique de la gauche n'est, à cette époque, qu'un mauvais cheval sur lequel aucun homme politique n'oserait parier.

Reste Gaston Defferre dont le nom s'impose vite comme une évidence. Il est une figure importante du socialisme français, il est réputé ouvert et non doctrinaire, il est maire d'une grande ville où il a pu développer ses capacités de gestion, il est peu suspect de sympathie pour les communistes. Il a aussi, lorsqu'il était ministre de la France d'outre-mer, en 1956, manifesté son anticolonialisme en faisant voter une loi-cadre dont on s'accorde à dire qu'elle a évité à l'Afrique noire l'aventure algérienne. Il a d'ailleurs pris position pour l'indépendance algérienne et ne peut être confondu avec ces socialistes qui, tel Lacoste, ont défendu jusqu'aux limites du possible le choix de l'Algérie française. Gaston Defferre, apparemment, porte sur son nom la solution de l'équation politique qu'est la prochaine élection présidentielle.

Jean-Jacques Servan-Schreiber, qui connaît le maire

de Marseille depuis plus de dix ans, en est convaincu. Il l'a rencontré au début des années cinquante, chez Mendès et, depuis, ils ont continué à faire ensemble de la politique. Avec plus ou moins d'intensité, ils continueront ainsi jusqu'à la mort de Defferre. « Servan-Schreiber était un agité qui avait cent idées par jour, dira alors l'un de ses proches, mais sur ces cent idées, il y en avait toujours une ou deux qui était géniale. » Polytechnicien, journaliste, fondateur de *L'Express* en 1953, conseiller à l'esprit brillant et mobile, JJSS — c'est ainsi que tout le monde l'appelle — séduit Defferre. Pour le provincial qu'il est resté, JJSS représente le brio parisien, le savoir-faire, l'agilité sociale. Il apprécie la capacité qu'il a de prendre rapidement une décision, qualité que se reconnaît à lui-même Defferre. Lorsqu'ils font connaissance, en pleine guerre d'Indochine, les deux hommes ont aussi en commun la compréhension du problème colonial et le sentiment de son urgence ; tous deux sont des réformistes de gauche et, à l'inverse de leur entourage, aucun ne professe d'à-priori doctrinal. Ils seront amis.

JJSS a-t-il fait les premières approches ? Est-ce le club Jean Moulin qui en fut l'initiateur ? Toujours est-il qu'un jour de fin d'été 1963, une délégation de Jean-Moulin rencontre Gaston Defferre, à Paris, dans son appartement de l'avenue Wilson. Six personnes composent la délégation conduite par le secrétaire général du club, Georges Suffert, et dans laquelle se trouvent entre autres, le professeur Vedel, Stéphane Hessel et Daniel Cordier, ancien agent de liaison de Jean Moulin durant la Résistance. La conversation dure une heure et demie durant laquelle on passe en revue la situation politique. Defferre est chaleureux, apparaît sous un jour sympathique à ses interlocuteurs qui, pour la plupart, ne l'ont jamais rencontré. « Si vous pensez que ma candidature peut secouer tout ça... Je vais réfléchir », annonce-t-il.

C'est vrai qu'il hésite. Il a conscience de ses limites et son épouse ne fait rien pour l'encourager dans cette aventure. Marseille est une ville à ses dimensions où il se sent à l'aise. Mais être président de la République ? Faire une campagne de ce genre ? « Vous croyez que j'en serai capable ? » répète-t-il à ses solliciteurs. Un soir, après un spectacle au théâtre Antoine, JJSS, Françoise Giroud, Paly et Gaston Defferre sont allés souper. Les deux journalistes font à nouveau son siège. Defferre demeure toujours indécis. Affronter de Gaulle n'est pas la moindre de ses difficultés. Le général n'a pas encore dit sa décision mais nul ne doute qu'il sera candidat. Or Defferre n'est pas un adversaire irréductible de de Gaulle. Il a combattu sa politique, mais entre les deux hommes il y a la complicité de la Résistance qui exclut toute haine. Et puis de Gaulle n'a-t-il pas tenté, à deux reprises, en 1945 et en 1958, de faire du maire de Marseille un ministre ? La dernière fois, d'ailleurs, Defferre a failli accepter. Seuls les conseils de Mitterrand l'en ont dissuadé. Plusieurs fois, depuis, le maire de Marseille a été convié à l'Élysée pour deviser. Les entretiens sont cordiaux. Mais un jour que le général lui demande quels sont les problèmes qu'il affronte, Defferre qui se lance dans une description de la délicate situation marseillaise se laisse aller à répondre : « Mettez-vous à ma place, mon Général... » À l'instant même où il prononce ces mots, il réalise l'impair. De Gaulle se lève et met sèchement fin à l'entretien. « Au revoir, Defferre. »

Il acceptera, finalement, d'être candidat. Parce que la pression est forte et parce que, en dernière analyse, le destin d'un homme politique est de faire de la politique. Or, la proposition qui lui est faite est terriblement tentante : celle d'être, face à de Gaulle, le champion d'une gauche moderne, dynamique, capable de bouleverser le jeu politique en ouvrant son parti à de nouvelles idées et à de nouvelles recrues qui, pour le moment, s'en défient.

Le 19 septembre 1963, *L'Express* lance en France la première campagne de marketing politique en vendant en « une » l'image d'un candidat dont le nom demeure inconnu : M.X. Le procédé, plus tard, sera étudié dans les séminaires de publicité politique. Il est aujourd'hui un classique dont se sont inspirées de nombreuses campagnes publicitaires. Mais à l'époque la recette est neuve, comme se piquent de l'être les hommes qui l'ont inventée.

M. X est un personnage mystérieux, dont l'hebdomadaire ne publie que la silhouette indéchiffrable. La tête est restée dans l'ombre. Le lecteur ne sait même pas si ce M. X existe. Ce qu'on lui décrit est un idéal, une enveloppe immatérielle dotée de qualités multiples, mais sans nom. Un jeu inventé par JJSS et Jean Ferniot qui a prêté sa plume à l'expérience. *L'Express* a décrit la liste des qualités indispensables à l'homme d'État moderne dont la France a besoin.

> « Il a près de cinquante ans, et a lu le livre de Ted White qui relate dans tous ses détails la campagne de J.-F. Kennedy [...] Il entretient de bonnes relations avec les notables [et] fréquente aussi les responsables des organisations ouvrières, agricoles, étudiantes, les techniciens de la planification et de l'équipement régional. [...] M. X se renseigne auprès de Jean Monnet sur les questions européennes, de

Mendès France sur les méthodes de gouvernement, de Gaston Defferre sur l'administration d'une grande ville, de François Mitterrand sur la carte politique de la France. »

Question demeurée ouverte : qui répond à ces critères ? Et ça marche ! Jusqu'au 18 décembre, chaque semaine, l'hebdomadaire de JJSS continue le jeu, apportant quelques touches supplémentaires à la définition de son produit. Accessoirement, *L'Express* qui en avait bien besoin voit sa courbe des ventes monter en flèche.

Le portrait de M. X s'affine : il est un sportif sobre et non fumeur, il est partisan du régime présidentiel, un homme politique dont l'avenir n'est pas obéré par les turpitudes du passé. Il est aussi un Européen convaincu. Le Tout-Paris politique suit la piste, avance des noms. On suggérera ceux de Jean Monnet, Pierre Sudreau, Pierre Mendès France, Maurice Faure, Gaston Defferre même. Un mois après le lancement de la campagne, le nom du maire de Marseille est celui qui est le plus souvent avancé. Mais ce n'est que le 12 janvier 1964, soit près de deux ans avant l'échéance, que ce dernier rend publique son intention de se porter candidat. À condition, détour inévitable, que son parti, la SFIO, l'accepte.

Une campagne électorale lancée de si loin étonne. Faut-il y voir, comme le pensera plus tard Georges Suffert, un piège tendu par Roger Frey, ministre de l'intérieur de de Gaulle, qui, voulant obliger ses adversaires à se dévoiler, aurait forgé à dessein la rumeur selon laquelle la date de l'élection était sur le point d'être avancée ? Quoi qu'il en soit, Gaston Defferre a maintenant deux années de course et quelques obstacles devant lui. Le 2 février 1964, à Clichy, un congrès extraordinaire de la SFIO apporte son soutien au candidat. Defferre n'a pas arraché sans mal les voix de son parti. Guy Mollet est en désaccord avec lui sur l'avenir des institutions ; il préférerait aussi que les possibilités d'une éventuelle union avec le parti communiste ne soient pas, dès le départ, bouchées. Or, trois semaines auparavant, à Marseille, lors d'un discours tenu devant les membres de sa fédération, Defferre a été sans ambiguïté : « Je n'envisagerai pas de pourparlers avec le parti communiste, je ne négocierai pas avec lui, je n'accepterai pas de programmes commun[1]. » Le congrès tranche néanmoins en faveur du candidat marseillais. Reste à faire la campagne.

Le nouveau candidat s'est installé dans les locaux que lui procure, place de l'Opéra, le sénateur Vincent Delpuech, vieille connaissance de Gaston Defferre qui lui a pris, vingt ans plus tôt, à la Libération, son journal et en a fait *Le Provençal*. De discrètes négociations accompagnées d'un confortable dédommagement ont, depuis, effacé tout motif de différend. Gaston Defferre a constitué autour de lui une équipe qui a laissé à certains de ses membres, vingt ans plus tard, l'impression « qu'elle faisait un peu bricolo ». Considérée à l'aune des futures campagnes présidentielles, l'équipe de Defferre est, il est vrai, sympathique mais bien démunie.

Charles-Émile Loo, premier secrétaire de la fédération socialiste des Bouches-du-Rhône, en assure l'organisation. C'est lui qui gère hommes et argent, met au point les déplacements du candidat, garantit sa protection. Olivier Chevrillon, membre du comité directeur du club Jean Moulin, haut fonctionnaire en congé de

1. Cité par Jacques Chapsal, *in op. cit.*

conseil d'État, en est le directeur de cabinet. C'est l'homme de plume, préposé aux discours et aux articles. Il rédigera une bonne partie du programme qui paraîtra bientôt dans le livre *Un nouvel horizon.*

Roger Quilliot assure le lien avec le parti. Professeur agrégé de lettres, spécialiste de Camus, il a fait la connaissance de Defferre en 1962, lorsqu'il a été élu au comité directeur de la SFIO. Avec une demi-douzaine d'autres responsables, Quilliot représente à cette instance la minorité du parti opposée à Guy Mollet. C'est déjà suffisant pour plaire à Defferre qui s'est encore rapproché de Quilliot lorsque, l'année suivante, ils ont fait partie de la même délégation socialiste invitée à Moscou par Nikita Khrouchtchev. Conduits par Guy Mollet, ancien président du conseil, les voyageurs auraient dû, selon l'usage, être accueillis à leur descente d'avion par l'ambassadeur. Or, sur ordre de Paris, aucun officiel français ne s'est déplacé à l'aéroport. À peine sur le sol soviétique, Defferre, furieux, a élevé ses premières protestations. Troublé, l'ambassadeur s'est tourné vers Paris, sollicitant des instructions. « Eh bien, traitez-les ! » a répondu avec dédain l'Élysée. Une réception a donc été organisée. Defferre, sans vergogne, en a profité pour prendre violemment à partie l'ambassadeur, subtil diplomate au nom aristocratique. « Comment, vous un nobliau, vous ne connaissez pas les usages ? » La victime de la charge, peu habituée à ces assauts, est demeurée d'abord interdite puis, confuse, a battu en retraite. Le soir, tout heureux de son effet, Defferre a commenté la bataille devant ses camarades : « S'il avait eu des couilles au cul, il me serait rentré dedans. » Lui dont le fond est la timidité ne dédaigne pas les mâles propos quand ils sont échangés entre hommes.

Pendant plus d'un an, Defferre va courir la campagne. Une improvisation permanente. Très vite ses collaborateurs s'aperçoivent que s'il est, sur le papier, le candidat idéal, sur le terrain, en revanche, il manque de tonus. Defferre est mauvais orateur, manque de présence lorsqu'il est à une tribune. Ses meetings sont ennuyeux. On les remplacera par des déplacements d'études et des rencontres avec les personnalités significatives des régions visitées, exercices dans lesquels le maire de Marseille est plus à son aise. Pour parfaire son image d'homme d'État, le candidat s'envole vers les États-Unis. À Washington il rencontre Lyndon B. Johnson, successeur texan de John Kennedy assassiné quelques mois auparavant. Le président américain qui n'a rien à dire ne desserre pas les dents, se contentant de banales remarques prononcées avec le minimum de vocabulaire. Defferre est paniqué : la durée de l'entretien est aussi importante que sa tenue. Va-t-il devoir sortir du bureau présidentiel au bout de quelques minutes seulement ? Que pourra-t-il raconter aux journalistes français qui l'attendent à la sortie de la Maison Blanche ? En sortant du bureau ovale, Defferre — qui a tenu le plus longtemps possible — n'aura qu'une pensée : jamais il n'a vécu une entrevue politique aussi pénible.

En avril 1965, après les élections municipales où il est réélu difficilement maire de sa ville, Defferre propose l'idée d'une fédération qui réunirait, à l'exclusion des communistes et de l'extrême droite, un large éventail de partis politiques opposés à de Gaulle. La Fédération démocrate socialiste — tel est le nom proposé — serait, selon les termes d'une motion déposée pour le futur congrès de la SFIO qui doit en discuter, une « formation politique capable d'être majoritaire » et faisant appel à tous les « hommes de progrès, depuis les socialistes jusqu'aux chrétiens-démocrates »[1]. Les clubs, les syndicats et les associations intéressés pourraient s'y rallier. Le projet prévoit même dés adhésions individuelles et directes. Tout naturellement, Defferre est appelé à devenir le candidat de la fédération.

Aucun membre des clubs qui constituent l'ossature idéologique de la campagne de Defferre n'avait jamais eu l'illusion que leur poulain pourrait gagner. Cette candidature n'était pour eux que l'occasion d'exposer publiquement les idées qui, plus tard, seront celles d'une bonne partie de la gauche non communiste. Mais en proposant une fédération rassemblant dans une même organisation socialiste, MRP et clubs, ils accomplissaient un saut qualitatif. Développée par Defferre, l'idée prenait. L'abondant courrier qui arrivait à *L'Express* en témoignait. Mitterrand lui-même, qui n'y avait jamais cru mais qui, tout au long de cette période, manifesta à Defferre un loyalisme empressé, était obligé de le reconnaître : l'idée d'une grande fédération séduisait. Mais liée à la campagne d'un candidat, elle devenait, petit à petit, une condition *sine qua non* de son maintien en lice. Defferre serait le candidat de la fédération ou ne serait pas.

Les négociations furent laborieuses et ambiguës. Certains responsables socialistes y participaient avec l'intention de les faire capoter ; il en allait de même pour quelques centristes qui envisageaient déjà la candidature de Lecanuet. Le point d'achoppement fut la laïcité et, surtout, les références au socialisme. Fontanet et Lecanuet ne voulaient même pas qu'on prononcât le mot. Dans la nuit du 17 au 18 juin 1965, les

1. Cité par Jacques Chapsal, *op. cit.*

pourparlers pour la création de la Fédération démocrate socialiste échouaient définitivement. Les 19 et 20 juin, pour le week-end, Gaston Defferre se retira à Marseille pour envisager la suite à donner à sa campagne. Le 21 juin, il déclarait forfait. La voie pour une candidature Mitterrand était libre.

JJSS enrageait. Il avait tenté de persuader Defferre de continuer, de sauter par-dessus l'obstacle en faisant appel à l'opinion publique pour l'engager à adhérer directement à la fédération qui ne serait plus ainsi sous la coupe des appareils traditionnels. L'accord des clubs et d'individualités prestigieuses pouvait relancer la machine. L'état-major de campagne de Defferre poussait dans la même direction. C'était mal le connaître : secouer le parti, certes, commettre l'indiscipline de le quitter, jamais !

A-t-il manqué d'audace ? Beaucoup de ceux qui participèrent à l'expérience le pensent. À les écouter, Defferre, durant cette difficile nuit où il affrontait les délégués du MRP, aurait pu « enlever le morceau ». Il aurait suffi qu'il manifeste une détermination inébranlable, qu'il menace de se passer de l'accord des partis. Mais Defferre y croyait-il encore ? Ou, de façon plus complexe, voulait-il vraiment y croire ? Marseille dont il connaissait les hommes et les rouages était son territoire. Là il était le maître absolu, ne se privant d'ailleurs jamais de le rappeler. Mais Paris ? Mais la France à la direction de laquelle il aspirait ? N'était-ce pas pour lui un trop gros morceau ? Ses hésitations à partir en campagne comme celles, aujourd'hui, à continuer, montraient qu'il ne se sentait pas vraiment de taille. Sa femme le lui disait, et, dans le fond de lui-même, il en convenait volontiers : il avait atteint ses limites. Il n'avait pas le goût masochiste de le clamer sur la place publique, mais son honnêteté le poussait à se dérober.

Quatre ans plus tard, presque jour pour jour, il se retrouve pourtant dans la même situation de candidat. Désavoué par un référendum dont les réponses ne correspondaient pas à la question posée, de Gaulle a brutalement démissionné, laissant ses successeurs se débrouiller entre eux. À gauche, moins d'un an après Mai 68, les divisions explosent à l'occasion de cette nouvelle campagne présidentielle.

La plus grande confusion règne. Au candidat gaulliste, Georges Pompidou, s'opposent un candidat centriste, le président du Sénat Alain Poher... et quatre candidats se réclamant du socialisme : Gaston Defferre, présenté par les socialistes, Jacques Duclos, avant-garde du PCF, Michel Rocard, héraut du PSU, et Alain Krivine, porte-drapeau de la Ligue communiste, jeune formation trotskyste qui reçoit là son baptême électoral. Un septième larron, Louis Ducatel, est le candidat indépendant et folklorique qui a réussi à se glisser dans la course. L'emblème qu'il a choisi pour orner les bulletins destinés aux territoires d'outre-mer est une rose...

Vingt ans après, la raison de la candidature de Gaston Defferre demeure partiellement inexpliquée. Personne ne semble vouloir endosser la responsabilité de lui avoir conseillé de se lancer à nouveau. Est-ce JJSS qui l'y a poussé, pour susciter une fois de plus cette dynamique que l'on sentait frémir lorsque Defferre, en 1965, avait proposé de fonder cette fédération démocrate socialiste qui n'avait jamais vu le jour ? Defferre a-t-il voulu prendre de court Guy Mollet qui après avoir suggéré la candidature de Christian Pineau louchait maintenant vers un possible candidat centriste ? S'est-il laissé intoxiquer par un sondage qui lui donnait 17 % des voix, score qui pouvait constituer un joli capital politique ? Comment, en tout cas, pourrait-il fédérer sur son nom, comme il avait tenté de le faire avec l'aventure de M. X, les électeurs socialistes et centristes alors que la division entre les partis qui s'en réclament n'a jamais été aussi profonde ?

L'initiative de Gaston Defferre aboutit à sa désignation, le 4 mai 1969, au congrès d'Alfortville. Les discussions ont été confuses entre ceux qui souhaitent que les socialistes votent pour Alain Poher, seul candidat, selon eux, en mesure de battre Pompidou, ceux qui préfèrent un candidat unique de la gauche et ceux qui proposent Defferre, voire Savary. Les votes s'en sont ressentis et il a fallu s'y reprendre à deux fois avant de pouvoir désigner définitivement le maire de Marseille comme le candidat des socialistes. Les cercles dirigeants du parti mis à part, tout le monde a appris la nouvelle avec incrédulité. Qu'est-il allé faire dans cette galère ?

À la veille de se décider Defferre a consulté François Mitterrand. Celui qui est devenu le « candidat unique de la gauche » et entend le demeurer se tient, cette fois, à l'écart, conseillant à Defferre d'agir de même. Le paysage politique est, pense-t-il, trop chaotique pour qu'il puisse en résulter quelque chose de bon. Les conditions qui avaient permis, en 1965, le dépôt de sa candidature ne sont pas, cette fois, réunies, pas plus que ne sont favorables celles qui pourraient permettre à Defferre de rassembler sur son nom socialistes et centristes. La conversation s'étire. Defferre n'en sort pas convaincu. « Je me contenterai de me taire », lui a dit Mitterrand en guise de viatique. En clair, et contrairement à l'époque de M. X, Mitterrand ne manifestera qu'un soutien passif. Il ne sera pas le seul puisque le propre parti de Gaston Defferre, profondément troublé par cette candidature inexplicable, ne se mobilise que du bout des ongles.

Le maire de Marseille fera une campagne lamentable. Ça n'accroche pas. Isolé, sans troupes ni programme, Defferre manque de souffle. L'équipe autour de lui est des plus réduites. Roger Quilliot a repris du service, secondé par Michel Charasse et Éric Hintermann, secrétaires du groupe socialiste à l'Assemblée nationale. Comme d'habitude, Charles-Émile Loo s'occupe de l'organisation.

Homme de coups influencé par les États-Unis, JJSS a eu l'idée de flanquer Defferre de Pierre Mendès France, réputé apporter le poids de son prestige à un candidat qui en a bien besoin. S'il est élu, Defferre désignera Mendès comme premier ministre. L'idée de ce « ticket » à la française a enthousiasmé Defferre. D'autres sont nettement plus sceptiques : « Ce n'est pas une addition mais une soustraction, commentent quelques observateurs politiques. Leurs deux électorats sont différents. Ils vont se neutraliser l'un l'autre ». L'épouse de Gaston, Paly, fait la moue. Le choix de Mendès lui montre, une fois de plus, que son mari manque de confiance en lui.

Malgré quelques cours et répétitions, les prestations télévisées du tandem Defferre-Mendès sont lugubres. Habillés de sombre, ils sont interviewés par un journaliste de *L'Express*, Roger Priouret, spécialement détaché par JJSS pour apporter des idées mais qui n'a lui-même rien d'un gai luron. Le plateau dégage autant de gaieté qu'une convention d'employés des pompes funèbres.

Que peuvent retenir les téléspectateurs de ce sinistre spectacle ? Comment peuvent-ils s'identifier à cet orateur cafouilleux qui traîne à ses côtés ce qui semble n'être qu'une copie de Pierre Mendès France ? Le piètre candidat est-il le même qui, deux ans auparavant, avec d'autant plus de panache que la raison en était futile, s'est à nouveau battu en duel ? Cette fois c'est le député gaulliste du Val-d'Oise, René Ribière, qui était son adversaire. Énervé par les cris qu'il poussait à l'Assemblée, Gaston l'a traité d'abruti. L'explication a dégénéré et tous deux se sont retrouvés sur le pré, épée à la main. Ribière a été légèrement blessé au bras. Plus tard, Defferre racontera que durant le combat il a surtout cherché à toucher sous la ceinture un adversaire qui devait se marier le lendemain.

Les résultats du premier tour de scrutin vont vite montrer l'ampleur du désastre : au terme d'une campagne particulièrement médiocre, Gaston Defferre obtient à peine plus de 5 % de suffrages. À Marseille, la défaite est à peine moins lourde : seuls 12 % des suffrages se sont portés sur son nom. Loin devant lui caracolent Alain Poher (23,4 %) et Jacques Duclos (21,5 %). Témoignage de la confusion qui, de bout en bout, a marqué ces journées, les électeurs socialistes ont plus volontiers voté pour Alain Poher que pour Gaston Defferre. Même Mitterrand a voté pour le président du Sénat. C'est du moins ce qu'il dira, le soir du premir tour, à Château-Chinon, à plusieurs de ses proches. Pis encore : beaucoup d'électeurs socialistes ont glissé dans l'urne un bulletin au nom de Jacques Duclos. Il est vrai que le dirigeant communiste qui a fait une magnifique campagne est, selon l'expression de Michel Charasse qui sait de quoi il parle, « un sacré vendeur de bretelles ». Face à lui Defferre n'a pas fait le poids.

À quelque chose malheur est parfois bon. Les errements de la SFIO sanctionnés par le score de son candidat vont accélérer la création d'un nouveau parti socialiste, formation politique rénovée née de la fusion des différents courants qui se réclament du socialisme.

Les résultats de l'élection ont clairement montré que la SFIO, si elle n'y prenait garde, risquait d'être balayée de la vie politique. D'autres chiffres tiennent, plus discrètement, le même discours : le nombre des militants décroît et les cotisations ne rentrent pas. Écartelés depuis des années entre deux pôles, les socialistes doivent maintenant faire un choix, et rapidement : l'alliance centriste ou l'union de la gauche.

En vérité, il reste peu de marge de manœuvre. Après les deux échecs de Gaston Defferre, seul survit comme projet crédible un rapprochement avec les communistes. À condition, toutefois, que le parti socialiste se muscle. C'est la perspective qu'offre une fois encore Mitterrand et que vont saisir Mauroy et Defferre. Tous deux en profiteront pour pousser vers la sortie Guy Mollet qui paie d'un profond discrédit les années de flottement que vient de traverser le parti.

L'affaire n'est pourtant pas jouée d'avance. Parce que Guy Mollet qui avait fait des sourires aux sirènes centristes apparaît maintenant comme un partisan déclaré du dialogue avec les communistes ; parce que Mauroy et Defferre, patrons des deux plus importantes fédérations du parti, outre qu'ils manifestent une profonde méfiance à l'égard des communistes, ne veulent surtout pas à la tête du parti le maintien d'un Guy Mollet qui espère se survivre au travers du nouveau premier secrétaire qu'est Alain Savary ; parce que, enfin, il n'est pas évident de faire accepter à l'ancienne SFIO un Mitterrand qui n'appartient pas à la « maison » et qui un jour, dans la Nièvre, s'est fait élire contre un socialiste grâce au soutien communiste, forfait qui ne s'oublie guère, même s'il est ancien.

Vieille idée que celle de Mitterrand qui, légitimé par son score à la présidentielle de 1965, a réussi à mener sur la voie d'une intégration plus poussée la Fédération de la gauche démocrate et socialiste (FGDS) créée en septembre 1965 avec la SFIO, le parti radical et la Convention des institutions républicains. Aux élections législatives de mars 1967, c'est sous l'étiquette FGDS que la gauche non communiste a présenté ses candidats. Un accord de désistement réciproque a pu être conclu avec le parti communiste au second tour. Les bons résultats ont semblé conforter la pertinence de cette stratégie : dans un contexte où la gauche, toutes tendances confondues, gagne des voix, la FGDS a fait élire plus de députés que le parti communiste. Une partie de ses voix proviennent d'électeurs centristes qui, malgré l'alliance avec le parti communiste, n'ont pas craint de voter pour elle. La FGDS est ainsi en meilleure position pour traiter avec le PC, objectif qui a toujours été celui de Mitterrand et qui suscite à nouveau la méfiance des partisans d'une alliance avec le centre.

L'explosion de Mai 68, suivie, moins d'un an plus tard, du départ du général de Gaulle, ramène tout le monde sur la ligne de départ. Un nouveau parti socialiste, fusion de la SFIO, de l'Union des clubs pour le renouveau de la gauche, dirigée par Alain Savary, et de l'Union des groupes et clubs socialistes, que mène Jean Poperen, a bien tenté de naître en mai 1969, mais c'est pour aboutir à l'échec supplémentaire qu'a bien manifesté la candidature de Gaston Defferre. Deux mois plus tard, au congrès d'Issy-les-Moulineaux, on s'est une nouvelle fois essayé au jeu de l'unité. Alain Savary a finalement été investi à la tête d'un nouveau parti socialiste qui manque singulièrement de crédibilité. Mitterrand et la Convention des institutions républicaines, sceptiques, sont restés sur le côté.

Épinay, en 1971, ce sera autre chose. Mitterrand, cette fois, entend bien profiter du désarroi dans lequel se trouvent les socialistes. À plusieurs reprises Defferre et lui se sont rencontrés pour construire une future majorité de parti. Quelques jours avant le congrès d'Épinay, prévu pour se tenir du 11 au 13 juin, ils se sont encore vus à Gordes, dans le Vaucluse, où Mitterrand dispose d'une maison amie. Pour Defferre, les choses sont désormais claires : ses échecs sanctionnent l'inanité de la solution politique qu'il a par deux fois proposée en se portant candidat à l'élection présidentielle. Si l'on veut, en outre, véritablement rénover le parti, et, objectif non secondaire, faire définitivement la peau à Guy Mollet, il faut sauter dans le train de Mitterrand.

Au congrès, à la tête d'une coalition réunissant la fraction droitière du parti alliée à sa composante gauchiste, Mitterrand, qui a également pris ses assurances du côté de Mauroy, enlève le parti socialiste dont il devient le premier secrétaire. L'alliance Defferre-Mauroy que symbolise une motion dite ironiquement « Bouches-du-Nord », appuyée par le Ceres, lui a donné la majorité. Un an plus tard, le 27 juin 1972, le Programme commun de gouvernement est signé par les communistes, les socialistes et les radicaux. Defferre a fait partie de la délégation socialiste qui a négocié l'accord à l'élaboration duquel il a pris une part active. Ce n'est pas le moindre des paradoxes. Quinze mois auparavant, il a été réélu maire de Marseille à la tête de sa traditionnelle coalition socialo-droitière. Il a, comme de coutume, tiré sur la même ficelle : le péril communiste. Et le voilà qui signe un accord de gouvernement avec les représentants nationaux de ses ennemis marseillais. Combien de temps pareil grand écart sera-t-il possible ?

Le ministre de l'Intérieur

L'arrivée place Beauvau se fit un vendredi matin, moins de deux semaines après le 10 mai 1981. François Mitterrand élu président de la République venait de choisir Gaston Defferre pour diriger une maison importante entre toutes : le ministère de l'Intérieur.

Dix ans s'étaient écoulés depuis que Mitterrand avait imposé au parti socialiste un nouveau cours. Dix ans pendant lesquels Gaston Defferre, parfois sceptique mais toujours loyal, l'avait suivi. La récompense était là, palpable : la gauche campait à l'Élysée.

Christian Bonnet, dernier ministre de l'Intérieur de Valéry Giscard d'Estaing, reçut Gaston Defferre dans un bâtiment quasi désert. Son directeur de cabinet, Jean Paolini, rencontra au même moment Maurice Grimaud que Defferre venait de choisir pour diriger le sien. L'entretien de l'ancien et du nouveau ministre fut courtois et absolument sans intérêt. Au bout d'une heure, Gaston Defferre prit congé. Il revint le lendemain, accompagné de l'équipe que son collaborateur à la mairie de Marseille, Philippe Sanmarco, avait rassemblée pour lui.

Sur le bureau de Cambacérès qui, de toute éternité, a servi de table de travail aux ministres de l'Intérieur de la République, il n'y avait aucun dossier. Rien non plus dans les coffres ou dans les armoires. Les prédécesseurs avaient fait place nette. Mais Gaston Defferre n'en avait cure. En ce jour de mai, le tout nouveau ministre de l'Intérieur de François Mitterrand avait le cœur léger. Il était sûr que, cette fois, le temps était venu pour les socialistes, pour son parti, de faire l'histoire. Cette élection, il en était convaincu, n'était pas une foucade électorale. Lui et ses amis resteraient au pouvoir pour longtemps.

Le ministre avait surtout en tête une grande idée : la décentralisation. Maintenant qu'il était en mesure de faire avancer les choses, il allait enfin pouvoir débarrasser les maires de province de la lourde tutelle parisienne. Une idée magnifique, qui soulevait son enthousiasme. Car même ministre d'État, gratifié de ce titre par un président qui voulait souligner l'estime dans laquelle il le tenait, Gaston Defferre n'oubliait pas qu'il était avant tout maire de Marseille.

Le nouveau ministre de l'Intérieur a presque soixante et onze ans. L'année précédente, il a vendu son bateau au centre des Glénans. *Palynodie VI*, sloop de quinze mètres équipé des derniers perfectionnements de la technique maritime mais au confort spartiate, est devenu trop coûteux à entretenir. Dix marins étaient nécessaires pour le manœuvrer ! Gaston Defferre l'a remplacé par une barcasse qui lui sert à de modestes sorties en mer, à quelques mètres seulement du Vieux-Port. Il en garde ce teint hâlé que souligne une belle couronne de cheveux blancs. Avec l'âge, ses traits se sont affaissés, lui donnant un vague air de patricien romain. Mais il a gardé ce regard qui passe avec une étonnante facilité du rire à la méfiance. Parfois la tête se fige dans une totale fixité, les yeux semblent se vider, comme s'ils étaient allés voir au loin une autre partie du monde. Cela ne dure qu'un bref instant durant lequel l'ébauche de sourire qui lui caresse les lèvres le fait ressembler à un mystérieux Bouddha.

Frileux, il porte été comme hiver un costume de flanelle grise auquel, dès la moindre bise, il n'hésite pas à ajouter un pull. Comme toujours le costume est d'une élégance recherchée. La démarche, déjà alourdie par ses semelles orthopédiques, s'est quelque peu empêtrée et la diction ne s'est guère améliorée, provoquant parfois d'amusants quiproquos. Arrivant au ministère un après-midi, Defferre, sortant de sa voiture, apostrophe l'huissier qui l'attend sur le perron :

— ... Monde ? marmonne-t-il.

— Sur votre bureau, monsieur le ministre, réplique, déférent, l'huissier.

Interloqué, Defferre lève la tête, soulève un sourcil, s'apprête à pousser l'un de ses légendaires coups de gueule et, brusquement, comprend : l'huissier a cru que son ministre lui parlait du quotidien *Le Monde*, alors qu'il lui demandait où se trouvait sa femme, Edmonde Charles-Roux !

Pourtant, malgré sa voix empâtée, M. le ministre a le cerveau vif et est demeuré un bourreau de travail. Lui qui n'a besoin chaque nuit que de quatre à cinq heures de sommeil fait souffrir ses collaborateurs.

Comme cette victoire si longtemps attendue est belle ! Comme il est heureux d'être à nouveau ministre ! Pourtant, de n'avoir pas connu la victoire sept ans plut tôt lui laisse une légère pointe d'amertume. Si Mitterrand avait été élu en 1974, il le sait, il aurait été Premier ministre. Comme pour montrer que c'est lui qui, aujourd'hui, a refusé le poste, il raconte parfois à ses amis que trois jours après le 10 mai, il est allé voir chez lui, rue de Bièvre, celui que son entourage, avec emphase, n'appelle déjà plus que « le Président » :

— Vous m'aviez dit en 1974 qu'en cas de victoire vous comptiez me nommer Premier ministre et je vous avais donné mon accord. Aujourd'hui j'ai sept ans de plus, j'ai vieilli, je suis trop âgé. Je vous suggère de prendre Mauroy. En ce qui me concerne, je serais comblé si j'avais l'Intérieur. Cela me permettra de faire la décentralisation.

— Mais mon cher Gaston, aurait répondu Mitterrand, ce n'est pas vous qui êtes trop vieux ; nous avons tous deux vieilli. En vérité nous formons un couple trop âgé.

C'est trop de modestie de part et d'autre. Ce couple « trop âgé » vient, chacun pour la part qui lui revient, de donner aux socialistes une de leurs plus belles victoires électorales.

Il s'agit maintenant de travailler. Et sans perdre une minute.

L'une des cent dix propositions du candidat Mitterrand était consacrée à la décentralisation, vieille idée mûrie au sein des clubs dans les années 60 et que Defferre défendait lui-même depuis longtemps. Pour être le premier magistrat d'une grande ville il n'a jamais supporté le contrôle que lui impose, à Marseille, le préfet, cet œil de Paris dont la présence est parfois si lourde. Pas un budget, pas un investissement, pas un plan d'urbanisme qui n'ait besoin de son imprimatur. Que de possibilités de pressions politiques par ce canal. Encore Defferre a-t-il eu de la chance : il a toujours su circonvenir les préfets qu'on lui a envoyés. Mais parfois, sous de Gaulle notamment, lorsque Roger Frey était au ministère de l'Intérieur, il a fallu batailler dur.

Conscient que la nouvelle assemblée, celle de la « vague rose » élue un mois après l'élection de François Mitterrand, ne manifestera un esprit novateur que durant peu de temps, Defferre va conduire sa décentralisation sans inutile perte de temps. Il est officiellement ministre de l'Intérieur et de la Décentralisation. Il va bientôt montrer qu'il est surtout ministre de la Décentralisation et, trop peu, de l'Intérieur.

Dès le 27 juillet, soit deux mois après la formation du gouvernement Mauroy, Gaston Defferre présente au Parlement son « Projet de loi n° 105 relatif aux droits et libertés des communes, des départements et des régions ». Durant huit semaines, une grande partie du cabinet de Defferre n'a travaillé que là-dessus. Jeune auditeur au Conseil d'État, Éric Giuily a été la plume du ministre. Appelé au cabinet pour suivre la police, les pompiers et les immigrés, de banales raisons d'emploi du temps l'ont amené à échanger ses responsabilités avec celles de Frédéric Thiriez, son camarade du Conseil d'État, qui, lui, devait primitivement s'occuper de décentralisation. Giuily a donc fait la décentralisation et Thiriez fera la police.

« Il est enfin temps de donner aux élus des collectivités territoriales la liberté et la responsabilité auxquelles ils ont droit », proclame, à la tribune de l'Assemblée nationale, Gaston Defferre en présentant son projet de loi. Tout est dit là. Le 2 août 1981, l'Assemblée nationale adopte le projet soumis ensuite au Sénat le 28 octobre. Navettes multiples entre les deux assemblées, longues séances nocturnes durant lesquelles le ministre de l'Intérieur défend son texte : la loi ne sera définitivement votée que le 2 mars 1982, après un dernier examen par le Sénat. D'autre textes viendront bientôt compléter ce premier socle législatif.

Comme les précédents, ils auront mobilisé une bonne partie de l'énergie ministérielle.

Or, au même moment, la maison police, quelque peu laissée à l'abandon, est victime d'inquiétantes convulsions.

Gaston Defferre est arrivé à l'Intérieur avec Maurice Grimaud dans ses bagages. Préfet de police de Mai 68, Grimaud a la réputation justifiée d'être démocrate, sourcilleux sur le chapitre des droits de l'Homme et attentif à ne pas lancer la police dans n'importe quelle aventure. Alors que les affrontements de Mai étaient à leur paroxysme, il a fait distribuer à ses troupes une lettre leur recommandant de se conduire en policiers républicains, et non en mercenaires revanchards. « Frapper un manifestant tombé à terre, c'est se frapper soi-même en apparaissant sous un jour qui atteint toute la fonction policière », écrivait alors le préfet. Dans la rue, devant les barricades, les CRS ont modérément apprécié. « Il est encore plus grave de frapper des manifestants après arrestation et lorsqu'ils sont conduits dans les locaux de police pour y être interrogés », poursuivait-il encore. Treize ans plus tard, Defferre a voulu souligner la conception qu'il a de l'emploi des forces de police en prenant comme directeur de cabinet cet homme que ses amis comparent affectueusement à une petite souris, tant est grande sa discrétion et sa courtoisie. Avec un tel homme à ses côtés, Defferre a le sentiment qu'il ne se trompera pas lorsqu'il faudra affronter le problème du maintien de l'ordre, cette désagréable réalité qui est aussi de la responsabilité du ministre de l'Intérieur.

Gérard Monate, ancien secrétaire général de la FASP, le plus important des syndicats de police, appartient également au cabinet du ministre de l'Intérieur.

En 1939, à seize ans, Monate s'est engagé dans l'Aéronavale comme mousse, puis a rejoint les Forces françaises libres. Après la guerre, il est devenu gardien de la paix, à Paris. Il a ensuite gravi les échelons des responsabilités syndicales, fondant, en 1969, la Fédération autonome des syndicats de police. En 1981, lorsqu'il entre dans l'équipe Defferre, il est à la retraite depuis cinq ans, chargé de suivre, pour le parti socialiste, les questions de police.

Avec de tels hommes, Defferre s'estime paré. Ces deux nominations ont d'ailleurs été saluées avec chaleur par tous les syndicats de la profession, pour une fois unanimes. Le nouveau gouvernement en a conclut que la paix policière passait par la satisfaction de revendications anciennes, la pratique de la concertation et quelques belles déclarations sur la police au service des citoyens. Vision à courte vue. Quelques attentats terroristes, un ou deux crimes spectaculaires suivis de propos à rebrousse-poil vont bientôt avoir raison de cette naïveté.

La « Grande Maison » est en réalité plus vermoulue qu'il n'y paraît. Dans un environnement mobile, elle souffre de sous-équipement, de structures inefficaces, de lourdeurs héritées de l'histoire, de sollicitations politiques qui exacerbent sa nécessaire sérénité. Elle est surtout à la charnière de deux exigences contradictoires : le besoin de sécurité et le besoin de liberté. À la demande de Gaston Defferre, un haut fonctionnaire, Jean-Michel Belorgey, un instant pressenti pour devenir directeur général de la police nationale, a fait un rapide diagnostic de l'institution et de ses insatisfactions. Des réformes de fond seraient nécessaires, passant notamment par une redéfinition des missions.

C'est sur ce dernier point que se produit le premier

accroc. Redéfinir les missions suppose aussi redistribuer les responsabilités. Defferre, malgré la pression clairement exprimée de la FASP et les déclarations de Paul Quilès, à Valence, au congrès du parti socialiste, a rapidement affirmé qu'il n'agirait pas en « coupeur de tête ». Mais des changements s'avèrent cependant nécessaires. Marseille sera d'ailleurs la première ville à profiter des nouvelles fonctions de son maire. Au début du mois de juillet, onze postes de direction de la police marseillaise changent de titulaires. Certains des commissaires écartés sont considérés comme responsables des excès commis parfois par les forces de l'ordre dans les cités du nord de la ville, là où vit la majorité de la population immigrée. Le préfet de région, Lucien Vochel, explique qu'il s'agit « de changer les hommes sans pour autant faire tomber les têtes ». Il convainc peu. L'affaire d'Auriol et l'enquête qui la suit montreront bientôt combien la police locale, postes de direction inclus, est infiltrée par le SAC. Fragilisé par les réformes qui pointent, déstabilisé par ce nouveau pouvoir dont il ne connaît aucun des hommes, anxieux de son avenir, le corps des commissaires regimbe.

La base n'est pas moins anxieuse. Un instant désarçonnée par sa défaite, la droite a rapidement entrevu le profit qu'elle pouvait tirer des mesures généreuses que prend le gouvernement. Les policiers, en effet, comprennent mal ce nouveau discours sur la prévention alors que leur fonction se confond, pour eux, avec les nécessités de la répression et du maintien de l'ordre. « Angélisme » et « naïveté » sont les deux adjectifs qu'ils ont spontanément tendance à accoler aux régularisations des « sans-papiers », à l'amnistie, à l'élargissement des emprisonnés d'Action directe. La droite, habilement, saura radicaliser le débat en parlant de « laxisme ».

Pris à contrepied, Defferre contre-attaque par d'énergiques déclarations destinées à clouer le bec d'une opposition qui, croit-il, alimente dans la police un mécontentement artificiel.

« Il n'y a pas si longtemps, déclare le ministre à la radio, les policiers étaient surtout tournés vers une activité anti-ouvrière, contre les grévistes, contre les travailleurs. Dans certains quartiers, étant donné la politique du gouvernement de droite, c'étaient le racisme, l'antisémitisme, les ratonnades ».

Tollé dans les syndicats proches de l'opposition qui exploitent cette philippique dans laquelle les policiers ne se reconnaissent pas. Pris à partie, Defferre récidive à l'Assemblée nationale, quelques jours plus tard. Indignée, l'opposition quitte l'hémicycle. « Si chaque fois qu'un ministre dit une connerie, on est obligé de sortir, on n'a pas fini », commente sobrement Bernard Stasi...

Le 3 novembre s'allume le premier signal d'alarme. Ce jour-là, à Lyon, le brigadier de police Guy Hubert, quarante-six ans, père de deux enfants, est tué par des malfaiteurs lors du hold-up d'une banque lyonnaise. Un gardien de la paix, Régis Dardillac, vingt-huit ans, est grièvement blessé. Plusieurs mois plus tard, on apprendra que les auteurs du crime sont des membres d'Action directe.

Les obsèques du brigadier Hubert se déroulent dans un climat explosif, devant deux mille policiers dont une bonne partie désertent ostensiblement les lieux lorsque Gaston Defferre prend la parole pour stigmatiser les auteurs de ce « lâche assassinat ». En quittant la cérémonie, le cortège ministériel est un instant bloqué par des centaines de policiers qui se sont massés un peu plus loin. Des cris et des sifflets montent de la foule.

Pour Gaston Defferre, cette manifestation inattendue est l'équivalent d'un électrochoc. Tout occupé qu'il était à l'élaboration de sa loi de décentralisation, il n'a pas soupçonné la tempête qui levait dans les rangs policiers. La prise à partie de la presse témoigne bientôt que la sécurité devient l'enjeu d'une bataille politique dure. En témoigne la question d'un sondage que publie *Paris-Match:* « Approuvez-vous les consignes données par le gouvernement aux policiers d'être plus "coulants" avec les petits délinquants et les habitants des quartiers chauds ? » Defferre dépose une plainte en diffamation, puis la retire quand l'hebdomadaire accepte de publier, dans son numéro suivant, un entretien où il fait part de sa détermination à lutter contre le banditisme. Mais le mal est fait : lui-même et le gouvernement auquel il appartient sont, aux yeux d'une partie de l'opinion publique, durablement désignés comme des « laxistes » incapables de faire respecter la sécurité. Incompétents au mieux, complices des criminels au pire. L'assassinat, à Paris, de l'attaché militaire adjoint américain, Charles Ray, précédé d'une tentative analogue contre un autre diplomate des États-Unis, Christian Chapman, accroissent le sentiment que le ministre de l'Intérieur n'est pas à la hauteur. Jacques Chirac ne le lui envoie d'ailleurs pas dire lorsque, à propos de la sécurité dans la capitale il affirme que « les promesses faites par le gouvernement n'ont été que de la poudre aux yeux ».

Début mars, une nouvelle bourrasque se lève. Cette fois ce sont les commissaires du Quai des Orfèvres qui entrent en ébullition : l'un des leurs, le commissaire divisionnaire Marcel Leclerc, patron de la Brigade criminelle, refuse sa mutation à Marseille comme chef du SRPJ. Docteur en droit, considéré comme l'un des plus brillants éléments de la maison, il a été tour à tour chef de la première brigade territoriale, patron de la brigade antigang, avant d'être nommé à la tête de la brigade criminelle, la formation « noble » du Quai des Orfèvres. Un parcours sans faute, quasi programmé qui, très logiquement, devrait lui valoir la sous-direction de la PJ parisienne et, à terme, le prestigieux fauteuil de directeur. C'est d'ailleurs ainsi que Leclerc et ses compagnons l'entendent : les mécanismes internes de sélection rendent automatique sa promotion au poste de sous-directeur.

Or, le ministe accepte bien de le nommer contrôleur général, mais à condition qu'il aille prendre son galon à Marseille. Refus de Leclerc, appuyé par son chef, le directeur François Le Mouël. Non sans raisons, le commissaire affirme qu'il est victime d'une cabale. Ce n'est pas inexact : des inspecteurs de la brigade antigang et de la brigade criminelle sont venus mettre en garde leur ministre contre ce « superflic » brillant, certes, mais qu'ils ne prisent que modérément. Hautain, le commissaire Leclerc a le contact maladroit avec ses inspecteurs. Dans un métier, où, pour être accepté, le danger doit être compensé par une profonde connivence entre les membres d'une même équipe, Leclerc détonne. Intraverti, habité d'un fort esprit de corps, non exempt d'une certaine morgue, ce policier d'allure intellectuelle et frêle n'a rien du macho qu'aime cultiver le milieu. Ses hommes lui reprochent aussi quelques belles « boulettes » : en 1975, une intervention mouvementée dans un bar parisien, le Thélème, suivie, quelques mois plus tard, d'une fusillade précipitée au cours de laquelle un inspecteur a trouvé la mort, tué par ses camarades.

Et, surtout, la dernière bévue : l'affaire de Broglie. Leclerc a dirigé une partie de l'enquête qui a précédé le meurtre du député-prince giscardien. Comme tous les responsables de la PJ parisienne il a eu connaissance des menaces portées à l'encontre de la victime. Il a lu le rapport fait par un inspecteur, Michel Roux, qui donnait le meurtre pour imminent. Leclerc et la brigade antigang ont été chargés de filer les suspects désignés dans le rapport comme les futurs assassins. Au bout de trois mois d'enquête, ils ont laissé tomber. Négligence ? Mauvaise appréciation ? Pis ? Une fois commis le meurtre par ceux qu'il avait surveillés en vain, Leclerc, comme ses chefs, n'a rien dit au juge d'instruction. Le procès qui vient de se terminer a clairement mis en lumière les mensonges qui ont été ceux de la PJ durant toute l'instruction.

Tels sont les arguments utilisés par les policiers qui préviennent Defferre contre le commissaire Leclerc. Le ministre est perplexe. Et pense trouver un compromis honorable en proposant au policier sa ville de Marseille. L'entrevue est pénible. Affable, Defferre tente de convaincre en douceur le commissaire, présente ses raisons, l'assure que le détour marseillais ne lui nuira pas, bien au contraire, dans la suite de sa carrière. Le policier ne veut rien entendre.

— Ma femme veut rester à Paris, lâche-t-il, à bout d'arguments.

— Amenez-moi votre épouse, je vais lui expliquer.

L'épouse vient, bredouille qu'elle ne peut décider à la place de son époux, s'en retourne au bord des larmes. Defferre insiste, puis menace. Leclerc demeure inflexible. Entre les deux hommes, l'incompréhension est totale : buté, convaincu qu'accepter serait déchoir, le commissaire ne comprendra pas qu'être nommé chef de la police judiciaire à Marseille est pour Defferre tout le contraire d'une sanction. Amer et rageur, il mute finalement le commissaire Leclerc à l'inspection générale de la police nationale, sans même lui donner le titre de contrôleur général. Son supérieur, le directeur de la PJ parisienne François Le Mouël, démissionne dans la foulée.

« À la tête de la hiérarchie, il y a le ministre et tout le monde doit lui obéir », commente Gaston Defferre au lendemain de ces journées. Mais il vient, une fois de plus, de constater que les événements comme les hommes n'obéissent pas toujours à l'humaine volonté.

C'est une leçon. Avec le pragmatisme brutal qu'il sait manifester, il va, sans crainte d'entrer en contradiction avec la ligne politique que suit son collègue Badinter, effectuer un virage à cent quatre-vingts degrés. Les remous causés par l'affaire Leclerc, la succession des incidents, l'exploitation qu'en fait, avec succès, l'opposition, la montée de la xénophobie qu'attise un Front national qui prend là son envol, en sont à l'origine. Defferre pense aussi aux prochaines élections municipales. Elles n'auront lieu que dans un an, mais il craint déjà une défaite. « C'est beau ce que dit Badinter, bougonne-t-il parfois, mais lui, il n'est pas maire. » Des propos qui sont au diapason du sentiment de tous les maires socialistes. Y compris lorsqu'ils sont ministres : ceux-ci, chaque mercredi, à la sortie du conseil des ministres, échangent sur le perron de l'Élysée leurs impressions. Ne pas être réélus maires de leurs villes serait pour eux la plus sombre des défaites. Or, ils savent que les prochaines élections se joueront sur la sécurité. Que faire ?

Defferre n'attend pas. Il change de fusil d'épaule, maladroitement mais fermement. Les résultats des élections professionnelles dans la police où la FASP perd plusieurs points au profit de syndicats proches de l'opposition, ou même d'extrême droite, le confortent dans l'urgente nécessité du changement. L'attentat de la rue Marbeuf, quelques semaines plus tard, ne fera que fortifier cette conviction.

Sa première décision sera de refuser les mesures les plus délicates du rapport Belorgey, notamment celle qui préconise un organisme de contrôle externe à la police. La proposition a été violemment critiquée par les commissaires qui y voient une atteinte à leur autorité. Avec une parfaite mauvaise foi, Gaston Defferre prend prétexte d'une conférence de presse faite par le rapporteur sans son accord préalable pour ranger son travail dans un tiroir.

Puis Defferre s'attaque au problème de la loi Sécurité et Liberté. Depuis plusieurs mois, les services du ministère de la Justice en préparent l'abrogation. La mesure est inscrite sur la liste des propositions du candidat Mitterrand. Président du groupe socialiste, Gaston Defferre, alors dans l'opposition, a personnellement mené le combat contre Alain Peyrefitte lorsque ce dernier, ministre de la Justice de Valéry Giscard d'Estaing, a présenté son texte au Palais-Bourbon. Mais aujourd'hui, Defferre estime qu'il est urgent d'attendre. Abroger la loi, à la rigueur, mais à condition d'en conserver l'une des dispositions qui avait suscité le plus de réserves de la part des socialistes : la possibilité pour tout policier, même s'il n'est pas officier de police judiciaire, de procéder à des contrôles d'identité. Pour faire bonne mesure, Defferre demande également que les policiers qui ne peuvent tirer qu'en état de légitime défense aient désormais le droit, comme les gendarmes, de faire usage de leur arme après sommation. À l'un de ses collaborateurs qui s'inquiète de cette nouvelle revendication, il rétorque : « Laissez-moi faire ; il faut mettre la barre haute si on veut obtenir quelque chose. » Une barre qu'il place lui-même : devant deux cent cinquante policiers, chefs de service réunis au ministère de l'Intérieur, il a personnellement insisté sur ce dernier point. Les commissaires qui n'en demandaient pas tant en sont restés stupéfaits.

À l'annonce des propos du ministre de l'Intérieur, une violente tempête secoue le parti socialiste. Au sein du gouvernement, les remous ne sont pas moins vifs. La réunion de la commission de réforme du code pénal se déroule dans une atmosphère lourde. Le directeur de cabinet de Robert Badinter, Georges Beljean, la préside. L'Intérieur est représenté par Maurice Grimaud, Frédéric Thiriez et Roland Kessous, un magistrat détaché comme conseiller juridique auprès de Gaston Defferre. Un autre magistrat, Olivier Renard-Payen, représente le ministère de la Défense qui a la tutelle de la gendarmerie. Un membre du Conseil d'État et quelques autres hauts fonctionnaires de la Chancellerie complètent la liste des participants. Frédéric Thiriez colle à son ministre, invoque la nécessité du réalisme, affirme qu'il y va de la crédibilité du gouvernement de gauche. Maurice Grimaud balance tandis que Roland Kessous défend la position de Robert Badinter.

Durant deux mois on discute à perdre haleine. Deux mois pendant lesquels Defferre ne perd aucune occasion de soutenir la nécessité de contrôles d'identité et de réclamer l'usage des armes, soulevant protestations dans l'électorat de gauche et discussions passionnées au sein du parti socialiste. Le président de la République s'en mêle, soutient discrètement Badinter. Le Premier ministre est bientôt tenu d'arbitrer une querelle qui fait mine de dégénérer. Il se range, lui aussi, derrière Badinter, confirme que la loi Sécurité et Liberté sera rapidement abrogée et annonce qu'il tranchera lui-même le différend sur les contrôles d'identité. En revanche, précise-t-il, les policiers n'auront pas la possibilité de tirer après sommation.

Apparemment, donc, Badinter a gagné. Defferre, en fait, n'est pas mécontent du résultat. Le principe des contrôles d'identité par la police est retenu. Il expliquera plus tard que ses sorties sur l'usage des armes n'étaient qu'un leurre. En désignant deux objectifs et en abandonnant l'un d'entre eux, il donnait l'illusion d'accepter un compromis. « Façon Defferre, modèle Peyrefitte », écrira, dans *Le Monde,* François Roger, président du Syndicat de la magistrature.

C'est assez bien vu. Quelques mois plus tard, c'est encore la « façon Defferre » qui prévaut. Le 8 septembre, à Paris, rue Rossini, quatre policiers tirent sur une voiture au cours d'un contrôle. Une jeune fille de dix-sept ans est tuée. Émoi. Gaston Defferre, aussitôt, justifie l'action des policiers. À la radio il ajoutera que si la voiture avait été conduite par des terroristes, ce sont les policiers qui auraient été tués. La bavure, pourtant, ne fait guère de doute et l'enquête montre rapidement que les policiers ont agi avec un évident manque de sang-froid. Roland Kessous démissionne quelques jours plus tard de son poste de conseiller.

Après quelques mois d'« état de grâce » l'année 1982 sera pour le gouvernement socialiste le début des difficultés. Pour Gaston Defferre elle sera l'une des plus délicates de sa vie de ministre. Arrivé place Beauvau avec la réputation d'un homme à poigne, l'un des rares membres du nouveau gouvernement à avoir déjà une expérience ministérielle, le seul à pouvoir tenir l'Intérieur, ce ministère de tous les pépins, il semble, un an plus tard, dépassé par les événements, incapable de tenir la boutique, prenant un malin plaisir à augmenter ses difficultés par des déclarations à l'emporte-pièce qui braquent ses partisans sans pour autant lui attacher ses adversaires.

« Il n'est pas bon dans l'improvisation », note l'un de ses collaborateurs. Sans doute. Tout entier investi dans son projet de décentralisation, il n'a accordé à la police et aux problèmes qu'elle exprime que quelques rares moments avant de s'immerger à nouveau dans son texte. Son potentiel d'idées nouvelles a été tout entier affecté à la décentralisation alors qu'il aurait fallu une réflexion de longue haleine sur la police et la sécurité. Pris de plein fouet sur un sujet que la gauche s'était jusque-là contentée de nier, Defferre improvise. Maladroitement. Il est aux avant-postes, courageux comme toujours, mais répond mal aux questions posées.

Lorsque surviennent les premiers attentats qui annoncent une vague terroriste sans précédent il donne la pénible impression d'être démuni. L'assassinat d'un diplomate américain, un colis piégé dans le Capitole, train reliant Paris à Toulouse, l'explosion de la rue Marbeuf bientôt suivie du terrible attentat de la rue des Rosiers à Paris et de l'incendie criminel d'un oratoire israélite pousseront le président de la République à créer, en août 1982, un secrétaire d'État à la sécurité publique.

Comment cette décision ne passerait-elle pas pour un désaveu ? Quand Mitterrand, patelin, lui a parlé pour la première fois d'un secrétaire d'État, Defferre a fait la moue. C'est vrai qu'il est très occupé et qu'un coup de main serait bienvenu, mais Defferre craint pour son autorité. Mitterrand a insisté en lui présentant deux postulants : Edgard Pisani ou Joseph Franceschi. « On ne fera rien sans votre accord, Gaston », a ajouté le président. Son ministre de l'Intérieur a dû accepter, réussissant seulement à obtenir que Frédéric Thiriez, dans lequel il a toute confiance, soit nommé directeur de cabinet du nouveau secrétaire d'État, Joseph Franceschi, tout en restant conseiller au cabinet de Defferre. En revanche le ministre de l'Intérieur n'a eu aucune influence dans le choix du « M. Antiterrorisme » que désigne Mitterrand : Christian Prouteau, commandant de gendarmerie et patron du GIGN. Nomination lourde de futures conséquences et que Defferre a apprise avec un pincement au cœur : il n'était pas dans la confidence.

En choisissant Franceschi plutôt que Pisani, Gaston Defferre a-t-il cru que le premier lui ferait moins d'ombre ? S'est-il simplement trompé sur l'homme ? Maire d'Alfortville, Joseph Franceschi dispose d'un appareil municipal et de militants dévoués. C'est lui, titre de gloire auquel il tient, qui a assuré la sécurité du candidat Mitterrand durant les campagnes de 1974 et 1981. Ses chauffeurs, ses voitures et ses militants costauds l'ont rapidement rendu indispensable. La récompense est venue en 1981 lorsqu'il a été nommé secrétaire d'État chargé des personnes âgées. Un an plus tard, le voilà propulsé à un poste autrement important, théoriquement sous tutelle de Gaston Defferre, mais disposant de suffisamment d'entrées à l'Élysée pour n'être pas tenté de sauter par-dessus son ministre.

Très vite les rapports entre Defferre et son secrétaire d'État se détériorent. Joseph Franceschi n'est-il, comme le confient avec délices les collaborateurs du ministre de l'Intérieur, qu'un dilettante incapable d'assimiler un dossier ? N'est-il que ce jean-foutre qui apprécie les cortèges de voitures blindées hérissées d'antennes mais demeure introuvable lorsqu'on a besoin de lui ? Avec des mines gourmandes, ils colportent sur son compte de savoureuses histoires, plus ou moins apocryphes. Au cours d'une réunion consacrée à la lutte antiterroriste, un policier évoque ainsi l'action d'un mystérieux Groupe Bakounine qui vient de signer deux attentats à la bombe. Franceschi intervient.

— Oui, ce Groupe Bikanoun est bien embêtant.

— Bakounine, monsieur le ministre, rectifie imprudemment le policier.

— Oui, j'ai compris, Bikanoun, je ne suis quand même pas sourd !

Rapidement, la vigilance qui, à l'origine, gouvernait les rapports entre Defferre et Franceschi a laissé la place à l'agressivité. Frédéric Thiriez, écartelé entre deux fidélités, a reçu l'ordre de ne pas transmettre au cabinet de Defferre les rapports des renseignements généraux qui lui passent entre les mains. Franceschi renâcle à se rendre aux réunions que préside Defferre. Tout devient prétexte à intepprétation soupçonneuse. En mars 1983, au soir du premier tour des élections municipales, Gaston Defferre, en mauvaise posture, est encore à Marseille. À Paris, au ministère de l'Intérieur, son cabinet s'affaire pour collationner les résultats que le ministre, dès son retour, commentera devant les caméras de la télévision. C'est alors que Joseph Franceschi arrive place Beauvau. Il est serein et sans doute cache-t-il mal sa satisfaction : contrairement à Defferre, il a été réélu dans son fief d'Alfortville dès le premier tour. Entouré de quelques collaborateurs de sa mairie, il plastronne de pièce en pièce. « Il vient évaluer le domaine », grognent discrètement les fidèles de Defferre. Ce dernier, averti de ce qui n'est même pas un incident, demeurera persuadé que Franceschi, le croyant battu, est, ce soir-là, venu l'enterrer : « Il est trop pressé », dira-t-il autour de lui en rajoutant une pierre au mur qui les sépare.

Deux mois et demi plus tard, deux mille policiers se rassemblent sous les fenêtres du ministère de la Justice pour protester contre le meurtre de deux d'entre eux tués, avenue Trudaine, par des membres d'Action directe. Ils ont quitté en cortège la cour de la préfecture de police où se tenaient les obsèques de leurs camarades et personne ne leur a interdit le passage jusqu'à la place Vendôme. Quelques heures plus tard, dans l'après-midi, un second cortège est parvenu au même endroit, avec la même facilité que le matin. Jean-Marie Le Pen est parmi eux et pousse à la roue. Le nom de Robert Badinter est sifflé ; après une heure de cris, les manifestants débordent l'inconsistant service d'ordre et se dirigent vers le ministère de l'Intérieur, à deux pas de l'Élysée, où ils parviennent sans encombre. Ils se dispersent finalement sans incident. S'il n'en avait tenu qu'à eux, le ministère de l'Intérieur, complètement démuni de protection, était envahi en quelques minutes.

Joseph Franceschi, responsable de la police, porte le chapeau. Il était averti des risques de débordement mais n'a rien prévu pour y parer. Pis, alors que la manifestation poussait vers le ministère de la Justice, il est demeuré plusieurs heures introuvable. Il a fallu attendre la fin de l'après-midi pour que son cabinet puisse envisager avec lui les mesures à prendre.

Tous comptes faits, Defferre n'est pas mécontent de ce qui vient de se produire. Les événements vont lui permettre de reprendre les rênes et de marginaliser son rival qui a fait la preuve de son incompétence. Un nouveau préfet de police, Guy Fougier, et un nouveau directeur général de la police, Pierre Verbrugghe, sont aussitôt nommés. Deux hommes réputés à poigne. On ne peut mieux faire le procès de Joseph Franceschi qui ne s'en relèvera plus. Defferre, pourtant, a tort de s'en réjouir : il ne le perçoit sans doute pas, mais une partie du désaveu qui frappe son secrétaire d'État se reportera sur lui.

On ne prête qu'aux riches ! Si Gaston Defferre, insensiblement, est devenu une cible, c'est qu'à ses discours provocateurs et aux difficultés du gouvernement, se sont ajoutées les « affaires » marseillaises. Un tourbillon !

L'affaire d'Auriol a ouvert la série : un inspecteur de police, Jacques Massie, responsable local du SAC, massacré avec toute sa famille par une équipe de brutes qui entendaient interdire à leur ancien chef de divulguer de fumeux secrets. Defferre n'a évidemment rien à voir avec ce drame, mais il s'est déroulé à Marseille. Marseille, la ville où la rumeur publique a vite fait de croire que les fantasmes ne sont qu'une pâle copie de la réalité. Marseille, la ville où, selon la légende, les truands dictent leur loi aux politiciens. L'affaire d'Auriol charrie ce nauséabond fumet ; la ville en est éclaboussée, son maire aussi. Imagine-t-on pareille boucherie en Touraine ?

Les assassins d'Auriol sont à peine sous les verrous que le 4 mars 1982, le directeur de la caisse primaire centrale d'assurance maladie des Bouches-du-Rhône se suicide. De deux balles dans la tête ! Il s'appelait René Lucet, il n'avait pas trente-neuf ans et était en conflit avec Nicole Questiaux, ministre de la Solidarité nationale, comme avec le parti communiste.

C'est d'ailleurs ce dernier adversaire qui l'avait attiré à Marseille. Dans les Bouches-du-Rhône, conséquence de la désorganisation des caisses d'assurance maladie locales, la majorité des remboursements faits aux assurés sociaux est gérée par les mutuelles qui prélèvent une dîme pour chaque dossier réglé. Le procédé est légal, utilisé dans d'autres villes. À Marseille, cependant, il est plus répandu qu'ailleurs. Les mutuelles étant souvent dirigées par des militants du parti communiste, René Lucet en conclut rapidement que la Sécurité sociale finance le Parti. Insupportable ! En novembre 1979, René Lucet débarque à Marseille pour y mettre de l'ordre.

L'homme est un battant, un gagneur qui ne s'embarrasse guère de scrupules pour atteindre ses objectifs. Militant du syndicat FO, anticommuniste farouche, proche du RPR, il rassemble autour de lui, un peu comme un sélectionneur constitue un pack de rugby, une équipe d'attaquants : des cadres de la Sécurité sociale venus avec lui de Melun, ville où il était en poste avant Marseille, renforcés de personnels extérieurs, parmi lesquels des « attachés de direction » qui ressemblent furieusement à des gardes du corps. Tout ce monde s'enferme dans le bureau du « patron » aux accès renforcés par une grille de sécurité. Le « bunker » : c'est ainsi que le personnel de la « sécu » désigne bientôt les lieux.

En quelques mois René Lucet chamboule tout : il réorganise les services, déplace les hommes, en licencie d'autres, améliore les délais de remboursement aux assurés sociaux. Il retire aussi aux mutuelles leurs dossiers. Il travaille à la hussarde, sans diplomatie ni prudences inutiles. Efficace mais ravageur. Chaque mois il fait parvenir à ses employés une lettre-circulaire dont le style témoigne rapidement d'une nette mégalomanie. Moi contre le communisme, le communisme et moi. Tout emporté par son succès, il envisagera un moment de se porter candidat à la mairie de Marseille !

Ses adversaires ne restent pas sans réagir. Une enquête de l'Inspection générale des affaires sociales a démontré rapidement que René Lucet avait une gestion toute personnelle des fonds qui lui étaient confiés. Le conflit monte d'un cran. Le 10 février 1982 Lucet est averti par son ministre de tutelle qu'une procédure de retrait d'agrément est engagée à son encontre. Sans ce fameux agrément, il ne peut travailler. Il réagit vivement, s'emporte contre ses adversaires, règle de derniers comptes. Le 19 février, une lettre l'informe qu'il est suspendu de ses fonctions avec maintien de son traitement. Motif :

> « Les mutations auxquelles procède la direction alors qu'une procédure de retrait de l'agrément de M. René Lucet lui a été notifiée, créent un climat d'insécurité qui trouble la sérénité dans laquelle doit être exercé le service public [...] Plusieurs membres du personnel se plaignent des mesures d'intimidation dont ils sont l'objet. »

Aussitôt connue la suspension de René Lucet, les personnels FO se lancent dans une grève de solidarité avec leur directeur. Le 3 mars, cependant, Lucet est informé officiellement du retrait de son agrément. Le 4 mars, il est retrouvé mort sur son lit, avec deux balles dans la tête. Son revolver gît à côté de lui. Six ans plus tard, lorsque dans la plus grande des discrétions la justice classe le dossier Lucet, on ne sait toujours pas si l'ancien directeur de la Sécurité sociale marseillaise s'est suicidé ou s'il est mort assassiné.

En apparence, l'affaire Lucet ne concerne pas Gaston Defferre. En apparence seulement... Car Lucet était loin d'être un inconnu pour le maire de Marseille. Le bouillant directeur de la Sécurité sociale a beau ne pas aimer Mme Questiaux qu'il juge « gauchiste », il n'est pas sans contacts avec le parti socialiste, notamment par l'entremise de FO qui, à Marseille, traditionnellement, organise la majorité des employés municipaux. Dans la maison de Bergeron, à côté des militants du RPR, cohabitent des militants socialistes de la vieille école. Eux ne se sont pas faits aux nouvelles lunes de l'union de la gauche. Eux sont demeurés anticommunistes. Lucet est leur homme. Il raisonne comme eux, ou peu s'en faut. Beaucoup d'entre eux sont d'ailleurs frères de la même loge maçonnique que René Lucet. Et tandis qu'un versant du parti socialiste fait pression auprès de Nicole Questiaux pour abattre Lucet, un autre versant cherche à lui sauver la mise.

Defferre est indécis. Un homme qui tape avec une telle fougue sur les communistes n'est pas sans lui rappeler ses années de jeunesse, lorsqu'il s'affrontait aux hommes de Thorez sur les quais du port. Un journaliste du *Provençal* est chargé d'aller y voir de plus près. Au cas où il y aurait quelque chose d'exploitable... Trois jours durant, le journaliste travaille avec Lucet, dépouille des pages de documents. « Les communistes s'offrent une centaine de permanents avec l'argent de la sécu », affirme Lucet. Entouré de ses gardes du corps, il développe son idée avec fougue. En fait, rien ne peut être formellement prouvé. Certes les mutuelles salarient quelques permanents du PCF, mais personne n'arrivera à faire passer cela pour le scandale du siècle. *Le Provençal* fera silence sur les « révélations » de Lucet. Quelques jours plus tard, celui-ci est mort. Commence alors l'affaire des fausses factures.

Ce nouveau scandale met en cause des proches du maire, des élus et des dizaines d'employés municipaux. Gaston Defferre qui s'est fait une fierté de sa gestion, qui a commencé, en accédant à ses responsabilités en 1953, par limoger des centaines de sangsues payées à ne rien faire, se trouve touché à son point le plus sensible : l'honnêteté.

À Marseille, tout le monde se souvient encore de l'affaire Chelini, ce conseiller municipal centriste allié à Defferre mais que le maire, en 1976, a déchargé de sa délégation municipale. Un conflit politique opposait les deux hommes et Jean Chelini était adjoint aux espaces verts. De nuit, des inconnus escaladèrent le mur de sa villa et prirent quelques photos. Defferre, quelques jours plus tard, porta plainte pour détournement de plantes vertes communales ! Une instruction fut ouverte. Jean Chelini bénéficia d'un non-lieu. Rageur, Defferre fit appel. On alla jusqu'en cassation. En 1979, Defferre était débouté et condamné aux dépens, ainsi qu'à une amende pour pourvoi abusif. Au conseil municipal, l'affaire avait ému les alliés politiques de Chelini. L'un de ses amis, Agostini, apostropha le maire. Une scène à la Pagnol, avec l'accent et les menaces.

— Le pot de fleurs, monsieur le maire, que vous avez lancé en l'air risque de vous retomber sur la tête !

— Monsieur Agostini, quand je me serai occupé de votre collègue Chelini, je m'occuperai de vous !

La salle demeura glacée.

Lorsqu'on mène de tels combats, il vaut mieux ne pas laisser la moindre prise au soupçon. Or, l'affaire des fausses factures prend rapidement l'ampleur d'une catastrophe. Politiquement, Defferre va en payer le prix fort.

En enquêtant sur les circonstances de la mort de René Lucet, les policiers de la brigade financière de Marseille sont tombés sur quelque chose d'insoupçonné. Le défunt vivait au-dessus de ses moyens. En arrivant à Marseille, il a acquis à un prix avantageux une villa appartenant à Nick Venturi, ancien garde du corps de Gaston Defferre reconverti dans les affaires. N'est-ce qu'une coïncidence si les entreprises de Nick ont ensuite décroché quelques-uns des marchés de la Sécurité sociale ? De fil en aiguille, les policiers découvrent un réseau complexe de marchés communaux réservés, confiés à des entreprises inadaptées qui, elles-mêmes, sous-traitent à d'autres. En sens inverse, remontent des commissions qui se perdent dans les méandres de mystérieux circuits politiques.

Toute la ville de Marseille serait-elle mise en coupe réglée, avec la complicité d'employés communaux ou d'adjoints indélicats ? Defferre clame son indignation. « Je serai impitoyable ! » promet-il. Il est surtout ligoté. Comme en d'autres circonstances, on lui a demandé d'intervenir. Certains des inculpés ne sont-ils pas de ses fidèles ? N'est-il pas ministre de l'Intérieur ? Il a refusé et éconduit les solliciteurs. Moins par vertu que par trouble. La corruption le révulse mais l'hypothèse qu'il puisse être mis en cause le paralyse encore plus. Comme lors du scandale des vins, en 1947, il fait le gros dos. Jusqu'à la maladresse. Au point de faire mine de n'avoir jamais connu ceux que l'on poursuit.

La ville n'est que rumeur. Tel conseiller municipal

socialiste appartenant à la vieille garde defferriste n'a-t-il pas fêté trop ostensiblement son premier milliard ? Comment tel autre justifie-t-il son train de vie inattendu ? Une quarantaine d'employés municipaux prennent le chemin de la prison. Nick Venturi et son fils les y suivent. Des adjoints sont poursuivis. Se pourrait-il que le maire n'ait été au courant de rien ?

Le procureur de la République, Pierre Truche, vient lui demander une subvention pour des associations s'occupant de prévention. Defferre le prend à partie, accuse la justice de mener contre lui une opération politique. Après tout, son différend avec Badinter à propos des contrôles d'identité n'est pas si ancien et le procureur général de la Cour d'Aix, de qui dépend le parquet de Marseille, n'est autre que Georges Beljean, ancien directeur de cabinet du garde des Sceaux. Stoïque, Truche affronte la fureur du ministre de l'Intérieur. Puis il se lance à son tour. Il décrit tout : les relations d'affaires douteuses des proches du maire, les implications politiques, les marchés réservés, les passe-droits. Defferre est effondré. Son royaume, il semble le découvrir, est gangrené. Il promet au procureur de lui ouvrir tous ses dossiers. Son collaborateur, Philippe Sanmarco, sera chargé de le piloter. Ce sera la seule fois où Defferre parlera de « l'affaire » avec un responsable des poursuites pénales. Jamais plus il n'interviendra.

A-t-il été aussi surpris qu'il l'a laissé paraître ? A-t-il vraiment tout appris ce jour-là ? Difficile à croire. D'expérience, le maire de Marseille sait que le pouvoir d'un féodal ne s'exerce que par celui de ses vassaux. Le pouvoir absolu a ceci de particulier que seul le chef suprême est en mesure de contrôler la parcelle de pouvoir qu'il délègue. S'il ne contrôle pas, personne ne le fera à sa place. Ainsi fonctionne Marseille. Defferre pouvait savoir, mais il n'a pas su. Ou, plus probablement, n'a pas voulu savoir.

Il n'est pas aveugle pour autant. En juin 1978, il a fait venir auprès de lui un jeune sous-préfet pour qui la gestion des organisations administratives n'a plus de secrets : Philippe Sanmarco. Ce dernier n'a pas eu à observer longtemps pour humer que l'entreprise ne tournait pas rond. C'est indéfinissable mais, sûrement, peu orthodoxe. Il faut tout réorganiser, faute de quoi ce sera la catastrophe. Telle est la mission du jeune sous-préfet.

Il est né en 1947 et a rencontré pour la première fois le maire de Marseille alors qu'il avait neuf ans. Defferre était à l'époque ministre de la France d'outre-mer dans le gouvernement Guy Mollet et Louis Sanmarco, père de Philippe, gouverneur de l'Oubangui Chari, nommé par Pierre Mendès France. Le ministre a rencontré le haut fonctionnaire au cours d'une tournée en Afrique. Les deux hommes ont sympathisé : tous deux sont partisans d'une politique de décolonisation douce.

Rentré d'Afrique en 1960, Louis Sanmarco a été appelé par Defferre à Marseille pour créer des sociétés d'économie mixte. Ses enfants font du bateau avec le maire. L'aîné, Jean-Louis, fera plus tard sa médecine. Le cadet, Philippe, s'inscrit en sciences politiques, en droit, entre à l'ENA. À la sortie il suit le classique parcours du combattant de la préfectorale : une préfecture, la Nièvre où François Mitterrand est président du conseil général, une autre, Créteil, puis Arras où Defferre vient le chercher en 1978. Entre-temps, Philippe Sanmarco a adhéré au PSU. Pendant les événements de Mai 68, il a rejoint le PS. De gauche, mais pas gauchiste : un futur préfet est un homme d'ordre.

Lorsqu'il arrive à Marseille, après la défaite des élections législatives de 1978, ses camarades de promotion n'en reviennent pas. Les socialistes ont perdu les élections et le jeune Sanmarco rallie le parti perdant. « Traître et con à la fois ! », comme le pensent avec élégance quelques bons collègues.

Officiellement, Philippe Sanmarco est secrétaire général à l'expansion. Un titre ronflant aux rivages indéterminés. Il prend bientôt la direction générale des services techniques avec l'appui du maire à qui il rend compte quotidiennement. Il explore les méandres d'une grande mairie. Les irrégularités ne sautent pas aux yeux mais les coïncidences répétées en tiennent lieu. Certains marchés ne sont attribués qu'à certaines entreprises, toujours les mêmes, qui n'ont manifestement pas les moyens d'honorer les contrats qu'elles souscrivent. Sans bruit, tout en douceur, le secrétaire général à l'expansion élague. On ne fait pas de scandales, mais on obture les plaies de façon à ce que tout revienne au formalisme administratif de rigueur. Rien n'apparaîtra à l'extérieur, entre autres, parce qu'aucune sanction n'est prise contre ceux qui se sont laissés aller. La remise en ordre s'est faite en famille.

Lorsque le scandale des fausses factures éclate, le bruit en est assourdissant mais ce n'est qu'une queue de comète qui touche la mairie. À trois ans près, le scandale tournait à l'effondrement.

Defferre sauve les meubles. Mais la note, payable aux élections municipales de mars 1983, va être lourde à acquitter.

Tout se combine pour faire de ces élections les plus difficiles de sa carrière. Au scandale des fausses factures, s'ajoute une situation politique générale difficile pour le gouvernement. L'opposition est à l'offensive, marque des points sur le terrain de la sécurité et de l'immigration ; le chomâge s'aggrave laissant les électeurs de gauche en plein désarroi. « La droite, trente ans d'immigration sauvage ; avec la gauche, des contrôles vigilants dont on commence à mesurer les effets », proclament les affiches de Defferre qui n'hésite pas à enfourcher les thèmes électoraux de ses adversaires. Peine perdue : au soir du premier tour, le 6 mars 1983, les résultats sont catastrophiques.

« J'ai fait mon découpage du mieux que j'ai pu pour gagner », confiait, avant le scrutin, le ministre de l'Intérieur, apparemment serein, à quelques proches. Mais en secret, il savait que la partie serait terrible. Au point qu'il avait décidé qu'en cas d'échec — hypothèse insupportable —, il se retirerait de la vie politique. Une sorte de punition qu'il s'infligerait pour n'avoir pas réussi. Il n'en parlait pas, de peur de renforcer une tendance qu'il voyait poindre, mais faisait mine de prendre l'avenir avec philosophie. « À mon âge, disait-il aux journalistes, après toute une vie de politique, on aspire parfois à découvrir d'autres horizons. Il y a tellement d'expositions, tellement de spectacles que j'aimerais enfin voir. »

Les meilleurs découpages ne suffisent pas pour gagner. Au soir du premier tour, les listes que conduit Jean-Claude Gaudin, chef de file de ses adversaires, l'emportent dans deux secteurs sur six. Un seul secteur revient à la gauche : le sixième, fief traditionnel du PC, qu'enlève sans peine le député communiste Guy Hermier. Gaston Defferre n'est même pas élu au premier tour ! Dans son secteur, le deuxième, le ballottage est incertain ; dans les deux secteurs restants, en revanche, il est franchement défavorable. C'est quasi mathématique : si au second tour la droite gagne un secteur, Defferre n'est plus maire de Marseille.

Dans le camp socialiste l'inquiétude le cède à la terreur. La déroute n'est pas certaine, mais elle a cessé d'être impossible. Ces électeurs de droite qui, depuis des lustres, votent pour un Gaston Defferre adversaire des communistes se sont dérobés devant les listes d'union de la gauche. Et une partie des militants socialistes n'ont pas pardonné à leur chef la composition des listes. Empêtrés dans l'affaire des fausses factures, ou pouvant l'être, certains vassaux traditionnels n'ont pas trouvé place sur la liste du maire. Le soir du dépouillement, leurs électeurs manquent à l'appel.

Defferre est cette fois le dos au mur.

Le sursaut va être formidable. Tout ce qu'un clan peut mettre d'énergie lorsqu'il sent le pouvoir lui échapper est mobilisé pour la contre-attaque. Les militants sont sur le pied de guerre, y compris ceux qui, dans les derniers temps, se sont opposés au maire. Les employés communaux qui avaient peu apprécié l'éviction de certains de leurs chefs et l'avaient fait savoir en votant, au premier tour, avec leurs pieds se portent au secours du patron en difficulté. Les susceptibilités ne sont plus de mise. Aujourd'hui c'est la maison qui brûle.

Le personnel associatif, celui dont les organisations vivent des subventions versées par la mairie, est mis, lui aussi, à contribution. Dès le mardi 8 mars, il a été réuni. « Si Gaudin passe, vous êtes virés », expliquent les lieutenants de Defferre pour le motiver. Chacun d'entre eux reçoit son dossier : la ville y a été découpée en quartiers où sont portés les noms de tous les électeurs. Il s'agit de comparer ces listes avec celles des émargements, de relever les noms des abstentionnistes, de leur envoyer la lettre qui a été confectionnée dans la nuit. « Vous vous êtes abstenus dimanche dernier... », écrit Defferre en début de sa lettre. C'est illégal mais on n'est plus à ça près. D'autres électeurs sont relancés par téléphone.

Les groupes de collage sont mis en place. Ils sillonneront jour et nuit la ville, apposant sur les murs un placard définitif : « Je m'engage à tout mettre en œuvre pour assurer votre sécurité », y affirme le maire. Tout mettre en œuvre, y compris ramener vers lui les 7 % des voix qui se sont portées sur « Marseille-Sécurité », empêchant Gaudin de l'emporter au premier tour. La liste est dirigée par maître Manovelli et défend les idées qu'utilisera bientôt, avec succès, le Front national. Jean-Claude Gaudin, qui a le même objectif que Defferre, a proposé à la liste de Manovelli de se joindre à la sienne. Deux sièges de conseillers leur ont été réservés : un dans le secteur où se présente Michel Pezet, premier secrétaire de la fédération socialiste, l'autre dans le secteur de Gaston Defferre. De sordides tractations s'engagent alors entre les gens de Manovelli et ceux de la fédération socialiste. Quelques dizaines de milliers de francs faciliteront l'appel à voter au second tour en faveur du maire sortant et de son équipe.

Defferre exploite chaque occasion. Le 8 mars, à 2 h 30 du matin, une voiture piégée explose en pleine ville, dans la rue Dragon, non loin de la synagogue. Les passagers du véhicule, Daniel Scotti et Jean Chicin, deux hommes connus des services de police, sont tués. Un attentat antisémite qui a involontairement échoué ? Defferre l'affirme aussitôt. Sur les lieux de l'attentat où il se rend immédiatement, il prend à partie le commissaire Jean-Pierre Sanguy, chef du SRPJ.

— Alors, monsieur le commissaire, ce n'est pas un attentat antisémite, ça ?

Le policier est prudent :

— L'enquête ne fait que commencer, monsieur le ministre.

— Eh bien, moi, j'affirme qu'il s'agit bien d'un attentat raciste.

Il l'affirme d'autant plus que dans le coffre de la voiture, il y a quelques affiches de l'UDF et que l'accusation permet de mettre en cause son adversaire. Les passagers dont les corps sont étendus, brûlés, sur le trottoir, sont en effet des proches des colleurs de Jean-Claude Gaudin. Mais il ne s'agit que d'une coïncidence. La bombe qui leur a coûté la vie était en réalité destinée à la maison d'un propriétaire de machines à sous avec lequel ils étaient en délicatesse. Elle a explosé prématurément alors que les deux truands se rendaient chez leur ennemi. Le préfet de police de Marseille, Bernard Patault, qui avait emboîté le pas à son ministre en déclarant que « les gens qui ont monté cette affaire étaient en relation étroite avec des politiciens de droite », sera poursuivi par Jean-Claude Gaudin. Bien des mois plus tard, il sera condamné pour propagation de fausses nouvelles. Mais Defferre aura entre-temps été élu...

Il aura, pour cela, utilisé toutes les ficelles. Il avait refusé avant le premier tour un débat télévisé avec Gaudin, il l'accepte cette fois. Des années après, Gaudin s'en souvient comme d'un cauchemar et de la fin d'une période : « J'ai fait une erreur d'accepter. Je n'ai pas été bon. Mes électeurs attendaient que j'agresse "le vieux". Je n'ai pas osé, par respect pour sa personnalité. Quand je suis arrivé à ce débat, j'étais paralysé de peur. Je n'ai même pas osé lui parler des fausses factures.

Quand j'ai quitté le studio, j'ai compris que je n'aurais plus jamais peur de lui, mais il était trop tard.» C'est que le vieux renard a du métier. Durant tout le débat il tapote une chemise rouge, en soulève de temps à autre la couverture puis la repose, satisfait. Médusé, son adversaire se demande ce que Defferre va bien lui sortir de compromettant. Mais le débat prendra fin sans autre surprise. La chemise ne comportait rien qu'une feuille hâtivement griffonnée, prise par Defferre sur son bureau avant de se rendre au studio. Tel un boa qui hypnotise sa proie, elle avait paralysé Gaudin pendant près de deux heures !

Le soir du 13 mars, Defferre a gagné. La mobilisation générale a produit ses effets. Le maire de Marseille est transformé. Toute la France verra à la télévision sa tête rayonnante de bonheur, répondant au journaliste qui lui demande ce qu'il ressent : « J'ai à la bouche un goût fort agréable, celui d'une belle victoire. »

La mairie n'a été conservée que de quelques milliers de voix seulement. Dans cette victoire il y a, aussi léger soit-il, le poids des bulletins rendus nuls par une légère marque bleue, quasi invisible à un œil non prévenu. Mais les scrutateurs socialistes de quelques bureaux de vote ont un regard d'aigle. Ils ont décelé la trace qui ne se trouve que sur les bulletins de la liste Gaudin. Un des imprimeurs faisant une partie importante de son chiffre d'affaires avec les travaux de la mairie a dû accepter de les tacher légèrement lors de leur fabrication...

La guerre de succession

À plusieurs reprises, Mitterrand lui avait confié comment il voyait les choses. À sa place, lui avait-il dit, il démissionnerait en cours de mandat en prenant soin, auparavant, de désigner un « héritier ». Tout en imposant sa légitimité, ce dernier aurait ainsi le temps de montrer ce dont il était capable. Gaston avait écouté, peu convaincu. Il n'aimait décidément pas que l'on parle de sa succession. Et voilà que dans l'avion du GLAM qui le ramenait à Marseille, Georgina Dufoix entonnait la même chanson :

— Gaston, pendant que tu es à Paris, Gaudin quadrille la ville, se montre partout. Tes partisans sont inactifs. Nomme un successeur présomptif. Il pourra occuper le terrain.

Gaston livra alors le fond de sa pensée, d'un ton qui ne souffrait pas la discussion.

— Si j'avais choisi un successeur, il y a longtemps que je ne serais plus maire de Marseille !

Un successeur ! Cette histoire le mine. D'abord légères et insidieuses, les allusions à son âge et à la nécessité d'envisager l'après-Defferre se sont faites de plus en plus insistantes, surtout depuis que Laurent Fabius, en juillet 1984, a remplacé Pierre Mauroy a l'Hôtel Matignon, Defferre est alors devenu ministre d'État chargé du Plan et de l'Aménagement du territoire. Plus douloureusement : il a perdu le ministère de l'Intérieur. Et ce n'est pas le titre de ministre d'État, même s'il est désormais le seul membre du gouvernement à le porter, qui rend la pilule plus douce. Au contraire : l'importance de la distinction accolée à la modestie traditionnelle qui est celle du responsable du Plan donne à son titre, il le craint, un petit côté lot de consolation pas très agréable.

Cette façon de parler de l'avenir sans lui est de mauvais augure. Il s'est bien rendu compte que son changement d'affectation marquait, en fait, la baisse de son influence au sein de la nouvelle équipe gouvernementale. Même Mitterrand qui pourtant le consulte toujours semble moins empressé à recevoir ses avis. Defferre en ressent une imperceptible angoisse, le sentiment d'être mis doucement hors du champ des décisions importantes. Alors, lorsque de trop longs moments se sont écoulés sans qu'il doit demandé à l'Élysée, il appelle quelques amis, de ceux qui, croit-il, voient plus souvent que lui le Président. « Que se passe-t-il, leur demande-t-il, inquiet. Le Président ne m'aime-t-il plus ? »

Le peu d'intérêt de ses nouvelles fonctions accentue encore son malaise. Il a bien essayé, au début, de se lancer dans sa nouvelle tâche. Être responsable du Plan c'est aussi être visionnaire et Defferre a toujours été attiré par les technologies nouvelles. Avec Jean-Jacques Servan-Schreiber, qui est habité des mêmes passions, il est allé aux États-Unis discuter avec des informaticiens ; il a aussi visité des usines d'automobiles japonaises où ordinateurs et robots remplacent les hommes. De tout cela, il a fait rapport. Lucidement, il a bien vu quelles sont les faiblesses de l'industrie française, vers quels objectifs il faut faire converger l'effort des ministères. Mais les enjeux sont tellement importants que chaque ministre tient à conserver ses prérogatives, peu disposé à laisser au voisin le bénéfice des décisions prises ou des réformes à entreprendre. Avec sa tendance à s'intéresser à tout, même à ce qui ne ressort pas à sa compétence, c'est un gêneur. On le lui a fait plus ou moins lourdement comprendre. Il a haussé les épaules. Ces querelles ne l'amusent plus. D'autres, plus essentielles, mobilisent toute son énergie : sa bagarre avec Michel Pezet, premier secrétaire de la fédération socialiste des Bouches-du-Rhône. Les deux dernières années de sa vie, Gaston Defferre ne va les traverser qu'avec cette obsession : comment l'éliminer ? Comment l'empêcher d'approcher de ce fauteuil de maire sur lequel il ambitionne de lui succéder ?

Tout Marseille ne parle d'ailleurs que de ça : le vieux Gaston Defferre, maire depuis plus de trente ans, va-t-il se faire détrôner par le jeune premier secrétaire de la fédération socialiste des Bouches-du-Rhône ?

Lorsque, en 1981, devenu ministre de l'Intérieur et de la Décentralisation, Gaston Defferre est monté à Paris, il a laissé derrière lui un territoire apparemment en ordre. Son équipe municipale élue quatre ans plus tôt dispose d'une majorité inconnue jusqu'alors. Officiellement, Irma Rapuzzi, premier adjoint et féale de toujours, dirige les conseillers municipaux. Le véritable patron est en fait Philippe Sanmarco, député suppléant du député-maire nommé ministre. Discrètement cet énarque de trente-quatre ans est en train de remettre en ordre les services municipaux. Il n'empêchera pas l'affaire des fausses factures, mais son intervention permettra de limiter les dégâts.

À la tête de la fédération du parti socialiste travaille un homme à peine plus âgé, Michel Pezet, trente-neuf ans, avocat mis en selle par Defferre en personne, en novembre 1979. Quant aux élections législatives de 1981, elles ont donné aux socialistes du département et de la ville plus de sièges qu'ils n'en espéraient. Elles ont aussi permis d'effacer l'échec relatif subi lors de l'élection de 1978. Gaston Defferre est un roi heureux.

Il ne s'agit en réalité que d'une façade. Derrière ce paysage apparemment sans aspérités, de profondes failles ont creusé le système. Même si les brillants résultats de 1981 ont masqué le phénomène, les élections cantonales de 1979 indiquent qu'en profondeur le parti socialiste perd des voix.

L'origine des difficultés remonte à l'année 1971, au congrès d'Épinay, lorsque Defferre, épaulé par Mauroy, a aidé à l'avènement de François Mitterrand à la tête du parti socialiste. Le tournant a surpris les vieux socialistes marseillais qui regardent avec méfiance ce nouveau premier secrétaire venu d'ailleurs. Lorsque s'est ouvert le congrès, il n'avait même pas sa carte dans la poche et le voilà bombardé patron du parti. D'une voix de nez inhabituelle, il parle bizarrement d'une alliance avec les communistes alors qu'à Marseille cela fait vingt-cinq ans que la SFIO règne en les combattant. Dans l'avion qui après le congrès le ramène à Marseille, Defferre, masque noir sur les yeux, tente de trouver le sommeil. La nouvelle ligne à laquelle il a apporté un appui décisif va être délicate à faire passer, pense-t-il, mais il y arrivera. Pour fréquenter quotidiennement les militants, Loo, à ses côtés, est plus inquiet.

— Qu'est-ce qu'on va leur expliquer ?

Defferre rumine.

— Rien, dit-il enfin en traînant sur le mot. On ne

va rien dire pendant plusieurs mois et quand on les réunira à nouveau ils seront tellement contents de nous voir qu'ils oublieront tout.

Aucun mumure n'est de toute façon monté des rangs. Le militant de base est discipliné. Si Defferre a pris la décision de soutenir Mitterrand c'est, a-t-il pensé, qu'il doit avoir ses raisons. Mais intérieurement, le nouveau cours est moins bien passé. Pour n'être pas exprimées, les réserves sont restées vives. Elles vont se manifester durant des années.

En 1972, conformément à la stratégie de Mitterrand, PS, PC et radicaux de gauche ont signé le Programme commun de gouvernement. Dans la foulée, on s'est promis de faire alliance lors des prochaines élections municipales, en 1977. Le contrat a été respecté presque partout, mais pas à Marseille. Gaston Defferre a certes rompu avec ses traditionnels collaborateurs de droite, obligeant Jean-Claude Gaudin, jusqu'alors l'un de ses conseillers municipaux, à prendre son autonomie politique, mais il doit tenir compte des réticences de ses troupes, et il n'est pas allé jusqu'à oser faire liste commune avec l'ennemi de toujours que sont les communistes. La liste qu'il a présentée est une alliance de socialistes et de personnalités marseillaises aux étiquettes politiques imprécises. Blindés par les luttes du passé, les socialistes marseillais sont rétifs à l'union. À l'élection présidentielle de 1969, alors que leur propre maire était candidat, combien sont-ils à avoir voté, dès le premier tour, pour Alain Poher, le centriste président du Sénat ? Entre Defferre qui n'avait, à leur yeux, aucune chance et le communiste Duclos à qui ils ne voulaient surtout pas en donner, ils n'ont pas hésité à voter Poher. Au diapason de leur électorat dont une fraction non négligeable manifeste un farouche anticommunisme. De telles convictions ne se modifient pas du jour au lendemain. Marseille a donc été l'une des notables exceptions à l'accord national conclu entre socialistes, communistes et radicaux.

Le problème des rapports avec les communistes est encore au centre des divergences qui éclatent entre socialistes quelques années plus tard, lors de la préparation du congrès de Metz, en avril 1979. Un an auparavant, lors des élections législatives, les socialistes n'ont pas réussi à battre la majorité giscardienne et le parti en a subi le contrecoup. Plusieurs courants nationaux s'affrontent pour tirer la « bonne » leçon des derniers résultats électoraux. Face à Mitterrand, apparemment affaibli, se dressent Mauroy et Rocard.

Defferre étant mitterrandiste, la fédération des Bouches-du-Rhône, très logiquement, est supposée mitterrandiste. C'est compter sans l'Histoire. Mitterrand, décidément, passe mal parmi les vieux cadres socialistes, dont Charles-Émile Loo est l'excellent prototype. Mauroy, en revanche, ancien enseignant de la laïque, cacique au tutoiement spontané et chaleureux qui, dans son fief de Lille, tient la dragée haute au PC, n'est pas soupçonnable. Au fond du cœur, Marseille penche pour le Nord. Ira-t-on jusqu'à voir s'y affronter deux courants, comme dans n'importe quelle autre région ? Impensable dans la ville de Defferre où l'on pourrait en tirer de sournoises conclusions. En vieil habitué des batailles d'appareil, Defferre invente alors son courant qui, naturellement, prend la lettre D. Comme il se doit, il sera soutenu par la quasi-totalité des socialistes des Bouches-du-Rhône, soit 92 % des votants. Écartelé entre sa fidélité à Defferre et son sentiment pour Mauroy, Loo a apporté son soutien à la manœuvre.

À lire les textes, peu de chose différencie le courant Defferre du courant Mitterrand. Et pour cause : la prose que le courant D compte soumettre au congrès n'a pas pour fonction de souligner ses divergences avec les autres textes, mais, au contraire, de les masquer. Il a surtout l'énorme avantage de ne pas scinder les socialistes marseillais. Si, à Metz, comme Defferre l'espère, Mauroy et Mitterrand se mettent d'accord sur un texte de synthèse, le courant D se joindra sans états d'âme à l'union renouvelée.

Hélas, la synthèse est introuvable. À l'issue du congrès, Mauroy maintient son opposition à Mitterrand qui a besoin de toutes les voix pour se maintenir à la tête du parti. Sur qui vont se porter les mandats des Bouches-du-Rhône ? À l'écart de la grande salle du congrès, Defferre réunit ses troupes. « Je compte apporter mon appui à Mitterrand, déclare-t-il d'un ton qui n'admet pas la réplique. On va donc se partager les voix. » Et, d'autorité, comme on le ferait en partant sur un tapis de roulette, il porte les deux tiers de ses mandats sur Mitterrand et le tiers restant sur Mauroy. Personne ne proteste. Plus exactement : personne n'ose protester. Mitterrand, réélu premier secrétaire, sera apparemment le seul insatisfait. Defferre lui avait promis la totalité des mandats des Bouches-du-Rhône.

Les résultats du congrès de Metz vont modifier la composition des organismes de direction du parti socialiste. Parmi les nouveaux militants qui accèdent au bureau exécutif du parti figure, à côté de Gaston Defferre et sur sa proposition, Michel Pezet. Il y remplace Charles-Émile Loo, qui paie de son éviction ses inclinations mauroyistes. Quelques jours plus tard, sur proposition de Mitterrand, Michel Pezet devient secrétaire national du parti socialiste, chargé de la qualité de la vie et de l'environnement. Six mois supplémentaires lui seront suffisants pour remplacer Charles-Émile Loo à la tête de la fédération des Bouches-du-Rhône du parti socialiste.

Ce dernier n'est pas réellement surpris de ce qui lui arrive. Daniel Matalon, son ami de toujours, avait vécu quatorze ans plus tôt une mésaventure identique : en désaccord politique avec son parti, il en avait d'abord été exclu puis en était devenu l'adversaire principal à toutes les élections où il se présentait. Une à une, Matalon avait été dépouillé de toutes ses responsabilités. À l'époque, c'était Loo qui menait la charge. Aujourd'hui, il est dans le camp des victimes, résigné. Il connaît trop la maison, ses règles et ses habitudes pour ne pas comprendre et, à la limite, approuver. Il ne veut pas quitter le parti, donc il se tait. Quand Defferre, en octobre 1979, lui demande sa démission, l'affaire se règle en cinq minutes.

Un mois plus tard, la passation des pouvoirs à Pezet dure à peine plus : un quart d'heure. Pour cette cérémonie, les militants ont été convoqués au foyer Léo-Lagrange du Cours Julien, non loin de la Canebière. La salle où se tient la réunion, habituellement réservée au théâtre, est noire et sans fenêtre. Derrière une petite table placée devant l'assistance, sont assis Defferre et Loo, visages fermés. Defferre est sec :

— Vous savez tous pourquoi nous sommes là. Milou, tu as la parole.

Loo, gorge serrée, articule difficilement un mensonge que personne ne croit :

— Cela fait longtemps que j'aspire à prendre ma retraite. Je suis maintenant député européen, j'ai mes responsabilités au conseil municipal, j'ai décidé de démissionner de mes fonctions de premier secrétaire de la fédération.

Defferre reprend la parole aussitôt :

— Merci, Milou. Je propose comme nouveau premier secrétaire Michel Pezet. Y a-t-il des oppositions ? Des abstentions ? Adopté à l'unanimité. La séance est levée.

Docilement les spectateurs se lèvent et quittent les lieux. Aucun d'entre eux n'a demandé à s'exprimer. Defferre, de toute façon, ne l'aurait pas autorisé.

Le nouveau patron de la fédération des Bouches-du-Rhône tranche avec son prédécesseur. Enfant des quartiers populaires ayant peu fréquenté l'école, Loo s'est fait dans la rue autant que dans le parti qu'il a rejoint encore adolescent. Ce n'est que bien plus tard qu'il a grimpé dans la hiérarchie sociale et s'est retrouvé à la tête d'une entreprise, la Socoma, qui le fait vivre très confortablement. Sans être né avec une cuillère d'argent dans la bouche, Pezet a bénéficié de plus d'atouts pour se lancer dans la vie. Avocat, il affiche une brillante culture et manifeste un goût soutenu pour les beaux-arts, particulièrement la danse, ce qui le rapprochera de Gaston Defferre, grand amateur de ballet, lui aussi.

Lorsqu'il accède à ses nouvelles responsabilités, le 27 novembre 1979, il a trente-sept ans et est déjà un vieux militant. Il a rejoint le parti en 1963 en adhérant aux Jeunesses socialistes ; en 1967, il a été élu suppléant de Bastien Leccia dans la première circonscription des Bouches-du-Rhône, mais les deux hommes ont été battus l'année suivante, emportés par la vague gaulliste levée après Mai 68. Ils garderont de cette époque des liens dont la solidité se manifestera quelques années plus tard, dans la lutte contre Gaston Defferre.

Membre du comité directeur de la SFIO en 1968, élu bientôt au secrétariat fédéral, Pezet a connu la consécration en 1977 en entrant au conseil municipal, étape obligée de tout homme politique qui veut faire carrière à Marseille. Entre-temps il a été réélu au comité directeur après le congrès d'Épinay, puis au conseil régional dont, en 1981, il deviendra le président en remplaçant Defferre appelé à Paris.

Pezet a jusque-là suivi une carrière linéaire, sans soulever d'oppositions irréductibles. Il ne manque pourtant pas d'indépendance d'esprit et fut parmi les rares membres de la direction nationale du parti socialiste à s'opposer au Programme commun, suivant en cela l'exemple d'Éric Hintermann qui quittera bientôt le PS pour fonder un éphémère Parti social-démocrate. Sa position a été bien perçue dans le parti marseillais où de nombreux élus, notamment Robert Vigouroux, ont les mêmes refus que lui. Le paradoxe vient de ce que cet homme, plus opposé encore que Loo à l'alliance avec les communistes, le remplace quelques années plus tard à la tête de la fédération après avoir fermement soutenu François Mitterrand au congrès de Metz. Il a changé, moins par conviction que par réalisme : « François Mitterrand est le ciment du parti sans lequel tout se désagrégerait », dit-il en 1979 pour expliquer son évolution. Il soutiendra sa candidature à l'élection présidentielle de 1981 alors que nombreux sont les socialistes marseillais qui préféreraient parier sur Rocard, socialiste au parcours hétérodoxe mais aux origines SFIO garanties pures.

Pezet est dynamique ; Pezet a du savoir-faire ; Pezet prend en main la fédération, la réorganise, entend lui donner un poids qu'elle n'avait pas auparavant. Pezet est soutenu par Edmonde Charles-Roux, séduite par son goût des arts. Question de génération : de douze ans son cadet, Loo ne pouvait prétendre être une alternative à Defferre. Pezet, en revanche, l'est dans les faits. Alors que le maire est à Paris, le patron de la fédération gère l'appareil du parti et rassemble ses premiers partisans dans les structures du conseil régional. C'est ainsi que les socialistes marseillais ont toujours fait de la politique. Est chef celui qui en manifeste l'ambition et qui a les moyens de ses désirs. Le conseil régional est pour Pezet son premier outil de redistribution. Jusqu'alors, membre de l'appareil du parti, il n'avait d'autres moyens que politiques. Maintenant la présidence du conseil régional lui donne, en plus, la disposition d'un budget. Pezet accède au seuil de la crédibilité.

Veut-il détrôner Defferre ? Sans doute pas aussi brutalement que les defferristes vont avoir envie de le croire. Mais, objectivement, la question se pose. L'entourage du maire se rend bien compte qu'il va falloir aborder de face ce délicat problème, préparer la relève. Comment évoquer cette nécessité sans que Defferre, ombrageux comme personne, le prenne pour une déclaration de guerre ? Mission à peu près impossible.

Tout véritable souverain a son dauphin naturel ; le roi élu qu'est Defferre ne peut que le nommer ou le subir. Or le maire ne veut ni l'un ni l'autre. Si relève il doit y avoir, elle se fera dans la violence et les larmes.

L'histoire du socialisme marseillais le montre à l'envi : les divergences entre les ambitions se focalisent surtout au moment de la constitution des listes des candidats à l'élection. Ce n'est qu'ensuite que la théorie « idéologique » en est faite. En 1946, le choix des candidats à l'élection législative avait été le prétexte de la guerre menée par Defferre à Ferri-Pisani ; en 1965, l'éviction de Matalon du groupe des potentiels candidats à l'élection municipale avait donné le départ d'une féroce bataille entre les deux hommes. Une quinzaine d'années plus tard, rien n'a changé et c'est à propos des élections législatives de 1981 que survient le premier accroc sérieux entre Pezet et Defferre.

Selon d'anciens statuts, la désignation des candidats présentés à la ratification des militants appartient à une commission électorale composée des secrétaires fédéraux et des parlementaires du département, et présidée par Defferre. Ce dernier, en fait, est seul maître à bord et choisit lui-même qui lui convient. Ainsi sera fait en 1981. Mais Pezet, premier secrétaire fédéral qui n'entend pas être une potiche, fait appel de cette procédure auprès des instances nationales du parti et obtient raison. La divergence n'a pas porté sur un candidat, mais sur le mécanisme de sa sélection. Ce n'est pas encore la guerre, mais c'est déjà la mobilisation.

Le conflit va s'aiguiser avec la préparation des élections municipales de mars 1983. Vigoureusement secoué par l'affaire des fausses factures, Defferre s'est naturellement tourné vers Philippe Sanmarco, celui qui, dans l'ombre, a nettoyé les couloirs de la mairie avant que n'y déboulent les enquêteurs de la brigade financière. Le plus gros a échappé à leur vigilance ; ceux qui tombent maintenant sont la queue de comète, le sacrifice inévitable qu'il faut consentir en serrant les dents, quitte à écarter de leurs responsabilités les plus anciens fidèles. Jean Masse et Charles-Émile Loo paieront de leur absence sur la liste municipale les soupçons que la rumeur colporte à leur propos. Antoine Andrieux, qui fait l'objet des mêmes suspicions, n'aura pas à subir le même affront. Gravement malade, hospitalisé depuis janvier 1982, il mourra en mai 1983, après six mois de coma. Durant toute la durée de sa maladie, jamais Defferre, paralysé par l'exploitation qui pourrait en être faite, ne lui aura rendu visite.

La confiance de Defferre durant cette période délicate vaut à Sanmarco d'être intronisé premier adjoint putatif. Le problème n'est pas réglé pour autant. Sanmarco veut bien du poste, mais à condition de pouvoir peser sur la constitution de la liste municipale. Autrement dit, d'avoir les moyens de gouverner. Or Pezet entend bien dire son mot lors de la sélection des candidats. Il sait que l'échéance de 1983 n'est pas son heure, mais il compte aussi ne pas laisser échapper celle de 1989. En attendant, il faut durer et pour cela occuper le terrain en truffant de fidèles toutes les structures possibles. De difficiles négociations s'engagent entre Pezet, Sanmarco et Defferre qui, lui aussi, a d'autant plus besoin de placer ses hommes qu'il vient de comprendre qu'il a désormais un vrai prétendant à sa succession. La liste qui en sort est le reflet d'un instable compromis : sur la pression de l'autre, chacun a dû sacrifier quelques-uns de ses amis. Sanmarco et Pezet se sont mutuellement neutralisés laissant le poste de premier adjoint à un troisième larron, Jean-Victor Cordonnier, ancien de l'équipe de Loo. Pezet sera troisième adjoint ; quant à Sanmarco, il refuse toute délégation.

La presse locale et nationale fait ses choux gras de la bataille, qui oppose le chevalier Sanmarco au baron Pezet. Tous deux ont été les créatures du vieux roi, se sont brouillés, raccommodés, brouillés encore. L'un, Philippe Sanmarco, a maintenant l'oreille de Defferre ; l'autre, Michel Pezet, avait celle de la reine, Edmonde

Charles-Roux, qui se repent amèrement de son choix, mettant une farouche énergie à barrer la route à celui qu'elle avait un jour choisi.

À la guerre la victoire dépend autant des talents du général que de la valeur des troupes qui montent en ligne. Pezet a recruté les siennes dans le parti socialiste et au conseil régional ; Sanmarco, et c'est sa faiblesse, n'a levé que de rares soldats dans l'administration de la mairie où officient quelques professionnels de la gestion.

Avant d'être général, Pezet était enfant de troupe. De son passage dans les rangs, il a gardé le sens du parti et la connaissance des avantages que procure l'organisation d'un appareil. Son talent à le bâtir est d'ailleurs évident, comme sa façon de s'attacher des clientèles est digne des meilleurs artistes.

Aucune clientèle d'appareil ne vit que de belles idées. Ses exigences sont la nourriture essentielle de l'homme politique : la garantie d'être, sinon élu, du moins d'avoir la chance de l'être. Patron de la fédération des Bouches-du-Rhône, Pezet, petit à petit, a su imposer les candidats estampillés de sa griffe à toutes les élections des dernières années. Il a placé ses hommes au conseil municipal, au conseil régional, dans les conseils généraux. Pezet est marseillais mais sa force tient beaucoup à son enracinement dans l'arrière-pays et dans la région. Ses partisans campent aujourd'hui dans tout le Sud-Est.

Cette évolution s'est faite inexorablement, Pezet écartant ceux qui ne devaient leur élection qu'à la faveur de Gaston Defferre et les remplaçant par des jeunes choisis par l'appreil de la fédération. La logique du clientélisme d'appareil contre celle du clientélisme personnel. L'un est efficace, l'autre n'est plus que suranné.

La campagne suivante va rapidement montrer l'état réel du rapport des forces entre Pezet et Defferre. Cette fois il s'agit de désigner les candidats à l'élection législative de mars 1986. Témoignage de l'évolution des choses, Defferre dont le bon plaisir n'est plus suffisant, devra en passer par les règles que fixe son adversaire en se cachant derrière la fédération. Or la direction de celle-ci doit être prochainement renouvelée au cours d'un prochain congrès fédéral. Outre la nouvelle direction du parti socialiste dans les Bouches-du-Rhône, le congrès doit aussi désigner les délégués au congrès national du parti qui se tient quelques jours plus tard, à Toulouse. Qui dirigera la fédération aura le poids nécessaire pour influer sur les futurs choix politiques, dont la désignation des candidats à l'élection législative n'est pas le moins important.

Chaque clan prépare activement l'échéance mais, en réalité, Defferre est déjà distancé par une machine inexorable et bien huilée. Secrétaire fédéral sortant, Pezet est en position de se faire plébisciter par le congrès, malgré une attaque de dernière heure lancée par Sanmarco. Non sans quelques bonnes raisons, ce dernier conteste les chiffres des effectifs de la fédération, selon lui outrancièrement gonflés par le paiement à la trésorerie nationale de fausses cartes. Celles-ci, affirme-t-il, ne correspondraient pas à l'état réel des militants : sur les quelque dix mille membres du parti recensés dans les Bouches-du-Rhône, cinq mille seraient fictifs. Accusation grave : le nombre des cartes détermine celui des mandats au congrès et donc le choix des prochains dirigeants. Si Pezet, comme l'en accuse Sanmarco, dispose d'une réserve de cinq mille cartes, il peut faire ce qu'il veut à Marseille et peser un bon poids à Toulouse. Prudemment, la direction nationale du parti évite de se mouiller dans un débat dont elle perçoit mal les suites possibles. Avec Marseille, Paris n'est jamais sûr de rien...

Defferre ne ménage pas sa peine, tonne et tempête, se bat sur tous les fronts pour remonter la pente. Mais n'est-il pas trop tard ? Alors que personne ne l'y attendait, il a participé, en décembre 1984, à Istres, à une réunion de travail convoquée par la fédération et consacrée à la modernisation de la société française. Il n'est bien sûr venu que pour montrer qu'il a toujours des dents et qu'il n'est pas encore hors-jeu : « Cette fédération est un bunker dirigée par des ayatollahs, a-t-il lancé, menaçant. Vous allez voir, je ne vais pas me laisser faire. » Quelques mois plus tard, en septembre 1985, il a convoqué Pezet dans son bureau, à la mairie, et a exigé qu'il limoge quatre de ses proches soutiens, dont Yves Vidal, son adjoint. « La fédération est un bunker, a-t-il une nouvelle fois répété en prenant à témoins plusieurs responsables socialistes spécialement convoqués pour la circonstance. On s'y moque de moi, on m'appelle "le Vieux", on m'imite. » Auparavant, ces imitations le laissaient de marbre. Mais depuis que Patrick Sébastien a fait sa féroce parodie du maire sur une scène marseillaise, devant de nombreux dirigeants locaux du parti qui, au fond de la salle, n'étaient pas les derniers à rire, il est touché et se montre irrité dès que l'on fait mine de moquer son élocution.

Le congrès fédéral se réunit le 29 septembre 1985, à Fos-sur-Mer. Pour Defferre, la réunion sera tout à la fois une synthèse et une répétition générale : synthèse des petites avanies vécues chaque jour depuis plusieurs mois, répétition générale avant la défaite qu'il subira bientôt, définitivement cette fois.

Le débat politique, c'est-à-dire l'accessoire, est expédié en quelques minutes, le matin. Dans le plus bel unanimisme, 90 % des délégués votent en faveur du texte majoritaire présenté par les mitterrandistes pour le congrès de Toulouse. L'essentiel, c'est-à-dire l'élection des membres du comité directeur fédéral, va durer autrement plus longtemps. Alors que les congressistes patientent des heures durant dans et aux abords de la salle des fêtes de Fos-sur-Mer, de l'autre côté de la place, dans le bureau du maire communiste de la ville, Pezet et Defferre, assistés chacun de leur bras droit, négocient sur la composition de la liste qui va être soumise à la ratification des délégués du congrès.

Chaque nom fait l'objet d'un âpre marchandage. Dehors, le service d'ordre du congrès bat la semelle. Ils sont une bonne quarantaine de costauds, rugbymen et judokas des clubs sportifs de la région rassemblés par les amis de Pezet qui ont eu la responsabilité de l'organisation matérielle de la réunion. Leur font face un nombre équivalent de solides chauffeurs de taxis et d'employés municipaux venus soutenir le maire de Marseille. Après des heures d'attente, Defferre et Pezet semblent enfin prêts à présenter leur œuvre au congrès. Au moment où tous deux se présentent à la porte de la salle des fêtes, un membre du service d'ordre apostrophe Defferre sans ménagement :

— Ton mandat !

Defferre le toise :

— Je n'en ai pas besoin !

En quelques secondes l'incident dégénère. Derrière Defferre qui passe le barrage dans la bousculade, essaient de s'engouffrer ses partisans. Les coups partent, distribués avec un sens de l'égalitarisme digne des meilleurs théories socialistes. Des congressistes sont piétinés, le député René Olmetta est violemment jeté à terre tandis que Defferre, décomposé, parvient à la tribune au milieu d'une salle qui crie debout : « Pezet ! Pezet ! »

En quelques instants, échauffés par l'attente et rendus impudents par le nombre, les amis de Pezet viennent d'exécuter le vieux chef. Sans ménagement ils continuent l'assaut en contestant haut et fort l'équilibre de la liste laborieusement mise au point par les deux parties. Tel congressiste proteste de la sous-représentativité de l'arrière-pays marseillais par rapport à la ville ; tel autre avance que les militants des entreprises ne sont pas assez nombreux. En réalité, les pezetistes, plus royalistes que leur prince qui a signé avec Defferre le partage des postes, s'estiment lésés dans le partage du gâteau et, chose inouïe, imposent de nouvelles négociations. Elles dureront cinq heures, le temps de dresser, nom après nom, une nouvelle liste et de la présenter à l'approbation du congrès.

Quelques jours plus tard Michel Pezet est facilement réélu premier secrétaire de la fédération. Sur les treize membres et treize suppléants qui composent le nouveau secrétariat fédéral, neuf sont des salariés du conseil régional, dont Michel Pezet est le président, ou d'associations qui en dépendent. Un bloc indivisible de partisans tout entiers dévoués à celui qui est à la fois leur chef politique et leur patron professionnel. Fort de ce nouvel équilibre, Pezet impose facilement sa volonté dans la négociation ouverte pour la désignation des candidats à l'élection législative. Dans le contexte politique du moment, avec une élection qui se fait désormais à la proportionnelle départementale, les socialistes ne sont assurés que de trois élus, ce qui donne aux trois premières places de la liste tout leur prix. Gaston Defferre obtient encore la première mais Pezet s'octroie la seconde et impose de faire donner la troisième à l'un de ses fidèles, Jacques Siffre, maire d'Istres. Philippe Sanmarco n'est que quatrième et pis encore, Michel Vauzelle, conseiller municipal d'Arles et porte-parole de la présidence de la République n'est qu'en cinquième position. Bien que réputé avoir l'oreille du président, Vauzelle n'a pu obtenir meilleure place d'un Defferre affaibli. Terrible symbole qui ne passe inaperçu d'aucun militant marseillais. En contrôlant l'ordre des élus, Michel Pezet a enlevé à Gaston Defferre l'un des principaux attributs de son pouvoir régalien.

Cette fois, personne n'en doute, le maire est sérieusement menacé et la lutte sera sans merci. Féroce, il vient à la télévision de s'en prendre à son rival en moquant sa petite taille : « Michel Pezet, c'est un petit... petit... très petit... problème... comparé aux grands dossiers du présent. » Un mois plus tard, il est encore monté d'un cran en déclarant à la radio : « Il n'a pas les qualités pour devenir maire. Il faut être économe, très strict, ne pas embaucher beaucoup, être intransigeant. Michel Pezet est très brillant, c'est un bon orateur, il est séduisant, mais la fonction de maire de Marseille exige d'autres qualités. Il faut savoir dire non. » Et au journaliste qui évoque le complexe d'Œdipe que manifesterait Pezet à son égard, le maire de Marseille lance cette tragique et prémonitoire réplique : « Il n'est pas mon fils et il ne m'a pas tué. »

Gaston Defferre a tort : Michel Pezet est bel et bien en train de le tuer politiquement.

En mars 1986, un siège de député est venu s'ajouter

à ses premières responsabilités de secrétaire fédéral. Le même jour, les électeurs l'ont réélu au conseil régional. Dans le jeu institutionnel du moment, cela n'a apparemment que peu d'importance. Mais cette dernière élection a été l'occasion d'un test politique très attendu : Michel Pezet, tête de liste du scrutin régional, fera-t-il mieux que Gaston Defferre, tête de liste du scrutin législatif ? Le premier l'a cru. Il s'est même répandu dans tout Marseille en pariant sur la défaite de son rival. Et il a perdu. De peu, mais perdu quand même : 25,85 % à Defferre contre 25,06 à Pezet. Pour le maire de Marseille, ce fut depuis longtemps la première embellie.

La suite va être pourtant moins glorieuse. Les statuts du parti socialiste interdisent de cumuler un mandat parlementaire et le poste de premier secrétaire d'une fédération départementale. Une occasion inespérée pour Gaston Defferre qui, peu fâché que son écharpe de député puisse coûter à son rival son fauteuil de premier secrétaire, lui a aussitôt demandé de démissionner de ses responsabilités fédérales. Pezet a résisté en évoquant le cas de quelque vingt parlementaires qui bien que dans sa situation sont restés à leur poste. Pourquoi ne bénéficierait-il pas, comme eux, d'une dérogation ? Sous la pression de Defferre qui s'agrippe aux statuts avec la conviction du naufragé refusant de lâcher le rondin qui lui permet de tenir la tête hors de l'eau, les instances nationales du parti ont refusé. On changera donc de secrétaire fédéral. Chacun des adversaires ayant son candidat, une nouvelle bataille est inévitable. Elle se livrera le 5 mai 1986, dans la grande salle de la fédération des Bouches-du-Rhône du parti socialiste, à Marseille, rue Montgrand. Dans cette même artère, à quelques mètres à peine, Gaston Defferre, avant-guerre, avait un cabinet où il a passé les dernières années de sa vie d'avocat.

Rarement, dans l'histoire du parti socialiste marseillais, l'on aura préparé une assemblée générale de militants avec autant de soins. Pendant la semaine qui a précédé la réunion, Gaston Defferre a convoqué dans son bureau de la mairie une bonne partie des membres du comité directeur départemental. À certains, soupçonnés de possible défaillance, on a fait comprendre que le maire avait besoin de tout son monde ; d'autres ont été menacés de représailles politiques, voire professionnelles, s'ils ne faisaient pas le bon choix ; les amis, enfin, ont été vivement encouragés à poursuivre le combat.

Dans cette ville où les assemblées des socialistes ne sont souvent qu'une simple réunion sociale rassemblée à la bonne franquette, celle de ce 5 mai a été convoquée dans un respect inaccoutumé des formes. Sur les deux cent trente-neuf personnes qui siègent au comité directeur départemental, deux cent vingt-neuf sont là, conscientes de l'enjeu. Une fois de plus le service d'ordre est présent, dans la rue, filtrant l'accès de la salle. La leçon de Fos a porté : cette fois il s'agit bien de militants socialistes, plus pondérés que les sportifs de louage qui avaient provoqué les incidents du congrès fédéral. Calmement mais fermement, ils refoulent les nombreux journalistes qui tentent de pénétrer dans la salle, derrière les militants qui y ont accès.

L'assemblée du comité directeur est prévue pour débuter à 19 heures. Elle a été précédée, deux heures plus tôt, d'une réunion du secrétariat fédéral où ont été discutées les modalités de la réunion suivante. Tout de suite les deux clans se sont affrontés sur la procédure du prochain vote. Lors du congrès national du PS, à

Toulouse, en octobre 1985, les courants qui parcouraient le parti socialiste ont tous voté une motion finale commune. En conséquence, a expliqué Defferre, les courants sont dissous de fait et le nouveau patron de la fédération doit être désigné en assemblée générale, sans tenir compte des sensibilités antérieures au congrès national. Michel Pezet n'est pas d'accord : « Que cela plaise ou non, affirme-t-il, les courants de pensée subsistent malgré la motion commune. Dans cette fédération, le courant majoritaire est le courant A. C'est à lui d'élire le futur premier secrétaire fédéral. » Derrière ces arguments, chaque camp a évidemment fait ses comptes : à quelques voix près, il sait quel mode de scrutin lui est le plus favorable. On est enfin passé au vote : par quatorze voix contre douze, le secrétariat fédéral a mis en minorité Michel Pezet. Defferre est sorti de la séance tout guilleret, en pleine forme après cette première escarmouche dont le résultat est de bon augure.

La réunion du comité directeur peut maintenant commencer. Michel Pezet propose son candidat, Yves Vidal. Presque son double : Vidal à la tête de la fédération, c'est comme si Pezet n'avait jamais cessé d'occuper la place. Gaston Defferre pousse Jean-François Picheral, un fidèle et terne médecin d'Aix-en-Provence.

Les débats vont durer cinq heures. Cinq heures d'un affrontement de procédure, dans une atmosphère de plus en plus houleuse. Dès l'ouverture de la séance, la question du vote par courant ou par motion, déjà débattue à la réunion précédente, a resurgi. À la tribune, entourant le président de séance, siègent les deux adversaires. Tour à tour, ils prennent la parole, relayés par leurs amis qui, de la salle, soutiennent leur champion. Il n'est plus temps de convaincre. Michel Pezet sait qu'il doit faire élire ce soir son candidat s'il veut continuer sa patiente ascension vers la mairie. Gaston Defferre sait qu'il lui faut d'abord gagner du temps pour transformer en victoire définitive le petit avantage qu'il croit pressentir. Si la crise dure, pense-t-il, la querelle sera inévitablement arbitrée par les instances nationales du parti, là où le jeune coq Pezet ne fait pas encore le poids devant le vieux lion Defferre.

Comme d'impénitents plaideurs, on dissèque les statuts que chaque orateur affirme mieux connaître que l'orateur précédent. La discussion s'éternise, de plus en plus talmudiste, pendant que dans la salle des fidèles de Pezet pointent et évaluent l'évolution des sensibilités. Par moments, un orateur parle d'autre chose. « Qu'a fait *Le Provençal* pour Michel ? » explose, indigné, un pezetiste en prenant Defferre à partie. Impassible, ce dernier ne répond pas mais savoure la situation. Depuis qu'il est en querelle avec son adversaire, son journal n'en a pas publié une seule photo. C'est tout juste si les lecteurs ont su que le numéro deux de la liste socialiste était candidat et élu.

C'est maintenant au tour de Charles-Émile Loo de prendre la parole. De quel côté va se ranger l'ancien premier secrétaire de la fédération ? En 1979, c'est Defferre qui l'a écarté, mais c'est Pezet qui l'a remplacé. « Je me souviens, commence-t-il, suave, de cette fameuse réunion de novembre 1979 où je me suis retiré. J'ai été heureux que Michel Pezet devienne premier secrétaire de la fédération. » Chacun apprécie comme il convient le préambule. Vient ensuite la conclusion : « Il nous faut voter tous ensemble, en assemblée générale, sans tenir compte des courants, pour des jours hautement meilleurs, beaucoup plus fraternels. » Charles-Émile Loo, oubliant le passé, ou n'y pensant que trop, vient d'apporter son soutien à Defferre qui juge en connaisseur cette marque d'allégeance.

À qui le tour ? Louis Philibert, autre vieux cacique du socialisme provençal, président du conseil général des Bouches-du-Rhône, pénètre dans la salle en retard. Prudemment, il s'abstient de toute déclaration. Voilà maintenant Bastien Leccia. Sénateur, ancien de l'UDSR et proche de Mitterrand, appelé par Defferre, en 1981, au ministère de l'Intérieur pour s'occuper des affaires corses, Bastien devrait en principe soutenir le maire de Marseille. Mais il fait l'inverse, assouvissant de vieux différends qui n'avaient jamais réussi à s'exprimer. « Les statuts ne peuvent faire l'objet d'interprétations adaptées en fonction des circonstances », martèle-t-il devant une salle incrédule qui l'entend se ranger derrière l'interprétation qu'en fait Pezet. Gaston, surpris, accuse le coup. « Bastien, tu as mal lu les statuts et tu t'en apercevras », aboie, menaçant, le vieux maire. Mais la voix est plus sourde que d'habitude. Que signifie ce retournement ? Dans la salle les supputations vont bon train. Si Leccia lâche Gaston, c'est que Paris est derrière Pezet, pensent les analystes des mœurs socialistes. Opportunément les mêmes se souviennent qu'il y a peu, Mitterrand est venu discrètement dans une maison de la campagne aixoise déjeuner avec Bastien Leccia chez une amie commune. La situation de plus en plus cafouilleuse de la fédération socialiste des Bouches-du-Rhône a certainement été évoquée durant le repas, pensent-ils encore. L'attitude de Leccia est un signe : le vent a tourné.

Quelqu'un suggère d'en appeler à Paris ; Defferre propose, à l'inverse, de procéder immédiatement à l'élection, en assemblée générale. Michel Vauzelle qui, comme Sanmarco et malgré sa mauvaise place sur la liste, a été élu au Palais-Bourbon, monte à son tour au secours de Defferre : « Nous sommes assez grands pour décider ici sans en référer à Paris. Le congrès de Fos a donné de nous une image désastreuse. Ce soir il nous faut donner à la population l'image d'un parti qui va de l'avant dans l'unité. » Philippe Sanmarco ne dit pas autre chose. La confusion est générale. Depuis l'ouverture de la réunion, imperceptiblement, les positions ont basculé. En début de séance Michel Pezet plaidait pour un vote rapide tandis que Gaston Defferre préférait temporiser. Quelques heures plus tard, c'est Gaston Defferre qui demande un vote immédiat et Michel Pezet qui s'y oppose, exigeant que Paris donne son avis avant tout scrutin. Solennel, Defferre exhorte les militants : « Quelle que soit l'issue de ce vote, je prends l'engagement de ne faire aucun recours contre son résultat », assure-t-il imprudemment. Et comme si la précision s'imposait : « Surtout pas un recours judiciaire ». De la salle montent quelques cris : « Au vote ! Au vote ! » Le désordre est à son comble, personne ne sait plus qui défend quoi. Une suspension de séance est décidée.

Elle durera une demi-heure. Dans les couloirs, les membres du comité directeur distillent sans retenue leurs confidences aux journalistes. Un jeune avocat, Gérard Bismuth, lieutenant parmi les plus proches de Michel Pezet, les prend à témoin : « Il veut la guerre, il l'aura. » Le nom de Gaston Defferre ne suscite plus de tabou : « Il est fini ; le type de parti qu'il incarne, c'est fini aussi. Tu as vu comment Michel lui a rivé son clou ? » Dans une salle, un peu à l'écart, Gaston Defferre a réuni quelques amis pour envisager la suite de cette réunion qui n'en finit pas. Lorsque la séance reprend, c'est lui qui provoque un nouveau coup de théâtre en demandant de surseoir à tout vote. « Essayons de nous mettre d'accord sur un candidat qui ferait l'unité, propose Defferre. Il nous faut une candidature qui nous permette de repartir du bon pied ». En clair : on écarte la candidature d'Yves Vidal et dès demain je négocie avec Pezet sur un candidat de compromis.

Pezet a-t-il senti que la situation était mûre ? Que son adversaire louvoyait au jugé, sans perspective ? Aussi rapidement que Defferre a changé de position, il corrige la sienne et défend maintenant la nécessité d'un vote immédiat. Pendant un quart d'heure, Michel Pezet parle avec passion, défend son bilan, attaque celui des autres, dévoile ses ambitions et se pose comme l'héritier incontournable. De l'avis de beaucoup, il prononce l'un de ses meilleurs discours, concluant qu'il est temps de passer au vote.

Personne, ni Defferre, ni aucun de ses amis, ne demande l'habituel vote à main levée qui a si souvent permis de contrôler une salle. Defferre reste immobile, assis à la tribune, les yeux perdus dans le vague. Il est comme sonné, déjà loin. Ses amis attendent qu'il réagisse. Il ne dit rien. Eux qui lui ont toujours obéi demeurent sans réaction, leur capacité d'initiative émoussée par une trop étroite fidélité. Si le maire ne s'y oppose, c'est qu'il y consent. « Nous attendions qu'il réagisse, dira l'un d'eux le lendemain, mais il est resté sans bouger. J'ai compris que quelque chose venait de se passer, mais je n'ai pas tout de suite réalisé. Après, tout le monde s'est levé pendant que les amis de Pezet mettaient en place les urnes pour voter. »

Les opérations électorales durent encore une bonne

heure. Réunis dans une salle voisine, au premier étage, les rocardiens qui ne sont pas concernés par les difficultés internes du courant mitterrandiste n'ont pas participé à l'assemblée. Mais celle-ci s'éternise et, à la faveur de la suspension d'audience, ils ont rejoint leurs camarades. Comme eux, et sans que personne y trouve à redire, ils voteront, apportant leur voix à Michel Pezet. Par cent dix-huit voix contre cent neuf, Yves Vidal est élu sur le rasoir premier secrétaire de la fédération des Bouches-du-Rhône du parti socialiste. Sans même attendre le résultat, comme un somnambule, Gaston Defferre a quitté les lieux aux alentours de 0 h 30, emmené par son chauffeur vers son petit appartement de la rue Neuve-Sainte-Catherine qui domine le Vieux Port.

Face à la mairie.

Épilogue

Gaston Defferre est officiellement mort le 7 mai 1986 à 11 h 15 à l'hôpital marseillais de la Timone.

La veille, le commissaire de police Georges Rolland, chef de la brigade territoriale Centre, de la Sûreté urbaine de Marseille, avait adressé son rapport au procureur de la République :

> « *Objet : enquête suite à l'hospitalisation de M. Gaston Defferre pour traumatisme crânien.*
>
> Conformément à vos instructions, j'ai l'honneur de vous rendre compte des résultats de l'enquête diligentée par mon service pour les faits mentionnés en objet.
>
> Ce jour à 8 h 00, sur instructions de M. le directeur départemental des polices urbaines, nous nous transportions au domicile de M. Gaston Defferre, hospitalisé dans la nuit à la suite d'une blessure survenue à son domicile.
>
> À notre arrivée sur les lieux nous constations qu'à l'intérieur de l'appartement de nombreuses traces de sang étaient visibles, tant dans la salle de séjour qu'au niveau des différentes pièces du logement.
>
> Informé des faits, vous nous prescriviez de diligenter une enquête.

Cette dernière nous permettait d'établir les faits suivants :
Ce même jour, à 0 h 40, M. Gaston Defferre regagnait son domicile accompagné de son chauffeur, M. Raggi, qui le quittait le laissant seul dans son appartement. M. Defferre refermait lui-même la porte du domicile et condamnait, comme de coutume, l'ascenseur intérieur d'accès à l'étage.
À 1 heure, M. Defferre téléphonait à Mme Edmonde Charles-Roux, son épouse, qui se trouvait à Paris et l'informait qu'il s'apprêtait à dîner.
À 1 h 45, il téléphonait à son médecin, M. Sanmarco Jean-Louis [1], et lui déclarait d'un ton très calme : « J'ai une plaie dans le cuir chevelu, je saigne comme un bœuf, je n'arrive pas à arrêter l'hémorragie. »
À 2 h 00, M. Sanmarco se présentait au domicile et sonnait vainement à la porte d'accès de l'immeuble, personne ne répondait.
Après avoir tenté, sans résultat, de contacter téléphoniquement M. Defferre, M. Sanmarco obtenait, par l'intermédiaire de la résidence secondaire du maire à Aix-en-Provence, le numéro d'appel de M. Raggi, chauffeur de M. Defferre.
Il lui demandait alors, sachant que ce dernier possédait les clefs d'accès de l'immeuble et du domicile, de le rejoindre sur place.
À 3 h 30, les deux hommes, pénétrant sur le palier du 5e étage, constataient que la porte d'entrée était ouverte de l'intérieur et que M. Defferre était

1. Il s'agit du frère de Philippe Sanmarco, professeur à l'hôpital de la Timone et médecin personnel de Gaston Defferre.

allongé au niveau de la porte du salon, baignant dans une mare de sang.

M. Defferre était alors pieds nus et vêtu d'un pyjama et d'une robe de chambre.

Il était alors installé au milieu de la salle de séjour où M. Sanmarco procédait aux soins d'urgence (nettoyage des vomissures de la bouche et position de sécurité).

Il constatait que M. Defferre portait une plaie au cuir chevelu à la limite de l'occipital et du temporal gauche et qu'il était inconscient.

À 3 h56, les marins-pompiers étaient appelés et se rendaient sur place à 4 h 03. Le médecin des marins-pompiers arrivait quant à lui à 4 h 08.

Aux alentours de 5 heures, le professeur Vigouroux, chef de service à la Timone, avisé par M. Sanmarco, arrivait sur les lieux alors que M. Defferre, toujours inconscient, était en cours de réanimation.

À 5 h 28, sur décision des médecins sur place, M. Defferre était amené à l'hôpital de la Timone et hospitalisé peu de temps après. Il faut noter que M. Fauchon, directeur adjoint de cabinet du député-maire de Marseille, qui s'est également rendu sur les lieux, a eu avec ce dernier une conversation téléphonique aux alentours de 1 h 45 au sujet de la réunion que M. Defferre venait de tenir au siège de la fédération socialiste. M. Fauchon n'a constaté aucune anomalie chez M. Defferre au cours de cette conversation, alors qu'il semble que c'est peu de temps après que M. Defferre a appelé son médecin au sujet de son hémorragie. »

Les constatations faites par le policier ont conclu que le maire, victime d'un malaise était tombé, heur-

tant violemment de la tête un pot de fleurs en plastique de type « Riviéra » dont les bords acérés lui avaient fait une profonde entaille à la nuque. Des taies d'oreillers, draps, couvertures, gant de toilette et serviettes ont été retrouvés maculés de sang, témoignant d'une importante hémorragie. Aucun élément suspect n'a été découvert, ni par les enquêteurs venus sur place, ni par le service de l'identité judiciaire qui a procédé à des prélèvements à fins d'analyses.
Lors de son arrivée à l'hôpital de la Timone, le 6 mai vers 5 h 30, quelques heures à peine après avoir été désavoué par le comité directeur des socialistes marseillais, Gaston Defferre était cliniquement mort.

Durant deux ans, les Marseillais avaient été les témoins d'un combat sans merci. Stupéfaits, paralysés par le tragique retournement qu'ils venaient de vivre, ils s'apercevaient qu'ils n'avaient jamais envisagé que Defferre puisse être le vaincu.

Pensaient-ils seulement combien, même et surtout après sa mort, il leur imposerait sa présence ?

Sa vertu fut d'être un homme de courage, ponctuel au rendez-vous que l'Histoire lui donna. Les hommes de sa génération furent confrontés aux plus terribles moments de la seconde guerre mondiale, à l'occupation et à la barbarie nazie. Beaucoup tentèrent alors d'accommoder leur confort aux épreuves du temps. Beaucoup moins décidèrent de combattre. En 1940, ils n'étaient qu'un infime noyau à s'engager sur cette route et Gaston Defferre, forcément, se trouva parmi eux.

Protestant rigide, socialiste par morale plus que par conviction ou culture politique, il devint résistant seul, ou presque. Son parti auquel il manifesta une fidélité rare n'existait plus ; ses cadres, désorientés, se terraient ; la majorité de ses parlementaires avaient voté les pleins pouvoirs à Pétain. Il fut l'un des rares à n'avoir aucune hésitation sur la voie à suivre. Plus tard, on fit de ces gens des héros. Lui n'avait fait que remplir son contrat d'honnête homme. En ces années sombres, pour mériter ce titre banal, il fallait être ce qu'il fut, ne pas manquer le rendez-vous de la Résistance.

Il en tira son orgueil, la conviction que les épreuves traversées lui donnaient sur ses contemporains une sorte de droit d'aînesse. Pour ses camarades de combat, quelles que fussent leurs convictions politiques, il était toute solidarité, ne supportant pas qu'on nargue un adversaire s'il avait été, comme lui, résistant. Pour les autres, même ceux de son parti, ses sentiments oscillaient de l'indifférence à la haine, surtout s'ils étaient porteurs d'une ambition contradictoire à la sienne. Il pouvait alors les poursuivre de son hostilité, jusqu'à l'obsession. Et il ne manqua pas de le faire.

Et pourtant, il était timide et peu sûr de lui. Le cuir s'épaississant, il avait, avec l'âge, réussi à camoufler ses hésitations. Mais sa brutalité ne trompait pas : elle était du domaine de l'action psychologique, faite pour impressionner et éviter le combat. Il suffisait d'ailleurs de résister au premier choc pour, ensuite, la contourner aisément.

Il avait été ministre et parlementaire. Mais il fut avant tout le maire de Marseille. C'était le seul titre auquel il tînt vraiment, la seule fonction où il donna le maximum de lui, et au-delà, convaincu que personne ne pouvait faire mieux. Amoureux de sa charge, prêt à tout pour en conserver les prérogatives, il ne pouvait pas imaginer qu'un autre ne vivrait pas la même passion. Ainsi s'explique la férocité qu'il manifesta à l'égard de ceux soupçonnés, à tort ou à raison, de vouloir lui prendre sa place. Tout maire potentiel, adversaire politique déclaré ou dauphin présomptif était d'abord un concurrent qu'il fallait éliminer avant qu'il ne vous élimine. Il avait réussi à asseoir une solide réputation de tueur. Elle le protégea beaucoup, sans même qu'il eût besoin de la mettre en œuvre.

Sa chance fut que peu, à Marseille, comprirent combien l'homme était fragile. Première victime des légendes qui couraient sur sa cité, Gaston Defferre était convaincu qu'il fallait à cette ville quelqu'un qui « en ait ». L'image flattait son imagination. Il avait donc décidé de régner par l'intimidation. C'était, pensait-il, la seule façon de gouverner une ville et des gens qu'au fond de lui, bourgeois nîmois austère et rigoriste, il méprisait un peu.

L'Histoire était sa justification. La ville avait toujours été la proie des clans et de leurs équipes. Pour la prendre, pour la garder, pour la sortir du sous-développement politique et la purger de ses miasmes, il fallait faire de même. Pouvait-il agir autrement ? Il ne le pensait pas. Plus tard, il ne se posa plus la question. Lui qui, à Paris, avait la réputation d'être un socialiste moderniste capable de bousculer dogmes et habitudes, était à Marseille un patricien qui régnait en despote éclairé. Il avait débarrassé la ville de ses multiples clans, mais c'était en mettant le sien à tous les postes de commande. La troupe tenait beaucoup par le ciment des relations personnelles. Avec les années et la relève politique, fatalement, la cohésion du groupe s'affaiblit.

Il ne voulut pas, ou ne sut pas, implanter la démocratie à Marseille. Obnubilés par son exemple, fascinés par ses trente-trois ans de règne, ceux qui, aujourd'hui, aspirent à lui succéder n'ont pas inventé de nouveau modèle de gouvernement. Si la recette était bonne pour lui, pourquoi ne serait-elle pas bonne pour d'autres ? Lointain cousin dévoyé (Jean-Claude Gaudin), héritier légitimé par la proche famille (Robert Vigouroux) ou rejeton indigne mais plein de santé (Michel Pezet), sans compter l'enfant encore inconnu, ils n'ont d'autre rêve que d'entrer dans sa défroque.

Il leur manque le charisme mais ils espèrent qu'un appareil peut faire l'affaire. Et, de fait, s'il est plus froid, il peut être tout aussi efficace. Du moins tant que la question demeure de conquérir ou de maintenir le pouvoir. Inventer un modèle de développement et élargir la démocratie suppose une autre approche. Mais est-ce leur projet ?

Près de trois ans après la mort de Gaston Defferre, Marseille n'a toujours pas digéré son maire.

Décembre 1988

Table

*Cet ouvrage composé
par Comp'Infor à Saint-Quentin
a été imprimé par S.E.P.C.
sur Cameron
pour les Éditions Albin Michel*

*Achevé d'imprimer en décembre 1988
N° d'édition 10485. N° d'impression 2562
Dépôt légal : janvier 1989*

Imprimé en France